從論孟老莊的語言
看其思維文化

李海霞　著

內容提要

　　從常用實詞的具體使用中可以觀察到比詞典義更真實的概念和文化。《論語》《孟子》《老子》《莊子》四經典的倫理道德詞語，包含一些普通道德，與《理想國》相比，則有強勢中心、奴役事奉等特點。儒家道德停留在私宜階段，不講公正平等博愛的公宜道德。儒家的"聖人"、"君子"比較平庸。老莊最善于自保，力倡當政者不作爲不恤民。四經典反映的社會性格主要有專制、重利、虛偽和懦弱。儒家對求真沒什麼興趣。道家刻意將真假混一，反認知。

　　與《理想國》的重要詞語比較，四經典稱謂語表現了高度的不平等和不自信。《理想國》稱謂語重平等。他們崇尚"真"，指出愛智者好真惡假，對個人的尊敬不能高於真理。《理想國》以四項重要德性培養國家的治理者：正義、智慧、勇敢和自制。其"正義"與儒家偏重奉上的"義"不同。儒家的"仁"因爲不講公正而深陷虛偽勢利的泥潭。老莊逆反一切基本的理智道德要求，具有消極反社會人格。

　　四經典的主語很少有定語量限，量限表達還處在狀語階段。程度副詞的高程度組異常發展，低程度組很不相稱地落後。程度副詞使用頻率低。《老子》《論語》等還有不少骨架句。四經典用"可得"表示可能，它還沒有從"可以"義中獨立出或然義，而"必"常有濫用。四經典和《荀子》"應該"意義的表達尚處在對待性命題和弱式階段，未產生真正的規範命題。四經典的主語、系動詞、被動標志、介詞和連詞等常簡省，今天語料的簡省量不及《論》《孟》的1/4，故漢語並非死守"意合"。語言表達特色，四經典以主觀、模糊、敘事和倚重權威，與《理想國》的客觀、清晰、論證、自重相對。

四經典的思維比較感性，基於它的文化、語言都表現出發展遲滯的狀態。

本書原是作者10餘年給研究生開專題研究課的講義，修訂增補而成。

目 次

緒　論

　　語言承載並表現思維和文化。亞當・弗格森說：“語言在最一般的意義上，包括所有思維、感覺或意志的外在符號。”[1]在語言、思維、文化及其相互間的關係上，國內一些觀點如“愛國的自大”、漢語漢字特殊、意合優越等流行於學界。古代的語言表達，無論是準確的還是不準確的，是真的還是假的，都是古人思想感情價值觀及其發展軌迹的歷史記錄，就像深鏤的石刻一樣不能被填抹。把語言同邏輯的概念判斷等結合起來研究，同時研究在此基礎上形成的文化，可避免一般的浮淺聯繫語言和文化，人云亦云；可以別開一片洞天，窺見到我們不曾發現的許多奧秘。

　　思維，是人類文化最深厚的根基。民族文化因素大多由之而生，對一切事物的看法以它爲基礎。思維的客觀性、普遍性、精確性和創造性等，決定著道德、制度和習俗的特質。它們的變化是非常慢的。一類思維特徵爲多個民族所有，這些民族也會表現出相同性質的文化特徵，儘管具體行爲有各自的特色。

　　文化，根據英國人類學家泰勒的定義，它是一個複合體，包含知識、信仰、藝術、道德、法律、風俗等。威斯勒簡要地說，文化指人類的習慣與思想的全部複合物。道德是文化最重

1、［英］亞當・弗格森《道德哲學原理》，孫飛宇等譯，上海人民出版社，2005，P20

要的方面，它指約定的社會行為規範。在一個社群中，道德是社會成員文化認同的核心，是法律和各種制度產生的直接原因。道德體系集中體現著一個民族的人生觀和社會觀。道德來源於社會有序運作的需求，在人治社會，權威人物口中的道德規範就相當於法律，具有正式的獎懲效力。

本研究的基本介紹

選題和內容：對中國語言、思維和文化的考察，選取儒家和道家的早期經典可謂是釜底抽薪之舉。它們是古代語言運用的楷模，其中的重要詞句被無數次地引用。通過它們可以考察漢語的特點及其發展路子。四經典的思想是中國文化的主流。大致儒家代表上層和公開文化，道家代表下層和私下文化。傳統文化並非由他們鑄造，而它們成於傳統又推助傳統，同中國人心靈的關係怎麼說也不過分。100多年來，雖然傳統思想受到外來文化的巨大沖擊，某些新價值在一定程度上為人們所接受或表面上接受；但是，傳統力量最深沉且最易喚起，孔孟老莊4位先哲仍然是現代人的偶像，一般人有史以來看問題的立場觀點方法基本未變。

因為作品裏語言的使用有隨機性，受作者、地域等因素的牽制，我們的對比統計有一定風險。但是我們選擇了最有代表性的文本，議論性文字是反映民族思維特徵的最好材料；它們的道德詞語和論述又最集中，隨機的東西也有自然選擇的優勢，故對比還是有它的價值。

研究對象：語料取中華書局《諸子集成》影印本《論語》《孟子》《老子》和《莊子》，下面簡稱四經典，連標點總共約153340字。主要參考書是楊伯峻《論語譯注》（1980）和

《孟子譯注》（1984），任繼愈《老子新譯》（1986），張耿光《莊子全譯》（1992）。〔《莊子》的《讓王》《盜跖》《說劍》《漁父》雜有儒家的思想，有人懷疑是偽作。但是4篇除《說劍》外，都多"純正"的清淨無爲全身遠禍思想；何況老莊書中內部矛盾本來就很多；《論》《孟》裏也有道家的隱退思想，似乎不能只因思想的不一致來判斷是否偽作。四篇估計還是莊子及其後學所作，但是筆者在使用它們時，除了特別說明的以外，不涉及其中不符合典型道家思想的東西。〕課題中還有用來進行曆時對比的明清語料，集中了散見於各書的李贄、黃宗羲、王夫之和戴震的作品，字數取整亦控制爲153340。具體是：李贄《焚書》卷三，中國歷史文化光碟專用網站電子版，2006年8月下載。《黃宗羲全集》中的《明夷待訪錄》《破邪論》，以及《孟子師說》前面一小部分。浙江古籍出版社，2002。王夫之《讀通鑒論》，中華書局1975。《王夫之哲學著作選注》，湖南人民出版社，1977。《戴震集》中《原善》、《孟子字義疏證》、《讀易系辭論性》和《答彭進士允初書》，上海古籍出版社，1980。其他語料如《荀子》、現代文等隨文說明。

　　本課題分爲三大部分：第一章是倫理道德、代表性人格和邏輯認知3個詞場語詞和概念的剖視。第二章提出一些重要語詞概念如"仁"、"無爲"、"正義"等與古希臘柏拉圖的《理想國》比較。第三章是不同的幾種判斷（句子）、謂語、副詞和句子完整性等的考察，將它們和後代的漢語語料比較，或同《理想國》比較。

　　研究目的：從文化人類學的角度認識先秦漢語；認識由文

獻語言所反映的人性和本民族的歷史；重新省視我們認可的價值，推進文化更新；找準思維發展的努力方向。本研究所說的"人性"包括智慧和道德屬性，也包括性格。

世界上絕大多數人從他們的祖先那裏接受傳統觀念，不加思索，認定它是唯一偉大光榮正確的思想體系。就像小豹子跟著老豹子學打獵，使用老一套單獨出擊的方式，追不到獵物就只好放棄，萬古如此。從來也沒有想到換一種方式，如像獅子那樣兩三只聯合起來，接力追捕。這種方式在豹子看來無疑是可笑的。一個社會的思想體系，只有很少的"貳臣逆子"會批判它改造它。獨立思考，是人類發展得最晚的能力。

方法論：客觀第一。這本是做學問的毫無疑義的宗旨，但是在中國，一般人研究的目的是掙表現爭榮光。爲了某種利益以先行之見立論，爲它搜求有利的材料，回避不利的材料。文化研究中的情緒主義最甚，特別是在"弘揚傳統文化"的強勁官風中。筆者是那個喊出皇帝其實什麼衣服都沒穿的傻孩子。本研究力圖還四經典的本來面目，充分尊重材料，不憑想當然臆測。其不同流俗的思路有三：1，跳出"語言決定論"的原始思維，用行動檢驗言語，直擊真相。2、突破重要實詞詞義理解停留在詞典義上的混沌階段，觀察一個義項的全部語境，分出不同義位與概念，研究其真實含義。3、改變單線思維、單個拈取，考察相關相反的說法和心理底層，對比古今中外的觀念，在深廣的背景下探求真實性。有比較才能有鑒別，我們的研討注重縱向和橫向對比，即將四經典與清代的有關文獻和古希臘文獻相比較，追問其特點和發展規律。筆者還多用統計數據說明問題。客觀第一最忌諱偏私，只能靠公允的論證立說，筆者盡可能詳密論證，不加論證或論證不足就拋售主觀判斷是不負責任的。當然，客觀不是平均用力地解析四經典和先聖。因為讚頌了幾千年已經太過濫俗，為了進步，本書著力於批判。

如何知道互相牴觸的話孰真孰假？這是重要的問題。原則上說，漂亮的話多假飾，符合個人需要特別是低級需要的話是真的。這個標準得益於國外學者的有關啟示。

前提：本人發議論的前提條件是，常態的人須有一定的道德和理智。因此擁有起碼的素質是人之所以為人的必要條件，不值得浪費筆墨，把它打扮成超人所為。有一點點道德理智就吹得天花亂墜，說明論者心中的常態人格是不講道德、沒有理智的獸格。其人做“學問”不是求真，是求榮。蚊子即使放大萬倍也成不了雄鷹，這樣的“學問”吹得越高摔得越慘。我們要探討的是道德和理智的原本狀態及那種狀態的原因。

任繼愈先生說得對：“我們不能代替古人講他們不知道的東西，不能替古人發揮到他們自己還沒達到的地步。我們要清清楚楚地把古人的糊塗思想講出來，並加以科學的分析，指出古人為什麼在這個問題上糊塗了，失足之處何在。”[2]

2、任繼愈《老子新譯·緒論》，上海古籍出版社，1985，P43

第一章　四經典重要語詞和概念

　　實詞是表示概念的。詞的理性意義和概念基本可以被看作是同一回事。"正宗"的語言研究總是拋棄概念。可是筆者渴望從語詞切入去觀察概念。沃爾夫說："語言學本質上是對意義的追求。"[3]我們這裏通過語詞的意義特別是使用狀況來探求概念。清代阮元曾作《論語論仁》和《孟子論仁》，遍集其"仁"字進行研究。但是他做的是文字訓詁考辨的功夫，是傳統語文學的路子，我們不取。

　　本章分析三個詞場：倫理道德場，代表性人格場，邏輯認知詞場。

第一節　倫理道德詞場

一、六個重要語詞的真實意義

（一）倫理道德詞的分類

　　下面是四經典的全部倫理道德詞語（包括行為規範範疇的義務、態度和情感等。由於類別的邊緣不能截然劃定，可選可

3、[美]李·沃爾夫《論語言、思維和現實》卡羅爾前言，高壹虹等譯，商務印書館，2012

不選的一般選入）。詞後的數字是出現次數。

　　1）一般性的；尊卑都可用的（正面和負面的劃分依原書而定）：

　　正面的：仁386、義255、禮196、信68、誠16、諒（或亮，守信）5、直65、縮（直）2、率（直率）2、正（合規範37；匡正、正直等23）、是（對的）、和、友、慈、善、寬、恕、容、寬容、行不由徑（不插小道）、危（正直）、清（清白）、清白、端正、端、切切思思（互相責善的樣子）、尊（尊敬）、矜（同情）、公、賢（德才均好）、請、禮貌（動詞）、慕（戀、討好）、親（親愛）、羞惡、恭敬、介（操守）、守、方、廉、廉絜〔潔、自好、修（修養）、修身、貞、樸、淳淳、願（老實）、敦、篤、質（質樸）、實（純實）、積德、自愛、忠、忠貞、慈孝、愛、兼愛、純粹、恩、私德（恩）、純純常常（純樸而平常）、惠、布施、周（以道義相結合）、不忍、惻隱、隱、愛惜、高（高潔）、省（內省）、反身、自反（自省）、悔、後悔、悔過、自訟、自責、改、怍（慚）、慚、愧、節用、儉、謹、慎、溫、良、下（謙下）、謙下、辭讓、推讓、靜（無爲無欲）、恬（無爲無欲）、寧、靜篤、忍、不爭、玄德、澹漠（淡漠）、澹然（淡然）、無欲、寡欲、濡弱〔懦弱〕、無己、恬淡、寂漠（清淨）、虛無、竊（謙辭）、緣（順應）、循、緣循、虛心、偃仰（俯仰隨人）、無私、芒然（無所用心貌）、讓、禮讓、素樸（無欲）、木、訥、辭（謝罪）、順、殉、殉道、柔、和理（性和順）、聏（柔和）、中、中庸、執中、守中、無爲、勇、果敢、剛、毅、扢扢然（剛勇貌）、浩然、美（美德）、懿德、良心、良知、本心、德321、德行、道德、性（本性）、真（本性）、情（真心）、行（品行）、倫、人倫、彝倫（倫常）、矩（規矩）、是非。（157詞）

負面的：恥辱、無恥、侮、邪、克（好勝）、枉、惡、奢、非（不對）、過、比（勾結）、同（附和）、爭、淫、伐（自誇）、狂（狂妄）、狷（拘謹自守）、遷怒、欺、罔、陷（陷害）、偷（苟且）、強梁（剛強）、暴、慢、驕（憍）、敖〔傲〕、泰（驕恣）、吝、嗇、忮（妒）、譎、犯（冒犯）、黨（偏私）、便佞、善柔（當面恭維背後毀謗者）、蕩、施（怠慢）、貪、虐、賊（傷害）、辱、恥、譖、辟（偏激）、嗲（鹵莽）、兼人（好勝）、放、侈、慝（惡）、讒、殘、簡（慢）、固、橫、污、涊（玷污）、懦、逢（逢迎）、面諛、薄、虛、偽、妄、惡、自矜、不肖、曲、巧言、溢美、溢惡、淫僻、僻陋、謾、誕、無情、朋（結小集團）、詐、否（不對；不善）、叨（好大喜功）、很（剛愎自用）、多事、貪污、倨傲、呂鉅（驕）、暴亂、八疵、四患、敗惡（毀敗）、昏、險（兩頭討好以漁利）、私（偏愛、私心）、阿私、競、澆（薄）、溪酷（怠惰不正貌）、恃氣（自恃意氣）、論刺、虛偽、巧偽、勇悍、侵、戮（羞）、羞、尤（過失）、縱脫（放縱不羈）。（106詞）

2）居下位者具有的；對上的

正面的：孝69、弟〔悌〕、事、服事、侍、敬、共〔恭〕、養（贍養）、媚、諫、孫〔遜〕、趨（低頭小步快走，以示恭敬）、怕怕如（恭順貌）、闇闇如（正直而恭敬）、踧踖jí如（恭敬而不安貌）、鞠躬如、宿宿（趨）、拜、再拜、稽首、揖、老（尊敬老人）、祗（敬）、臣（行臣道）、子（行子道）、長（恭敬長上）、奉、敢（鬥膽，謙辭）。

負面的：犯上、作亂、諂、違、弒、野（粗野）、畔〔叛〕、不孫〔遜〕5、賤（卑微）。（37詞）

3）居上位者具有的；對下的

聖、使、賜、有道、誅、臨（臨下）、幼（愛護小孩）、君（行君道）、父（行父道）、無道。（10詞）

這裏一共有310個詞語。它們的出現頻率差別極大，多的幾百次，好些只出現了一兩次。"德"除外，表示具體倫理道德的詞語居前10位的是：①仁386次，②義255次、③禮196次；④善144次；⑤事（事奉）95次；⑥愛73次；⑦孝69次；⑧信（誠信）68次；⑨敬（恭）57次；⑩勇51次。（愛，有時只表達"喜歡"或"戀"的情感，如愛其妃、愛其馬、孩童愛父母。它不是一個純粹的倫理道德詞）。

有的詞可以一般地使用，也可以某個等級專用，依主要用法歸類。經典沒有明言所用場合的，算作非等級場合。根據高頻詞出現的次數，與傳統的"仁義禮智信"五常相平衡，我們取仁、義、禮、事、孝、信6個特別重要的道德規範來分析。

（二）仁、義、禮、事、孝、信的真實意義

十分常用的詞，它們的意義我們都清楚嗎？沒人覺得自己不清楚，不見詞典上已經解釋得很好嗎？沒有疑問和異議啊。但是筆者不能滿足這種理解，需深入語境根據使用中的意義，並以小於詞典義項的義位爲單位來探察一個詞的真實所指。

1、仁

仁在四經典裏出現達386次，是使用最頻繁的一個道德詞。仁的概念從"人"分化出來，表示與禽獸不同的、人的美好屬性。漢字從人從二，似乎表現了一人對另一人的親善。儒家的確很看重"仁"。《論語・里仁》："君子無終食之間違仁。"《衛靈公》："子曰：'志士仁人無求生以害仁，有殺身以成仁。'"不過孔子在《里仁》篇歎道："我未見好仁者，惡不仁者。"（沒見到好仁和厭惡不仁的人）。《孟子・公孫丑上》："夫仁，天之尊爵也，人之安宅也。"今炎黃子孫談到仁，常常拿它來證中國人素來很講情愛。

"仁"到底是什麼意思？不曾被人定義過。《論語》《孟子》中的"仁"，根據隨文釋義大致有3個義位：

1）惠愛。《論語・雍也》孔子說："夫仁者，己欲立而立人；己欲達而達人。"樊遲問什麼是仁，孔子回答："愛人。"（《顏淵》）。《孟子・告子上》："惻隱之心，仁也。"孟子不辭辛勞地遊說國君們實行"仁政"。

2）守禮奉上。《論語・學而》："有子曰：'其爲人也孝弟〔悌〕，而好犯上者鮮矣；不好犯上，而好作亂者，未之有也。……孝弟也者，其爲仁之本與！'"《孟子・離婁上》："孟子曰："仁之實，事親是也。"（實，實質。參朱熹和焦循注。楊伯峻譯"主要內容"）。《論語・顏淵》："子曰：'克己復禮爲仁。一日克己復禮，天下歸仁焉。'"其要復的是周禮。孔子多次贊揚周禮：天子享有至高無上的權威，臣子必須守本分，絕對不能僭越。

3）勤學敏行。《論語・子張》："子夏曰：'博學而篤志，切問而近思，仁在其中矣。'"《論語‧陽貨》："子張問仁。子曰：'能行五者於天下爲仁矣。'請問之。曰：'恭、寬、信、敏、惠。恭則不侮，寬則得眾，信則人任焉，敏則有功，惠則足以使人。'

"仁"的觀念的產生，是人們對"人性"的初步認識。它無疑包含了一定的人際互愛，不過我們需要進一步探討仁愛的程度、範圍和重心。孔孟說"泛愛眾"、"愛人"，好似主張普遍的愛。有些學人也因此誇贊孔子的愛是"世界性"的。可是，孔孟又堅決維護上尊下卑內尊外卑的等級。孝悌被看作仁的本質。孟子說："仁者無不愛也，急親賢之爲務。……堯、舜之仁不遍愛人，急親賢也。"（《盡心上》）；他斥責墨子的兼愛是"充塞（堵塞）仁義"，是"禽獸"（《滕文公下》）。《禮記‧中庸》："仁者人也，親親爲人。"親愛親人就是仁。這些說明儒家的"仁"決非泛愛。在內外之間，儒家毫不猶豫地偏愛內部。孔子說仁包括"寬"，但是又要人"攻乎異端"。孔子學生子夏說"四海之內皆兄弟"，想來孔子不反對，而兄弟的音樂全都要貶斥。孔子在魯齊夾谷之會上，齊國奏"四方之樂"，孔子鄙薄那是"夷狄之樂"，堅持對方撤下。孟子指責學習"南蠻"（楚國人）的主張是背叛了自己的老師和先王之道，是從"喬木"遷入"幽谷"（《盡心上》）。從以上兩面的說法中，我們看到了仁愛的吝嗇。第2）條守禮奉上，不是仁愛，是奴性的討好。周禮是"使民戰栗"的規矩，恢復周禮怎麼能是仁？周天子的集權消減後政治相對寬鬆，士人也較能說話，出現了短暫的思想發展的黃金期。仁政作爲儒家的理想政治，也就是"父母官"的制民之產輕刑薄賦，決不是古希臘那種公民權利。表達雖然漂亮，而對上下和內外的截然不同從根本上損抑了愛。"仁慈"的專制不過是五十步笑百步的暴政而已。馬克思早就一針見血地指出，專制是暴政的別名。至於第3條勤學敏行，不屬於仁愛的範疇。由於對仁的認識太糊混，把它們也拉進去了。

為什麼要實行仁？是行為者愛的需要嗎？孔子說："惠則足以使人。""君子去仁，惡乎（於何）成名？"（《論語·陽貨》）。又說："躬自厚而薄責於人，則遠怨矣。"（《論語·衛靈公》。言多要求自己，少要求別人，就遠離怨恨）。孟子反對諸侯言利，可是自己又用利害去遊說諸侯。《孟子·離婁上》："天子不仁，不保四海；諸侯不仁，不保社稷；卿大夫不仁，不保宗廟；士庶人不仁，不保四體。"引孔子說："夫國君好仁，天下無敵。"孟子勸梁惠王實行寬松的政策，說了一大通讓百姓衣食足而懂孝悌的話，也是為了梁惠王能稱王天下。一些人辯解道，為了打動大小人王，遊說者不得不用功利去引誘。可是孔孟跟諸侯一樣，把國民看作君王的工具，把子女看作父母的工具，不就是完全的功利主義嗎？

美德的本質之一是利他，不是交易。為了發揮共生優勢，群居動物都有友好的一面，以交換安全和食物。所以在人類道德的原始階段，行仁主要靠它能給行為者帶來好處，利他是手段，利己才是目的。不利己甚至於損己利人的仁，難度太高，四經典都不主張。

2、義

義在四經典裏出現達255次，也是儒家的一個重要道德概念。《論語》仁義分言，《孟子》多仁義並提。《孟子·告子上》：“生亦我所欲也，義亦我所欲也，二者不可得兼，舍生而取義者也。”這句話幾千年來一直被當作義勇精神的代表。義的含義是什麼？論孟老莊幾乎連隨文釋義也沒有。歸納用例，義主要指恰當、合理的思想行為。《中庸》：“義者，宜也。”

根據《論語》《孟子》，我們可以把義的義位分為兩個：

1）指廉潔、知恥、正當等一般道理；合理。《論語·季氏》：“君子有九思……見得思義。”《陽貨》：“子曰：‘君子義以為上。君子有勇而無義為亂，小人有勇而無義為盜。’”《孟子·告子上》：“羞惡之心，義也。”《孟子·盡心下》：“春秋無義戰。”孟子認為順手牽羊偷人家的雞，是“非義”。

2）指上下之間的使和事之道；合於此道。《論語·微子》：“子路曰：‘不仕無義。長幼之節，不可廢也；君臣之義，如之何其廢之？’”《孟子·梁惠王上》要梁惠王行仁政：“未有仁而遺其親者也，未有義而後其君者也。”又“謹庠序（學校）之教，申之以孝悌之義，頒白者不負戴於道路矣。”《離婁上》：“義之實，從兄是也。”（實，楊伯峻譯“主要內容”）。

第1）組的“義”沒有明顯等級色彩，可視為一般性的道德。第2）組專用於等級間的“正確”行為規範。第2）組是君臣之義、孝悌之義，被認為是“實質”，更重要。

義的概念同是非觀的發展很有關係，是非不分就無法談“義”，是非分得不公不明，義也就不公不明。傳統的“義”強調的是對長上的尊從，同以公正為核心的“正義”不可混為一談。

老子不怎麼談 "義"。現在來說莊子的 "義"。《莊子》中言及 "義" 達118次。莊子對義的看法變幻莫測，令人目眩。爲了便於觀察他的原汁原味的思想，把其用法分類列出。說明：《莊子》的言論，大多通過故事寓言中人物之口來表達，這是他的習慣，故本書有些不作交代。

1）真實而褒義的 "義"

　　　當其時，順其俗者，謂之義之徒。《河伯》

　　古之真人，其狀義而不朋，若不足而不承。《大宗師》

　　　是故古之明大道者，先明天而道德次之，道德已明而仁義次之，仁義已明而分守次之……此之謂大〔太〕平，治之至也。《天道》

　　　以道觀言而天下之君正；以道觀分（職分）而君臣之義（行爲規範）明。《天地》

2）真實而無褒義的 "義"

　　　捐（付出）仁義者寡，利（利用）仁義者眾。《徐無鬼》

　　　（堯、舜）於是乎股無胈（毛），脛無毛，以養天下之形。愁其五藏以爲仁義。《在宥》

　　　夫孝悌仁義，忠信貞廉，此皆自勉以役其德者也，不足多（贊揚）也。《天運》

3）虛僞的或貶義的 "義"

　　　君雖爲仁義，幾且僞哉！《徐無鬼》

　　　自虞氏（舜）招仁義以撓天下也，天下莫不奔命於仁義。是（此）非以仁義易其性與？《駢拇》

　　　毀道德以爲仁義，聖人之過也。《馬蹄》

攘棄仁義，而天下之德始玄同矣。《胠篋》

諸侯之門而仁義存焉。《盜跖》

這裏的例子多仁義並提，因爲老莊反仁，我們在“仁”的部分沒有講老莊的。

老莊正面的“義”大致指順俗自保。莊子的“義”的道德含義真假褒貶大相徑庭。他站在不同的立場上，將各種意義混淆使用，文中沒有作出任何說明。他批駁儒家的仁義之說，不幸的是未能創造自己的術語，又沿用一般的“義”來表達自己期望的道德。道家反對分是非，所以“義”的概念比儒家更亂。若撇開這一點替莊子清理一下思路，是這樣的：假的仁義盜名，真的仁義累人，都不好，都使人“易其性”。所以仁義的概念應該拋棄。拋棄之後，“民如野鹿，端正而不知以爲義，相愛而不知以爲仁。實而不知以爲忠，當而不知以爲信。”（《天地》）。他吞了關鍵的一句：搶掠打殺不知以爲惡。禽獸的道德一定比人類好？從來不追求美德的人是不知道什麼叫道德的。實際上，莊子心中有一個不便明說的命題：“理想的人性等於獸性。”獸性之所以理想，因爲它沒有道德的約束和智能的運用，“彼仁人何其多憂也”（《莊子·駢拇》）。當且僅當人類把兩只手重新放到地面，四足行走，“人間”就好了。這是徹底的退化論。

莊子在揭露儒家仁義的虛假方面，確實作出了貢獻。但是思想陰暗，表述混亂，罵得雖然厲害，卻沒有催生任何理性的道德因素。就像發現烙餅摻假致癌，不是做出真貨，而是砸鍋拋棄烙餅工藝。

3、禮

禮，是儒家用以維繫社會穩定的根本倫理規範，在四經典中共出現196次。禮的意義，《孟子・告子上》："恭敬之心，禮也。"《莊子・天道》說得更坦白："禮法數度"，"此下之所以事上，非上之所以畜下也。"

禮包括一系列極為瑣細的儀節，人的服飾、姿態、位置朝向、所執的圭玉、興土木的級別等等，各有定分，不可逾越。如姿態的揖、拜、稽首、趨（低頭小步快走以示恭敬）、恂恂如（恭順貌）、闇闇如（正直而恭敬）、踧踖如（恭敬而不安貌）、鞠躬如。占卜若用蓍草，天子的蓍長九尺，諸侯七尺，大夫五尺，士三尺（《說文》）。封諸侯時，公執桓圭，長九寸；侯執信圭，伯執躬圭，皆七寸；子執谷璧，男執蒲璧，皆五寸（《說文》）。"古之喪禮，貴賤有儀，上下有等。天子棺椁七重，諸侯五重，大夫三重，士再重。"（《莊子》）。連死亡也有不同的稱法。天子死叫崩，諸侯死叫薨，大夫死叫卒，庶人死才叫死（《禮記》）。《禮記》裏，甚至吊喪如何哭、什麼時候踤腳哭、踤幾次腳都有奇怪的規定。

"禮"安排了每個人在群體中的等級職分。如果有人不守本分，社會的尊卑秩序就會亂。亂對於低等級的人來說不損失什麼，或者是好事，而高等級的人就可能失去已有的地位。因此儒家把"禮"視為是治國的要務。孔子說："為國以禮。"（《論語・先進》），他一生都在努力恢復被新貴打亂了的周禮。家長制的國家家國同構，家裏的孝悌也就是禮。《孟子・離婁上》："仁之實，事親是也；義之實，從兄是也；……禮之實，節文斯二者（調節修飾孝悌）是也。"因而禮也是人的立身之本。《論語‧泰伯》："立於禮。"《顏淵》孔子說："非禮勿視，非禮勿聽，非禮勿言，非禮勿動。"

禮偶爾也用於上對下的某種尊重，當然這不意味著平等。《論語‧憲問》："上好禮，則民易使也。"大一統有利於控制人心，分裂的小國有利於活躍思想。春秋戰國時代，多個小國之間互相競爭，還有一點思想自由，士還有一點尊嚴。大膽的士人要求國君以禮待之。孔子爲魯國司寇時，言語不被采用，參加祭禮又沒人送祭肉來。國君無禮，他連祭冕都不脫就離崗走了。

禮與德大體上是制度和品性的關係，有什麼樣的品性就有什麼樣的制度。儒家把守禮看作"德"的重要表現。《孟子‧盡心下》："動容周旋中（合乎）禮者，盛德之至也。"意思是形容舉止都恪守禮，即爲最大的德。

禮還表現爲複雜的謙敬語。孔子與其高足顏淵的一段對話絕妙。孔子在匡地被圍困，顏淵卻到得很晚。孔子不滿地說："吾以女〔汝〕爲死矣！"顏淵回答："子在，回何敢死！"連死不死也要虛敬一番。

《左傳》中的宋伯姬，在宮中失火的時候堅守婦道，沒有傅母的引導決不在夜裏下堂，結果被燒死。世人都稱讚她"守禮"。孟子則認爲，如果嫂嫂溺水了，小叔子應該出手相救。"男女授受不親，禮也；嫂溺援之以手者，權也。"（《離婁上》）。這還表示了對生命的尊重。

可是，不管怎麼樣，"禮"和平等互重的"禮貌"是兩回事，它的根本性質嚴重禁錮了個體的自由發展。

老莊不贊成儒家的"禮"：

> 夫禮者，忠信之薄，而亂之首。《老子》第38章
>
> 說〔悅〕禮邪？是相於技也（有助於技巧）。《莊子‧在宥》
>
> 處喪以哀，無問其禮矣。禮者，世俗之所爲也；真者，所以受於天也，自然不可易也。故聖人法天貴真，不拘於俗。《莊子‧漁父》

老莊認爲禮表現了忠信的澆薄，只是在煩瑣技巧上用功夫，不是真性。老莊看到了禮的虛僞性，沒有看到禮的殺人性，因爲他們並不反對等級壓迫。說 "禮" 是 "亂之首" 出於逆反心而已。老莊不贊成某些禮儀又疏於說理，不能觸到 "禮" 的本質。

4、事（附：侍、服事）

3個詞都表示侍奉、服事的意義。用作此意義的，事95次，侍14次，服事1次。四經典3詞共110次。事，上古音崇母之部，侍禪母之部。崇禪準雙聲，之部疊韻，是一個詞的分化。

孔子認爲一個受過教育的人應是這樣的："事父母，能竭其力。事君，能致其身（豁出命）。"（《學而》）。說自己做到 "出則事公卿，入則事父兄" 一點不困難，即是自然需要（《子罕》）。人與人之間是事和被事的關係，國與國之間也一樣。孟子論與鄰國交往的道理："惟仁者爲能以大事小，是故湯事葛，文王事昆夷。惟智者爲能以小事大，故太王事獯鬻yù，勾踐事吳。"（《梁惠王下》）。老莊反對儒家的仁義禮，卻也講事奉，如 "事天"、"事上"。《莊子‧漁父》："（真性）其用於人理也，事親則慈孝，事君則忠貞。"（本句與前面莊子主張 "至仁無親" 相矛盾，似儒家，多認爲是莊

子後學所竄入。不過《莊子》也允許不犯顏的"忠諫"；《老子》也有孝慈之說。其第19章："絕仁棄義，民復孝慈。"姑錄於此）。他們無法擺脫事奉建立什麼道德，他們不可能比儒家高明。

"事"是下對上的倫理規範。中國發展出了最為完備的官本位禮制。禮制設下一張縱橫交錯的等級網，每一個人都在網中被規定了一個位置。從天子到庶民是一條垂直"幹線"，除了這條主幹線以外，還有錯綜複雜的關係，按血緣、按年齡、按性別、按資曆、按力量……排"座次"。臣事君、子事父、弟事兄、妻事夫、媳婦事公婆，徒弟事師傅，地方事京師；遠一點，"四夷"事中國。天子受全國上下的侍奉，年輕女子要事奉所有人。事，除了指服侍在上者生活，供其驅使以外，還必須向他們進貢財物和珍奇玩好。更有甚者，要為主子獻身。這是一套殘酷的"義務"。

5、孝

孝在四經典中出現69次，頻率居於倫理道德詞的第7位。孝在數千年的中國歷史中一直處於特殊重要地位，只是在現代受"五四"新文化運動的沖擊，被某些知識分子稱為奴隸道德，一度"失勢"。孝到底是美德還是奴隸道德？抑或美德就是奴隸道德？

孝的意義，是盡力侍奉父母，無條件遵命。《說文·子部》："孝，善事父母者。"孔子解說孝是"無違"（《為政》），父親死後3年也無違："父在觀其志，父沒觀其行。三年無改於父之道，可謂孝矣。"（《學而》）。侍奉本身已經包含恭敬了，但是孔子還要強調恭敬："事父母幾諫，見志不從，又敬不違，勞而不怨。"即父母有過，小心輕微地規勸他們，如果他們不聽，就還是恭敬不違。孟子爲了替舜"不告（稟告父親）而娶"辯護，竟說："不孝有三，無後爲大。"這種孝往往非人力所及，難壞了好多孝子賢孫。後世養不出孩子的男人們便利用這個"理論"來"出妻"。

孟子認爲孝順父母才能解憂。《孟子·萬章上》："人悅之、好色、富貴，無足以解憂者，惟順於父母可以解憂。"順從是消極的行爲，爲何最能解憂，孟子無法解釋，因爲它是虛僞的。

孝引申指侍奉先生。《論語·爲政》："子夏問孝。子曰：'色難。有事，弟子服其勞；有酒食，先生饌，曾是以爲孝乎？'"意思是保持好臉色難。光是弟子服勞役，先生吃，還算不上孝。又指侍奉鬼神。孔子稱讚禹："菲飲食而致孝乎鬼神。"（《論語·泰伯》）

儒家認爲孝是道德的根本。孔門弟子有子說，孝悌應是仁之本。《孟子·告子下》："堯舜之道，孝弟〔悌〕而已矣。"他甚至說："不得乎親，不可以爲人。"（得不到父母的歡心，就不可以做人），不過他的好朋友匡章例外。《孝經》第一章："子曰：'夫孝，德之本也。'"孝子低眉順眼不敢"犯上"，既得利益者就可以穩住天下。

孝道德來自父母的自我中心。孝的義務實際上規定，親子關係是君臣關係，父親是家中的天子，是子女的精神主宰。長養子女，就是在花工夫打制一件好使的工具。爲了鎮住子女，成年社會隱去人作父母的生物性需要，誇大父母的恩情，似乎子女割肉析骨也報答不了"恩重如山"的父母，只有匍匐在地作奴隸。家長就像君王摧毀民眾的智慧一樣，摧毀子女的心智獨立。孝道德保障家長永遠正確，家長對子女擁有任意處置的大權，行使家法達到辱沒自尊甚至打傷弄死，不知還有什麼天倫之愛剩下來。孝不等於愛和負責，一味服從還意味著父母是沒有理智的怪獸，必須畏懼他們哄騙他們。大孝是做給別人看的。

6、信（附：諒、誠）

3字在四經典中出現170次，其中表示守信、真誠和誠實的總共89次（信68，諒5，誠16）。先哲沒有對3個詞進行解釋，這89個用例絕大多數指守信和真誠。能確定表示誠實的僅2例：

　　　（人）信者吾信之，不信者吾亦信之，得信。《老子》第49章

今人翻譯古書，把一些“信”譯成“誠實”，不妥。它們其實指真誠守信。如《論語・衛靈公》：“君子義以爲質（目標），禮以行之，孫〔遜〕以出之，信以成之。”楊伯俊把“信以成之”譯爲“用誠實的態度完成它。”按，此信是說話算數。說話算數故能“成”事。誠實難免惹禍，或許不能成事。古代聖賢都怕得罪“大人”，卻從未提到過“信”會招人憎惡，也說明他們的“信”不指誠實。

誠實和真誠守信有區別。誠實是言行符合客觀事實和真實想法，它適用於人類生活的一切領域；真誠和守信指真心對人，兌現承諾，主要用於友人間的交往。誠實必真誠守信，真誠守信則不必誠實（比如爲好友做假）。誠實所需要的理性遠比私人之間的真誠守信來得高。

在四經典裏，誠實的概念是混在真誠守信的詞語中偶然表

達出來的，它尚未從真誠守信裏分化出來。等到分化出來了，要達到使用廣泛，還有一個漫長的歷史過程。

誠實的欠缺，從聖人的觀念上就可以看出來。孔子說父子互相隱瞞罪行不是枉曲，是"直在其中矣"。孔子的高足曾子在敵寇進犯時只顧自己逃跑；孔子的孫兒子思遇到敵人則拒絕撤離，與君守城。孟子混淆是非，曲說二人的不同是師長和臣子的不同，地位交換"則皆然"，故他們竟是"同道"。如果誠實評論則是，"德高爲師"，師長恰恰不能作卑劣的表率，小臣偷偷溜號影響還較小。勢利的人們不可能看重誠實。聖人尚且如此不誠實，有些學人稱"中華民族自古推崇誠實"又何有什麼誠實？

真誠守信，儒家應該是重視的。孔子認爲信屬於仁的範疇，拿它作爲教育學生的內容。《論語・述而》："子以四教：文，行，忠，信。"他經常說人要"主（立足）忠信"。甚至認爲對當政者來說，信用比糧食更重要（《顏淵》）。孟子認爲君子"言語必信"（《盡心下》），又說取悅於雙親必須心誠。"反身不誠，不悅於親矣。誠身有道，不明乎善，不誠其身矣。……至誠而不動，未之有也；不誠，未有能動者也。"（《離婁上》）。連喜歡跟道德常識唱反調的《莊子》也說："修胸中之誠以應天地之情而勿攖。"（《徐無鬼》）

那麼儒家是否已經把信實看作一個普遍的準則，利害攸關時也不含糊？遠遠不是。孔子說："言必信，行必果，硜硜然小人哉！"（《子路》）他認爲這種人比不上"行己有恥"、"不辱君命"的士，也比不上享有孝悌聲譽的士，只能算是末流的士。孟子贊同他的看法："大人者，言不必信，行不必果，惟義所在。"（《離婁下》）。這和"言語必信"矛盾，而且其"義"不包含誠信。儒家對諒（守信）的看法同"信"一樣。孔子說交友要"友直，友諒，友多聞"（《季氏》），又說："君子貞而不諒。"（《衛靈公》）即忠貞而不要拘泥於誠信。孔子既然不把誠信歸入"行己有恥"的要素，不誠信也就不算無恥。這不得不讓筆者聯想到今天全社會的坑蒙拐騙，本有基因。

二、倫理道德概念體系的性質

（一）道德體系的分段

德，是諸道德的上位概念。它已經形成，但是儒道兩家的看法差別很大。儒家的"德"包括孝悌仁義等。道家的"德"指無爲和無德，當然不包括仁義。《老子》第38章說："常德不離，復歸於嬰兒。"《莊子·駢拇》："吾所謂臧（好）者，非所謂仁義之謂也，臧於其德而已矣。"又《馬蹄》："道德不廢，安取仁義！"嬰兒是不勞動無道德的，成人摒棄了仁義就不用負什麼責任，這就是"德"。

根據是否把正義當作道德的基準，我們可以將道德體系分爲私宜和公宜兩個階段。私宜階段的道德只是對私人有好處，無視普遍性，犧牲下屬保護尊長，其忠善也針對私人，依賴回報。公宜指道德的施受人人適宜，這是康德明確主張的。公宜階段的道德包括平等、博愛這些超越了個人利害的原則。遵守了公德沒人表揚獎勵，幫助了陌生人通常沒有回報，爲人民說話更要冒生命危險。儒家對誠信的矛盾態度不難理解。儒家奉行私宜的道德觀，狹隘而富有投機性，言行因人因事機變無窮，他們所主張的誠信勢必有相當的保留。道家奉行無道德主義，單純顧自己，不顧他人和公義，連私宜道德都談不上，因為對親友也沒有情愛。

（二）四經典道德體系檢討

論孟老莊的倫理道德詞語，構成了中國倫理道德的概念體系。縱觀這個體系所表現的價值觀，在等級壓榨的大山下有少許的仁愛、質樸和信實等。而所有術語都沒有明確的含義和仔細的辨析，還處在感性階段。他們的基本思想還局限在個人利益的古井裏，不惜犧牲公正和進步來反對不穩定因素，反對任何改造觀念的可能性。這個概念體系和古希臘相比，非理性意識顯著。其特點有4：

1、強勢中心

這是領銜價值觀。頻率居四經典道德前三名的"仁""義""禮"，雖然也用於一般性的道德，卻是以孝親事君為根本。位列第四的"善"大體包含仁義禮。第五"事"，第七"孝"就完全是弱勢奉獻於強勢了。在倫理道德詞語表上，專門表示弱勢應該遵循的道德禮儀詞就有28個。表示強勢應遵循的道德的詞僅3個：幼（慈愛幼小）、君（像個君）、父（像個父），意義模糊，而且出現僅一兩次，屬於"詞類活用"，沒有專用詞。弱勢雖然在各級範圍內都是多數，但是不被發現。孟子的一段話典型地表現了這種勢利眼："楊氏為我，是無君也；墨氏兼愛，是無父也。無父無君，是禽獸也。"（《滕文公下》）道家的楊朱完全不為別人考慮，拋棄了所有的人，但孟子僅僅看到他拋棄了君；墨子的"兼愛"不偏愛所有親人，孟子僅指責他"無父"。一個人如果一視同仁地愛人，竟被叫做"禽獸"。

強勢控制了最高的權力——政權，又控制了道德規範的制定權、評判權和違反這套規範的懲罰權。雖然，"仁義"包括"慈幼"、"愛民"之類說法，是中國人最愛標榜的道德，好像別國人不講仁義。可自打耳光的是，這個最講仁義道德的國家，君、父、地方官和土豪都有殺人的權力。至今國內奇缺個人自由和各種政治經濟教育醫療權利，弱勢群體如農民、女性、小孩、老耄被壓榨剝削，全國的百姓都是統治者的工具，任憑支配，挨凍受餓受窮送死的都是他們。不允許他們為自己呼號，媒體上沒有異見者發表言論的余地，維權律師動輒身陷囹圄，品嘗權貴階級專政的鐵拳。

為什麼兩千多年仁義道德的提倡會是這個結果？大眾並不質疑。這個道理打開心胸則不難理解：沒有公正！站在公正的立場上才會有人人自由平等的意識，才有博愛。仁義的提倡沒有公正作保障，一是不真懂仁義，二是虛偽圖名。《史記》記載，孔子在夾谷之會上迫使齊人殺了表演歌舞的倡優侏儒，齊景公居然"知義不若，歸而大恐"。殘殺無辜也被當作"義"！

壟斷了一切權力的強勢，站在極端利己主義的立場上還壟斷著"道德"。我們常說中國人看重道德，這私宜而勢利的道德能不看重嗎！說教不可稍懈。這樣，即使國外種種保護弱勢的法律被引進，也遭遇強大的阻力，難以實施。只有惹人恨的魯迅從"仁義道德"的字裏行間看出了兩個字——"吃人"！可惜他沒有論證。

2、血族中心

這是就內外向度而言。《莊子·天運》有一段打趣的話。太宰蕩問莊子什麼是 "仁"，莊子回答："虎狼，仁也。" "父子相親，何爲不仁！"（虎狼就仁，懂得父子（實爲母子）相親。這是莊子譏諷儒家）。的確，一些禽獸也會愛親族。氏族社會的愛與動物沒有什麼區別，仍限於血親。我們剖析了漢語的 "仁" 有嚴格的血族限制。愛，表示仁愛疼愛的意義在四經典中出現73次，有23次特指愛自己的親屬，並且不是爲了討論愛的應有範圍而提到它們。在普遍意義上被討論的概念，是不會拘守親人和血族的。中國文化的氏族色彩濃厚，心胸尚未打開。

3、奴役侍奉

上面奴役則下面侍奉。物質方面的奴役侍奉，上文 "事" 條已經論述。精神方面則表現爲繁苛的尊卑儀節，以束縛人們的思想。中國古人制定了世界頭號的繁文縟節，來滿足等級之間強烈的奉承欲和被奉承欲。國人俯仰於蜘蛛網般複雜的人際關係中，自來對榮耀高度依賴，最看重自己在別人眼中的地位。官員有特殊的官腔，特殊的姿態，喜歡作昂頭斜視狀。在下者則習慣五體投地，謙恭萬狀。一個人有了官職，周圍就會自動聚集一幫人。這幫人不要本錢地吹捧他，無微不至地侍奉他，互相競爭誰更肉麻，最肉麻的就最榮寵。榮寵就可以獲得更低級的人的事奉。那些極爲卑下的用語和舉動就是 "禮"。國人常稱頌自己是 "禮儀之邦"，在這個意義上確實當之無愧。不過以此作爲 "精神文明" 的表現，其 "精神文明" 的含義就怕追問了。

事、侍、服侍被反覆重申，在四經典中出現達110次，無可辯駁地證明這個社會充滿了剝削。如果不是人性的高度貪婪高度好逸惡勞，哪裏會有這樣的文化？把這些價值觀稱爲"愛"、"美德"和"偉大的犧牲精神"，非有最上檔次的道德邏輯不可。

古老的人類社會難免在不同程度上偏重強勢和自己的血族，但並非都認爲人與人之間的關係就是侍奉與被侍奉的關係。如古希臘公民之間的關係是平等的，有權參與政治；古印度同一個種姓內部的關係是平等的（中村元）。中國則沒有哪兩個人之間是平等的，其侍奉文化很徹底，這也許是東亞文化的共性。

4、冷血

老莊最具代表性。他們除了自保，什麼都不關心。

強勢中心的道德是殘酷的，血族中心的道德是褊狹的，奴役侍奉的道德是貪暴的討好的，冷血是敵視人類的。這是一個完整的系統。它們的本質都一樣：人的自我中心意識。儒家的道德體系十分原始，它表現著人類道德的薄弱和他律水平，爲了聲名利害而有所爲有所不爲。

一個人在比自己強的人面前表現怯順，在比自己弱的人面前表現霸道，是古老的本能。這套本能產生專制制度。中國的專制制度綿延3千年以上，決非偶然。孔孟老莊生存的春秋戰國時期，專制程度不如秦及以後。但是，在世界史上也是很嚴密的了。國君爲了自己的利益對士人雖然有某種程度的尊重，但是生殺取予的權力完全掌握在自己手中。這種格局隨著統治術走向圓熟周密，就會達到絕對的專制。所以從秦朝開始的絕對的專制，人性的孕育已有若干萬年。專制制度以非"我"爲敵，阻礙美德的發育。

第二節　代表性人格詞場

儒家道家的理想人格模式有孝子、仁人、君子、聖人、至人。這裏只分析綜合性的理想模式君子、聖人和至人（真人）。然後再分析以他們爲代表的典型性格特徵。

一、君子

"君子"在四經典中出現228次。一般認爲"君子"指道德高尚的人。君子的才德被認爲比聖人差一些，會有過錯。因此普通人只要努力就能成爲君子，可以說君子是"普及型"的理想人格。《論語》《孟子》的君子應有的素質是：守禮教，不反叛權威，見得思義，行仁義，文質兼備，不爭不黨不受賄。君子的追求是"謀道不謀食"，做官"行其道"。君子對己嚴對人寬。"君子求諸己，小人求諸人。""尊賢而容眾，嘉善而矜不能"等，包含不少常識性的美德。孔子自視是君子不是聖人，他並不像後代捧出的"大成至聖先師"那麼霸道，他甚至還有勇敢面對失誤的時候，當別人指出他的錯誤時，他說："丘也幸，苟有過，人必知之。"（《論語·述而》）

君子的人生最高追求是尊榮，地位自然在內。

君子非常在意自己的儀容姿態，萬不可模糊尊卑。孔子講究貌恭、色溫而厲、"泰而不驕"、"威而不猛"等。恭敬是爲了事上和取容，威儀是爲了"人望而畏之"。《論語・子張》："君子有三變：望之儼然（莊嚴貌），即之也溫，聽其言也厲。"孟子說："說大人，則藐之，勿視其巍巍然。"（《盡心下》）孔孟對諸侯說話都設法保持一定的尊嚴，這不是他們要平等，而是不願被"大人"踐踏，他們比後代的士人要硬朗一點，這也和分散的小國集權較松有關。《論語・公冶長》："子謂子產：'有君子之道四焉：其行己也恭，其事上也敬，其養民也惠，其使民也義。'"四條中前兩條都是儀態方面的。《論語・子張》："子貢曰：'紂之不善，不如是之甚也。是以君子惡居下流，天下之惡皆歸焉。'"這是說人們會把惡都歸於大眾厭棄的人。君子侍奉官員，進退小心，如履薄冰。《論語・季氏》："子曰：'侍於君子有三愆（罪過）：言未及之（到時候）而言謂之躁，言及之而不言謂之隱，未見顏色而言謂之瞽。'"（此"君子"指官員）。君子嚴守人與人之間畏懼與被畏懼的關係，在不同的場合或俯臨，或仰望，故中國傳統稱混迹世間爲"俯仰人世"。《孟子・離婁上》有一段對話：

樂正子見孟子。孟子曰："子亦來見我乎？"

曰："先生何爲出此言也？"

曰："子來幾日矣？"

曰："昔者。"

曰："昔者，則我出此言也，不亦宜乎？"

曰："（我）舍館未定。"

曰："子聞之也，舍館定，然後求見長者乎？"

曰："克（樂之名）有罪。"

　　樂正子可能是一名小官，很敬重孟子，曾說服魯平公屈尊去見孟子（公備駕時被嬖人勸止）。這次他來齊國安排好住宿，次日就來看孟子，孟子居然嫌遲，要別人把觀見他放在首位。這超出了人之常情，端這麼大個架子，就爲那無聊可憐的"尊嚴"。實際上孟子求見那麼多國君，那些國君不擺譜是不可能的，孟子都不對話嗎？

　　孔子認爲自己淡泊名利，可是愛尊榮成癖，最積極的就是仕進。孔子剛說了"君子謀道不謀食"，接著就說："耕也，餒在其中矣；學也，祿在其中矣。"（《衛靈公》）。讀書就好謀取俸祿，這不又是謀食了麼！謀食並非不可以，違背良知才不可以，而孔子應該和自己保持一致。《孟子·滕文公下》："傳曰：'孔子三月無君，則皇皇如也，出疆必載質。'"言孔子3個月無君事奉，就惶惶不安，出境一定要帶著（給諸侯的）禮物。同篇："士之失位也，猶諸侯之失國家也。"又《孟子·盡心上》："君子居是國也，其君用之，則安富尊榮。"這就是儒家心靈的歸宿。仁義則可以在想起了而又不付出什麼的時候講求一下。

　　佛肸是叛臣，召孔子，急於做官的孔子也想去。學生子路說您不是講過："親於其身爲不善者，君子不入也。"孔子承認"有是言"，但又說特別白的東西，染也染不黑，"吾豈匏瓜也哉？焉能系而不食？"（《陽貨》）食言了還要給自己抹粉，這麼說抗戰時在日僞政權裏任職的人不是同樣可以自稱潔白嗎，怎麼能叫漢奸？

　　曾子說："君子思不出其位。"（《論語·憲問》）。君子熱衷於政務，卻只是想做官，不去探究社會、政治和人性的本質及其規律。只講實際操作的人不善於思考，也就沒有深刻的見解，其“道”不過就是在如何使用權術上打轉轉。如孔子說：“天下有道，則禮樂征伐自天子出；天下無道，則禮樂征伐自諸侯出。”（《論語‧季氏》）有道無道的標準不在民生，而在君臣等級是否受到傷害。

孟子說：“君子有三樂，而王天下不與存焉。父母俱存，兄弟無故，一樂也；仰不愧於天，俯不怍於人，二樂也；得天下英才而教育之，三樂也。（《孟子‧盡心上》）這是一個只有基本道德而缺少快樂的快樂觀。第一條原始狹隘，第二條有一定道德自律，但愧怍的標準很少出自普遍性道德。這兩條其實都是不痛苦，不是快樂。蘇格拉底指出那是平靜：“和痛苦對比的快樂……和真正的快樂毫無關係，都只是一種欺騙。”（《理想國》中譯本164），求真者的話深刻得怕人。快樂必須是處於積極的情緒高漲的狀態。第三條確是快樂，做自己喜歡做的有價值的事。但各人喜歡的有價值的事不同，因自己喜歡做教師就以之爲普遍性的君子之樂，太窄。孟子的快樂，比庸眾對錢財和享受的追求高一些，但是最大的“王天下”算進去呢？追求越純淨高尚，快樂值越高。王權在握的快樂，和積極追求真理、挑戰自我的快樂比起來，又算得了什麼呢？如果享有無邊的權力，孔子孟子會怎麼樣？他們不至於變成秦始皇，但最多就是一個專制“明君”，而孟子又比孔子善良一點。

孔孟都發牢騷說“莫我知也夫！”君子的價值既然不過是事君，就必得仰仗他人的“發現”來實現，因此每常發出“沒有人了解我”的哀歎。連較少奴性的南方的屈原也擺脫不了這個窠臼。這是中國的“文人病”。思維沒有獨立性、研究性，又渴望優寵，就會有懷才不遇的抱怨。

作爲世界最負盛名的美食國的美食先驅，不但老子提倡君子的人生爲口腹，孔子亦出口不凡。“食不厭精，膾不厭細”是孔子的名言，他還宣布“色惡，不食。臭惡，不食。失飪，不食”、“不得其醬不食”（《鄉黨》）。即顏色氣味差不吃，烹飪不得法不吃，沒有對味的醬不吃。孔聖人果然威風，“聽其言也厲”。

所以，儒家的“君子”實際上指這樣一種人：有一定基本道德，而精神不獨立，內心很世俗的人，他們遭遇高壓或利誘就會墮落。

老子的“君子”，指守財惜身的人、慎殺伐的人，褒義。如第26章：“是以君子終日行，不離輜重。”如此愛財的人儒家和莊子不曾叫作君子。第31章：“兵（武器）者不祥之器，非君子之器，不得已而用之。”莊子的“君子”指自保無爲的人、通曉利害的人，褒義。如《在宥》：“故君子不得已而臨位天下，莫若無爲。”《大宗師》：“利害不通，非君子也。”

《莊子》的“君子”也有的與一般人所指無異，但含貶義。如：“人之君子，天之小人也。”（《大宗師》稱引孔子）有時候，莊子又不主張分別君子和小人，此“君子”也用於一般的意義：“夫至德之世，同與禽獸居，族與萬物並。惡乎（哪裏）知君子小人哉！”（《馬蹄》）。

這樣分排之後，凌亂迷離的說法就看出了頭緒，老莊所肯定的“君子”沒有道德，比儒家的君子更加懦弱低俗。

二、聖人

　　"聖"在四經典中出現達237次，在人性詞場中僅次於仁、義。其中"聖人"、"聖者"180次。聖指"無所不通"（《書·大禹謨》孔安國傳），特指德和智都達到理想狀態。《孟子·公孫丑上》："孔子曰：'聖則吾不能，我學不厭而教不倦也。'子貢曰：'學不厭，智也；教不倦，仁也。仁且智，夫子既聖矣。'"

　　聖人是儒家心目中完美人格的體現。堯、舜、禹、周公、伯夷、孔子等被看做聖人。《孟子·離婁上》："聖人，人倫之至也。欲爲君，盡君道；欲爲臣，盡臣道。二者皆法堯舜而已矣。不以舜之所以事堯事君，不敬其君者也；不以堯之所以治民治民，賊（傷害）其民者也。"孔子說："禹，吾無間然矣。菲飲食而致孝乎鬼神，惡衣服而致美乎黼冕，卑宮室而盡力乎溝洫。"（《泰伯》。言對禹沒有批評了。他飲食菲薄穿得很差，卻把豐盛的食品送去祭祀，把祭服做得很華美。他住得很差，卻竭盡全力修挖水利工程。）所以孔子贊揚道："巍巍乎，舜、禹之有天下也，而不與焉！"（偉大啊！舜、禹擁有天下而不在其中享受）。孔孟贊揚了聖王的文治武功、孝敬祖先、辛勤勞苦和簡樸廉潔，其中多項固然可嘉可敬，在中國尤其難得，可是，它們也是作爲君王的本分，他們是原始國家恪盡職守的君王而已，並非對社會公正、法律建設作出了什麼貢獻。洪荒時期大禹治水的故事，在中國家喻戶曉。可是孔子讚美大禹的話卻重在他竭力孝敬祖先，在孔子看來那個更重要。

　　孔子在當世就有人稱之爲聖人。他確實有一些發展較好的品性，比如好學、多能、不苟得、不恥下問，在一定程度上能面對自己，在財牲和人之間能尊重人。這些品質，今世鬥寵爭榮巧偷濫造的芸芸眾生都達不到。儒家亞聖孟子言必稱孔子，認爲孔子是集大成的聖人："自有生民以來，未有孔子也。"（《公孫丑上》）。孟子和董仲舒的追捧爲孔子立於一尊起了很大的作用。

然而孔子的另一面驚人地惡俗。他利用職權和禮教狠毒殺人，詳見下文"典型的社會性格‧虛僞"。

在孔子的政治倫理觀裏，沒有比上尊下卑的等級更要緊的東西，包括臣民的生命。殷紂王殘暴嗜殺窮奢極欲，怨聲四起。周武王起兵伐之。孤竹君的兒子伯夷和叔齊攔馬諫阻，稱臣不能伐君。武王不聽而滅殷。伯夷叔齊逃到首陽山，"恥不食周粟"，餓死在山裏。孔子說："伯夷、叔齊餓於首陽之下，民到於今稱之。"（《季氏》）並贊二人"不降其志，不辱其身"。（《微子》）。世界上還有比暴君的惡更大的惡嗎？伯夷叔齊、庸民和聖人都那麼不講是非。難怪當今政府一高舉孔子，人們就一窩蜂回頭尊孔讀經。諷刺的是，周武王又是儒家的聖人，孔子誇道："周之德，其可謂至德也已矣。"因爲武王又成了新權威。

《論語‧顏淵》："子貢問政。子曰：'足食，足兵，民信之矣。'子貢曰：'必不得已而去，於斯三者何先？'曰：'去兵。'子貢曰：'必不得已而去，於斯二者何先？'曰：'去食。自古皆有死，民無信不立。'"統治國家的要素，孔子認爲在不得已的情況下，可以去掉武裝，然後去掉糧食，唯存"民信之"。"自古皆有死，民無信不立。"可是死的是百姓，立的是政府。有人解釋立的是國家，中國人一向將政府混同爲國家。一個國家憑成批成批的餓殍是立不起來的，乃豆腐渣國家，只有政府可以在餓死不反抗的人民面前聳立。孔子的觀念對什麼人有價值？中國歷史上發生過多次這樣的慘事，爲了死守一座被圍困的城市，城中平民大量餓死以至人吃人。如果投降能保全居民性命，難道比餓死和人相食還要糟糕？人民的生命重於政府和君王的生命，才是民貴君輕。如果政府真有道義，還可以積聚力量東山再起。這樣的觀念帶來的最慘痛的人間悲劇，是中國從1959年開始的3年特大饑饉，餓死近4千萬人。那時政府的確享有無比的威信。大災難完全符合孔聖人的這個政治術！而其原因只是統治者想稱霸共產世界，榨盡人民血肉而"立"。

聖人是不能批評的，跟神一樣。孔子孟子爲聖人的一切行爲辯護，哪怕某些行爲與儒家順應的主流文化相背。《莊子·田子方》顏淵曾問孔子：文王還沒有達到聖吧？爲什麼還要托夢？孔子急忙制止："默，汝無言！夫文王盡之也，而又何論刺焉！彼直以循斯須也。"（譯：閉嘴！沒你說的！文王已經做到聖人的極致了，你怎麼能評說指斥！托夢是一時隨大流罷了）。有人問孟子，武王伐紂是臣弒君，可以嗎？孟子回答，是誅殺獨夫，不是弒君。他就不能直說是"殺暴君"（孟子有"暴君"這個詞）。後人贊揚這是孟子的民本思想，看起來好像如此。可是別忘了孔孟肯定的叛逆都是奪得了天下的，他們已經代表正統；沒有成功的叛逆者如跖，孟子斥爲逐利之徒。

〔有一個例外。《孟子·公孫丑上》："伯夷，非其君，不事；非其友，不友。不立於惡人之朝，不與惡人言；立於惡人之朝，與惡人言，如以朝衣朝冠坐於塗炭。推惡惡之心，思與鄉人立，其冠不正，望望然去之，若將浼焉。是故諸侯雖有善其辭命而至者，不受也。不受也者，是亦不屑就已。柳下惠不羞污君，不卑小官；進不隱賢，必以其道；遺佚而不怨，厄窮而不憫。故曰：'爾爲爾，我爲我，雖袒裼裸裎於我側，爾焉能浼（污）我哉？'"孟子對二人的評價是："伯夷隘，柳下惠不恭。隘與不恭，君子不由也。"但是，在後面的《萬章下》孟子又重述了二人的這些表現，評價卻變成："伯夷，聖之清者也；柳下惠，聖之和者也。"這不是他能批評聖人，而是自己對同人同事的看法與時俱變，不能連貫。〕

道家的"聖人"，也同其所有概念一樣極爲混沌。它主要指懂得"無爲"的人，爲而不爭的人，冷漠自私的人。它很少指具體的人，有1例指老子。老莊認爲：

是以聖人無爲，故無敗；無執，故無失。《老子》第64章

五色令人目盲；五音令人耳聾；五味令人口爽（差失）；……是以聖人爲腹不爲目。《老子》第12章

聖人不謀，惡用知（哪裏用得著智慧）？《莊子·德充符》

這是道家理想的聖人。由於不運用感官和智力、不追求成功背離人的天性，其實沒有什麼人是這麼做的，所以他們很難落實到具體的人。

蒙昧社會多產聖人，公民社會落後到沒有聖人，人人自以爲有大腦。所謂聖人就是擁有某些高於一般同胞的常識性優

點，和更多的跟一般同胞分享的狹隘保守甚或暴戾；特別是要有一幫人物追捧。道家的"聖人"還不在此列。後世的儒生避視孔子殺人，朱熹之流乾脆否認殺少正卯的醜事，但沒證據。孔子在中國沒人以爲暴戾，他是完美的。有些暴戾到極點的皇帝還被尊爲聖上、救星呢。如果擁有墨子的兼愛，梭倫的平等保護貧富階級的利益，伯利克里的民主，蘇格拉底的抗拒寡頭暴命和批判精神，那就不是聖人了，那麼不是壞人就是呆子。人不能理解和自己差別太大的品性。

有時道家的"聖人"也用於儒家即世俗的意義，老莊指斥他們敗壞了天下。《莊子‧馬蹄》："毀道德以爲仁義，聖人之過也。"在接下去的《胠篋》裏，他進一步提出："聖人不死，大盜不止。雖重聖人而治天下，則是重利盜跖也。"

在四經典裏，君子、聖人也被用來指官員和君主。《論語‧顏淵》："子欲善而民善矣。君子之德風，小人之德草，草上之風，必偃。"《孟子‧離婁上》："聖人……既竭心思焉，繼之以不忍人之政，而仁覆天下矣。"把當權者叫做君子聖人，意即有權就有德和智，最有權就最有德和智。這裏雖然也包含一點弱者的一廂情願，但它乃是最勢利的文化。

老子理想的人君是這樣的：

是以聖人之治，虛其心，實其腹，弱其志，強其骨。常使民無知無欲，使夫智者不敢爲也。《老子》第3章

這種聖人不把人當人，是吃人的暴君。道家揭露世道的"竊鉤者誅，竊國者侯"，比儒家直率，卻反對求善，仍跳入這個血腥萬惡的深淵。

三、至人（真人）

至人（真人），是老莊認爲修煉得道、達到最高境界的人。研究者多把"聖人"也看作它們的同義詞，但聖人多指人間的君主，上文已述。至人、真人在《老子》《莊子》中共出現48次，是老莊的理想人格。少數幾例是莊子引儒家的，這裏不論。

《莊子·逍遙遊》："至人無己。"什麼是無己呢？《在宥》："頌論形軀，合乎大同。大同而無己。無己，惡乎得有有。……睹無者，天地之友。"（譯：容貌言談身形跟大家一樣。跟大家一樣就沒有自我，沒有自我，哪裏需要有各種存在！看得到無所存在，就是天地之友。）這不僅是鏟除人的個性，而且連一點臉色身形都不能有異樣。越守舊的社會，看法越雷同。尚同的文化，一個人就像一粒微塵掉進淤泥，很快就融化成淤泥。如果有個大人物說人的腦袋是西瓜，那麼人們都會說是西瓜，這才叫明白事理；哪個傻子會以爲腦袋裏面裝著大腦呢？這就是集體無意識，或曰"大同"。沒有個性的軟弱者，最害怕的就是跟強勢不一樣。《漢語大詞典》："至人，道家指超凡脫俗，達到無我境界的人。"這是超凡脫俗嗎？是最卑怯的順凡媚俗。"無我"，人們多混同於無私，並因此自贊中國人無私，真是"無私乃私"的傳人。不是嗎？《莊子·外物》又信口道："唯至人乃能遊於世而不僻（邪僻），順人而不失己。"順人大同又成了不失去自己，自玩玩人。

至人無爲，不修道德。老子說："夫至人有世（享有天下），不亦大乎，而不足以爲之累……故外天地，遺萬物，而神未嘗有所困也。通乎道，合乎德，退仁義，賓〔擯〕禮樂，至人之心有所定矣！"（《莊子・天道》）。即做君主不值得勞精神，不要有仁慈和理義，也不要儀節，就合乎道德而心定了。這跟其"聖人"一個樣。"至人無爲，大聖不作，觀於天地之謂也。"（《莊子・知北遊》）《莊子・天運》載老子教育孔子說："古之至人，假道於仁，托宿於義，以遊逍遙之虛，食於苟簡之田，立於不貸之圃。逍遙，無爲也；苟簡，易養也；不貸，無出也。古者謂是采真之遊。"這話說，至人只是借道寄宿於仁義，而遊於逍遙自在的虛空，生活於簡略的田地，立身於從不施與的園圃。逍遙就是無爲，簡略就好養，不施與就不拿出去。《莊子・田子方》引老聃說："至人之於德也，不修而物不能離（之）焉。若天之自高，地之自厚，日月之自明，夫何修焉！"至人是不要求自己的。《莊子・天下》："不離於真，謂之至人。"其"真"的意思，見下面"真人"分解。

"至人"又確乎超凡脫俗。《莊子・齊物論》："王倪曰：至人神矣！大澤焚而不能熱，河漢沍（凍）而不能寒，疾雷破山、飄風振海而不能驚。若然者，乘雲氣，騎日月，而遊乎四海之外。"此至人是神仙。

真，非邏輯上真假的真。在老莊的語言中指天性、自然之性，實指怯懦自保懶動之性，不過時有偽裝。

《莊子・漁父》"真者，所以受於天也，自然不可易也。故聖人法天貴真，不拘於俗，愚者反此。不能法天而恤於人，不知貴真，祿祿而受變於俗，故不足。"漁父說，"真"是自然不可變化的天性。故聖王效法天，珍重自己的天性，不拘於俗務。愚人反之，不能效法天卻體恤百姓，不知珍重自己的天性，碌碌爲俗務所遷變，所以不知滿足。此"真"是又要做王又不要履行職責的"天性"。

北海若說："牛馬四足，是謂天；落〔絡〕馬首，穿牛鼻，是謂人。故曰：無以人滅天，無以故滅命，無以得殉名。謹守而勿失，是謂反其真。"（《莊子‧秋水》）意思是不要以人的行動毀滅自然，不要以事務傷害性命，不要爲獲得聲名而死。謹守這些不要忘卻，就叫做返歸天性。道家以不約束殘害牛馬爲託辭，反對作爲，把做事盡責都斥爲殉名，恨意昭昭。

明白了"真"的含義，"真人"就好理解了。真人是下面這樣修煉得道的人。《莊子‧大宗師》對"真人"有集中描述："何謂真人？古之真人，不逆寡，不雄成……過而弗悔，當而不自得也。若然者，登高不栗，入水不濡，入火不熱。"（譯：不違逆少數，不驕恃成功……錯了不後悔，對了不自得。[4] 像這樣，登高不戰栗，入水不沾濕，入火不變熱。）

"古之真人，不知說〔悅〕生，不知惡死。其出不欣，其入不

4、過、當，唐成玄英疏："天時已過，曾無悔吝之心；分命偶當，不以自得爲美。"人們皆從之，可此解是站不住腳的。"過"和"當"的前後文完全沒有任何時機的交代，不能隨意增字爲訓。二詞在這單獨使用，也就用於常見的錯和恰當的意思。何況，如果是錯過了時機，上古叫"失時"，不叫過。正當時，叫"當其時"，兩個賓語都不能省。從思想上說，莊子力倡無爲，什麼也不做的人是不會有時機觀念的。楚王曾派人請莊子去做大官，莊子還說他要像烏龜一樣曳尾于泥中，不進高堂。他稀罕什麼時機呢？本人又訪問了3位大學文科教師，他們的理解都與本人相同，因爲這句子接近現代漢語，理解不難。

距〔拒〕。"（真人不知喜生怕死，出世不歡欣，入死不逃避）。真人"不以心捐道，不以人助天，是之謂真人。"（不因凡心而丟了大道，不以人力推助自然）。"古之真人，其狀義而不朋，若不足而不承。"（真人守道義不結黨，好像不足而不承擔任何事）。本章還說真人無夢無憂，飲食不覺有滋味，呼吸深自腳後跟等。

這種真人一味謙退，無理智也無人之常情，像石頭一般麻木不仁，怕勞動如同怕死，沒有絲毫的擔當；但是會巫術，身體用防水防火材料制成。真人最能躲避災禍。《列禦寇》："宵〔小〕人之離〔罹〕外刑者，金木訊之；離內刑者，陰陽食之。夫免乎外內之刑者，唯真人能之。"說小人遭受外刑，就被金屬木頭刑具拘住審訊；遭受內刑，就被陰陽躁亂侵蝕。只有真人能免除內外禍患。

其至人、真人，明確無誤就是膽小鬼守財奴，這是完全不負責任沒有道德的理想人格。

四、典型的社會性格

接下來探討四經典倫理道德詞語和理想人格所代表的典型社會性格，也是和古希臘人相對而言。人有一個偏向，就是不加分析地肯定自己熟悉的品性。現在我們超脫血族的局限站在人類普適的立場上來分析幾點。

其一是專制。人們有極強的支配欲和被支配欲，權力集中在每個級別的家長手裏。前文已經分析過仁、義、禮、事、聖人諸詞的專制含義，下面再分析"不爭"和"是非"觀念。

不爭，是儒道兩家一致推崇的"美德"。不爭是什麼意思？今台灣學者陳鼓應說，老子"要人'利物而不爭'（第8章）……他的'不爭'的觀念，乃是爲了消除人類社會不平的爭端而提出的。"並說"這種爲他人服務"而不爭的精神，"是一種偉大的道德行爲"。[5] 按：《老子》原文是："水善利萬物而不爭。"老子全書無服務他人之說，無"不平"，有一例"平"，指平安，不指公平。無爲的思想不要"爲他人服務"，陳曲說失真。陳又說："'不爭'是不伸展一己的侵占意欲"，主要是針對統治者提出的（同上第15頁）。《老子》原書沒有這個說法；"不爭"共出現9次，其中僅有兩次指君主不爭，其他指民不爭、打仗不爭等。陳說又失真。陳先生有恐真症。

四經典"爭"共出現43次，其中"不爭"14次。

"爭"被認爲是惡德。孔子說，除了射箭比試，"君子無所爭。"《老子》第81章："聖人之道，爲而不爭。"《莊子·至樂》："故伍子胥爭之，以殘其形。"（伍子胥強諫吳王夫差，被逼自殺）。又《胠篋》："掊斗折衡，而民不爭。"

道家用"足而不爭"和"貨財聚然後睹所爭"（《盜跖》《則陽》）解釋爭的原因，這些命題已經自行消滅了對方，不煩議者動口。爭是人的本能，動物界的常態，沒有量器衡器的禽獸更野蠻地爭。

人類的"爭"是有是非之分的，不能回避這個問題而稱揚偽道德。爭應得的還是不應得的？這受制於到社會的分配觀

5、陳鼓應《老子注譯及評介》，中華書局，2003，P.42

念。社會要穩定，就要解決分配的問題。解決分配問題的方法主要有強者優先，有平均，有公正。中國傳統社會是層層侍奉的關係，分配采取強者優先制。譬如某農民收了一擔谷子，要想拿它做種；官府要他以此上交"國家"，可是他全家已經陷入赤貧。兩方爭要這擔谷子。谷子應該屬於誰？本應是誰說得在理就屬於誰，而不是誰厲害就屬於誰。可是結果當然是厲害的官府獲得這擔谷子，農民死了就像野草死了。這被認爲是合理的解決辦法。人們斥責農民"爭"，以他的自私破壞穩定，而從來不斥責官府"爭"。在有權就有德的道德觀念下，任何爭公道的行爲都被斥之爲自私爭利，榨取行爲反而被視作維護大局。

社會的利益就這樣名正言順地讓強者爭去了。多占的人要維護這個分配格局，以防被占的人奪回自己的權利。因此必須在全社會高唱"不爭"，誰管得了官府的爭呢。被占的人並不比多占的人多一分理性，他們承認強加於自己身上的一切東西，以求在"大人"的砧板上苟延殘喘。他們沒有能力奪回自己的權利，奮鬥目標就是占有更弱的人的勞動。於是社會上充滿了侵略行爲。

爭還包括純粹的辯論，這是不會講理的人所深惡痛絕的。所以諫諍常招來殺身之禍。孔孟老莊都不欣賞諫諍，孔孟會察顏觀色地說上幾句話，大人物不聽則服從之。

可見，"不爭"是不講道理，是無能，是虛偽，它掩護著不公道的爭。中國社會容許暴力的爭和不光明的爭，經常爭得六親不認血肉橫飛，成者受擁戴，敗者被淘汰。其爭之烈許多民族望塵莫及。

是非，儒家有時要講。《孟子‧公孫丑上》："無是非之心，非人也。"把有無是非之心提到配不配稱爲人的高度來認識，確是一個亮點，他沒想到今天被孝孫們撕碎了。但是，由於心靈內外的專制意識如泰山壓頂，是非的最高準則必須符合強勢的利益，要展開對大是大非的探索爭辯是不可能的。

道家無是非之心，認定世界上沒有道理可講。《大宗師》載意而子告訴高士許由，堯叫他"躬服仁義而明言是非"。許由尖刻地說："夫堯既已黥汝以仁義，而劓汝以是非矣。"（堯用仁義是非的刑罰傷害了你）。《至樂》："無爲可以定是非。"即不分辨是非就可以定是非，這同儒家不準探討是非本質上相同而更惡濁。道家雖然主張某種意義上的超脫，但其骨子裏加倍庸俗。《莊子‧天地》言莊子："不譴（責問）是非，以與世俗處。"又："德人者，居無思，行無慮，不藏是非美惡。"（心中沒有是非美惡）。莊子還讓海若說，"大人之行"已達到"不賤貪污"、"不賤佞諂"的境界（《秋水》）。對於暴君，莊子容忍其施暴。他指責討伐桀的湯是"無道之人"，是"賊"（害人精）。

爲什麼害怕講是非？原因之一是會影響到自己的利益。《盜跖》篇說得明："正（端正）其言，必（兌現）其行，故服其殃，離〔罹〕其患也。"中國傳統沒有形成以客觀公正爲通則的是非觀，這種是非觀無法產生於踐踏良知的心靈。

其二是重利。中國人長期自詡"重義輕利"，怎麼可能相反？我們還是讓客觀事實來說話。孔子喜好教育和克己復禮，可是他說："富而可求也，雖執鞭之士吾亦爲之。如不可求，從吾所好。"孔子的"所好"其實首先是富裕，富不可求才當教師。他看不起務農，認爲務農是窮餓的"小人"所做的事。農人窮餓，聖人不去爭取分配公平。孟子一生呼號仁義，最講"重義輕利"。《孟子》一書勸說諸侯"何必曰利"凡3次。他批評一個叫宋牼的人以"不利"遊說秦楚兩國息戰，這樣人們"懷利以相接，然而不亡者，未之有也"（《告子下》）。可是，筆者統計了孟子以仁義說諸侯的話語，共35次。多達30次談到行仁義的利與害，其中29次是君王個人的利害。如行仁義可以稱王於天下，不行則要丟國家。該書的第一例："未有仁而遺其親者也，未有義而後其君者也。王亦曰仁義而已矣，何必曰利？"（《梁惠王上》）。此言百姓仁義了就把君王放在首位，豈不是最大的利？只有1次是"可以爲善國"（這是說滕文公。因爲滕方圓不足50里，沒希望統治天下）。根據字面意義與表達意義分離的語用潛規則，孟子的"何必曰利"是看不得宋牼等人的遊說。

　　老子更是兩眼不離好處。"無爲"則"無不治"（第3章）、"無不爲"（第48章等6見），"柔弱"就能"處上"（第76章），"無私"即可"成其私"（第7章），"無藏也，故有余"（《莊子・天下》引老子）。前面分析老子的"高見"，"聖人"只需要滿足口腹之欲。這是完全的動物人生。《莊子・天道》載士成綺見老子："'吾聞夫子聖人也，今吾觀子非聖人也。鼠壤（老鼠洞裏的土）有余蔬而棄妹，不仁也！生熟不盡於前，而積斂無崖〔涯〕。'老子漠然不應。"⁶老子生熟美食吃不完，積斂豐厚，竟拒絕救濟自己的妹妹。他說："我有三寶，持而保之：一曰慈，二曰儉，三曰不敢爲天下先。"（第67章。他有資格言"慈"嗎？原來"慈"是不敢打仗，見下"其四是懦弱"部分。"儉"是吝嗇，非儉樸），全是自利。老子還推廣他的吝嗇說："治人事天，莫如嗇。"（第59章）。利己主義達到登峰造極的地步，以致於"超脫"了訾病。老莊沒有任何羞恥意識。古羅馬有句話冷嘲守財奴："笑罵由你，我自爲之。"中國人寬容守財奴，甚至以爲聖人，不笑罵。

莊子主張"不利貨財"（不以貨財爲利），單單重生命和保養。不以貨財爲利是不在乎貨財？不，是感覺得不到保障："察乎盈虛，故得而不喜，失而不憂，知分（天命）之無常也"。（《秋水》）。生命和保養乃是最基本的利。《莊子·至樂》："烈士爲天下見（表現）善矣，未足以活身。吾未知善之誠善邪？誠不善邪？若以爲善矣，不足活身；以爲不善矣，足以活人。故曰：忠諫不聽，蹲〔遵〕循勿爭。"《漁父》借漁父之口言孔子："仁則仁矣，恐不免其身。苦心勞形以危其真。"道家的楊朱"拔一毛而利天下，不爲也"，不加掩飾，所以人們不太好附和。老莊實質相同，但加上許多"超

6、原文"棄妹"，晉郭象注："無近恩，故曰棄。"意思淺顯明白。唐陸德明說一本作"棄妹之者"，有人釋"妹"爲未、末，言未學之人，棄而不教。這當然於邏輯不通。於是又有說看輕並拋棄這些細微末物的，張耿光譯本從之。按：這同樣邏輯不通。第一，毫無證據卻改字爲訓。第二，"棄妹"後接"不仁"，拋棄近親當然不仁，拋棄老鼠洞裏的余蔬則無人叫做不仁。至于異文"之者"，衍文而已。眾多的人不惜違反邏輯和常識爲老子打掩護，恐真成疾。

脫"的幌子，於是和者如雲。

《莊子‧盜跖》載，孔子的學生子張與道家的滿苟得辯論，子張言仁義而滿氏言"成者爲首，不成者爲尾"，然後滿氏說："子正爲名，我正爲利。"算是說到了兩家的點子上。歸根到底，名也是利。

沈湎於利益的人是小私奴，所以有強勢中心和血族中心交織的道德觀。人們相信天下萬物是各色職權人物私有的。孟子稱舜行了最大的孝，也就是"以天下養"其父親。

其三是虛僞。我們開篇時建立了辨別真話假話的原則。因爲投合個人功利的話反映著人的低級需要，最可能真，則互相抵牾的說法，漂亮的那個是假的；言行不一，則言語是假的。

孔孟老莊都喜歡假大空言論，精熟於粉飾遮掩。

孔子口口聲聲講仁義，在魯國以大司寇代行宰相，上任而色喜，7天就殺了有名望的大夫少正卯。少正卯跟孔子一樣收徒講學，常把孔子的學生吸引去，只有顏淵不離開。孔子數他的五罪是"心達而險，行辟而堅，言僞而辯，記醜而博，順非而澤"，大意是通達事理而險惡，特立獨行而堅定，能言善辯，關注陰暗面而學識廣博，順著異見者而給予資助。他還"飾邪熒眾"（惑眾）。從中可見少正卯有批判性思維，有創見並能論證，不像孔子那樣述而不作，所以吸引了眾多年輕學子。思想者罪大惡極的是批判現實，用保守派的話說就是邪說惑眾。蘇格拉底不是"蠱惑青年"、"嘩眾駭俗"嗎？李贄不是"敢倡亂道，惑世誣民"嗎？……這罪名好熟。孔子以嫉恨的花崗岩腦袋，謀殺了這個民族難得的優秀人才少正卯。（事見《荀子‧宥坐》四庫全書本。《論衡‧講瑞》："少正卯在魯與孔子並。孔子之門三盈三虛，唯顏淵不去。"）

孔子在夾谷與齊景公相會，主管官員命奏宮中之樂，倡優侏儒上前表演。孔子疾步走上台階："匹夫而熒惑諸侯者罪當誅，請命有司。"而"有司加法焉，手足異處。"[7]（言小民惑亂諸侯，其罪該殺，請公下令主管官員執行。主管官員當即執法，把倡優侏儒通通砍殺了，手足異處）。高度的主奴文化，弱勢就是拿來供奉娛樂大人並殺給大人看的。人家奉命表演有什麼錯？不該表演就該殺嗎？為什麼要以弱勢代強勢去死？齊人雖也本能地欺弱，而孔子信口定罪，逼殺弱者，兇暴可鄙不容寬恕。

光面子上孔子要求"士見危致命"，"守死善道"，"殺身以成仁"，具體處世卻精於自保。他稱不看上面人的臉色發話是瞎了眼睛（《季氏》），在政府無道時則把自己藏起來，言語要"孫"〔遜〕，切莫為了他的善道而"成仁"。

孟子主張舍生取義，而未見他有過挺身而出的強諫。他深怕國君不任用他。《盡心上》說"墨子兼愛，摩頂放踵（頭頂磨禿，腳跟磨破）利天下，"是"執一"（偏執），因而"賊道"（傷害道）。墨子還不是"舍生"利天下，孟子就嫌太虧了，要在墨子和楊朱之間"執中"。

孟子主張民貴君輕，稱讚不為威武所屈的人是"大丈夫"（《滕文公下》）。但是念念不忘"事君"、"事父"，稱君主是人民父母，全書無有"事民"逆說，這不矛盾嗎？民既高貴，不就是該君"事民"嗎？"大丈夫"不為威武所屈，卻要

7、漢司馬遷《史記·孔子世家》，中華書局，1982，P1915

事奉那輕賤的君主，成何體統！今人柳士同先生直言："所謂
'民貴君輕' 乃是中國文化傳統中最虛僞的東西，因爲它從來
就未付諸過實踐。"[8]一針見血。

　　孟子有句名言："君子遠庖廚"。君子要吃肉又要遠離
廚房，他稱這是"仁術"，這真是仁術嗎？害怕看到宰殺的場
面，可能是血暈症，也可能是不忍心。它們與行仁不相干，除
非你不吃肉。廚師替人宰殺牛羊，廚師就不仁嗎？

　　儒家經常推崇善。可是，孟子又堅持："父子之間不責
（求）善"，"父子責善，賊（害）恩之大者。"因爲兒子會
說"夫子教我以正，夫子未出於正也。"（《離婁上》）。這
是真心向善嗎？父親都害怕被要求言行一致，沒有品行端正的
誠意，還會希望子女向善？一個人不能從父母的言傳身教中學
習善，很難想象他這輩子會向善。孟子推說"異子而教"，孩
子同樣因爲怕老師而不敢要求老師"善"和"正"，這樣家長
和教師都掙脫了下一代的約束。這跟殺身成仁的高調僅是要求
別人的是一路貨色。

　　曾參不夠聰敏，卻是很少被稱作"子"的孔門弟子之一，
名言不少，如"吾日三省吾身……爲人謀而不忠乎？與朋友交
而不信乎？"（《學而》）又："士不可以不弘毅，任重而道
遠。仁以爲己任，不亦重乎？死而後已，不亦遠乎？"（《泰
伯》）可是，古書中未見曾子行仁的記載。他家住在武城，
越寇來了，他這個做老師父兄的竟率先逃跑，還囑咐旁人：
"無寓人於我室，毀傷其薪木。"（不要讓人住我家，不要毀

8、柳士同《獨步晨昏‧哈佛儒生的夢囈》，石家莊花山文藝出版社，
2010，P71

傷我的草木）。敵人退了，他就指示：“修我牆屋，我將反（返）。”滿口漂亮話偽裝著如此不忠不信之人，可憐的武城人“待先生如此其忠且敬也”，誰想他這樣以仁爲己任。語言決定論的人們卻另有高論。如現代“深邃的學者”顧隨：“何以看出曾子固守不失、身體力行？有言可證。”[9]言可證行嗎！他引了“弘毅……不亦重乎”那句，然後煞有介事推闡“破自私”如何想想容易做起來難，以再贊曾子“身體力行”結段，明目張膽將言論混爲行動。這類問題，不能不讓人懷疑說話者處社會從無破自私的經歷。

邏輯總是跟不尊重它的人開玩笑。孔子厭惡虛偽的“巧言”，《憲問》篇他還說：“君子恥其言而（之）過其行。”（嘴上說得好，行動跟不上，君子感到羞恥）；又：“其言之不怍，則爲之也難。”（那人大言不慚，實行起來就難）。這些話說得非常好，孔子拿它們衡量過自己嗎？

說得再好聽，做的才是真——今天的儒學徒子徒孫都捂著心中的地老鼠逃避這把手術刀。聖賢的水平尚且如此，還能要求這些先生怎麼樣呢。

老莊被群賢認爲是重天然惡矯飾的，虛偽起來其實更勝一籌。

老子聲稱“愛人治國”要“無爲”（第10章）。“聖人常善救人，故無棄人；常善救物，故無棄物。”（第27章）。“愛養萬物不爲主”（第34章），既然主張“無爲”、“不仁”，則如何“愛”如何“養”如何“救”？不就是不愛不

9、顧隨《論語六講》，《國學大師說儒學》，雲南人民出版社，2009，P176—177

養不救嗎？老子自己棄妹不救稱揚吝嗇，可能真心提倡救助人嗎？老子又美言："聖人無常心，以百姓心為心。"（第49章）而他的"聖人之治"實行徹底的愚民政策，把老百姓當牲口一樣控制。他掩飾了關鍵的一環：要人民沒有思想、不反抗，不但不能"無為"，而且還得動用監獄屠刀大為不可。《莊子‧天地》說"愛人利物謂之仁"，因為太像儒家這裏不分析，以免冤枉他。《則陽》道："聖人之愛人也，人與之名，不告則不知其愛人也……其愛人也終無已。"（意為聖人愛眾人，別人給了他愛人之名，如果別人不告訴他他就不知道自己愛人，不管他知道不知道，他愛眾人永不休止）這個狡辯暴露了莊子言行一致的另一面：從來沒愛過人，所以他完全不懂愛。一個人出於本性去愛人，許多善事他確沒放在心上，但說他"不知其愛人"則是有意胡抹。如果一位拮据的母親自己捨不得吃肉，把肉留給兒子吃，她不知道她愛兒子嗎！大點的事，如果一個人拿出自己一個月的開支資助了一個窮人，他不知道他愛別人嗎！此論調殺了莊周自己的良心。故他的"聖人之愛"同樣是不愛不理。再請看，《徐無鬼》武侯問："吾欲愛民而為義偃兵，其可乎？"徐無鬼答："不可。愛民，害民之始也；為義偃兵，造兵之本也。"《大宗師》又稱聖人"利澤施乎萬世，不為愛人"。本來就誣蔑愛民反對愛人，還要沒臉沒皮妄稱"利澤施乎萬世"。難怪莊子說得出"至仁無親"（《天運》）這樣的話，最大的仁愛就是不認父母！他盡力用偽說來糟蹋人間的常理，為什麼？在以孝為本的中國，人們尊敬老莊學說僅次於尊敬儒學，好好諷刺了人們那渺若游絲的儒家是非。

　　莊子叫人不分是非，與時俯仰，執掌"圓機"，卻說這是"無爲小人，反殉而天（回頭順從你的天性）；無爲君子，從天之理"（《莊子·盜跖》）。其"不做小人"是虛晃一槍，實際想說的是"不做君子"。沒長脊梁骨的牆頭草，在中國傳統觀念中決不是小人，而是聰明人。

　　對於儒家的仁義忠信廉等，老莊一時指責其虛僞，另一時又承認其真，但不斷聲言行仁義有禍患。《莊子·山木》："直木先伐，甘井先竭。"只有不前不後地混在中間，才能"免於患"。《人間世》載佯狂的接輿勸戒孔子："方今之時，僅免刑焉！福輕乎羽，莫之知載；禍重乎地，莫之知避。已乎已乎！臨人以德。殆乎殆乎！畫地而趨。迷陽迷陽，無傷吾行。吾行郤曲，無傷吾足。"（後部譯：算了算了，用品德昭示人！危險啊危險，畫出道路讓人家去遵循！遍地荊棘，不要妨礙我行走，我行迹斜曲，爲了不傷害我的腳）。害怕盡責和付出才真實地道出了道家哲學的內含。揭露別人虛僞並不是爲了進步，反而是要整個擊垮尚有一點點天良的仁義，好爲自己不要仁義的"道德"張本。

　　莊子反覆嘮叨生長得好的樹"未終其天年而中道之夭於斧斤，此材之患也"，不成材的樹無人砍伐，才得以"終其天年"（《人間世》等），來比喻人要"無用"才能長壽。爲什麼要不勞作、不認知去求"年壽長"？這樣真會"年壽長"？說實在和年壽長是相反的；而且人有自然的壽數，那麼該操勞就操勞，該休息就休息，不就順其自然"終天年"了嗎？莊子不是說"莫壽於殤子，而彭祖爲夭"嗎？（《齊物論》），所以"不樂壽，不哀夭"（《天地》），壽夭同一。

那就不應該違反自然去刻意養生，企圖延長天年了。何以又要偽稱順應自然？

老莊吹噓自己的"道"是"聖人之道"，二書"聖人"出現了144次，大多數指的是奉行這個"至道"、"至德"的君主。可是，他們自己內心如何看待這個"道"？老子說："知其白，守其黑。""爲天下谷"（《老子》第28章），"受天下之垢"（《莊子·天地》引）。則他自動處於污溝黑垢之中。《莊子·知北遊》東郭子問莊子道在哪裏，莊子說"無所不在"，東郭子還是不理解。

莊子曰："在螻蟻。"

曰："何其下邪？"

曰："在稊稗。"

曰："何其愈下邪？"

曰："在瓦甓。"

曰："何其愈甚邪？"

曰："在屎溺。"

莊子說東郭子沒有問到本質，他自己卻說到了本質。大道就存在於屎尿這些下劣污穢的東西中，"汝唯莫必"（你不要只認定一種東西）。"無所不在"又是慣用的一塊金幌子，縮頭龜哲學會存在於陽光淨土真誠的心中嗎！

其四是懦弱。它與前三點有很大關係，懦弱者格外尊奉專制，沉溺在趨利避害的泥塘中，天生愛撒謊而虛榮偽善。

《論語·鄉黨》記載孔子上朝廷的模樣：進入宮門之時，恭敬地彎著腰，好像不能容身。提起衣裳的下擺登堂，也恭敬地彎著腰，屏住氣好像不能呼吸。經過國君座位，面色莊

敬，腳下快走，言語像中氣不足。國君在座則做出恭敬不安的
樣子。出門來，走下一截台階，才放鬆，神色怡然。〔"入公
門，鞠躬如也，如不容。" "攝齊zī升（登）堂，鞠躬如也，
屏氣似不息者。" "過位，色勃如也，足躩如也，其言似不足
者。" "君在，踧踖如也。" "出，降一等，逞顏色，怡怡如
也。"〕孔子悅行他經常和學生演練的"禮"，這是老鼠見貓
之禮。

孔子說："危邦不入，亂邦不居。天下有道則見（現），
無道則隱。"（《泰伯》）。"君子有三畏：畏天命，畏大
人，畏聖人之言。"（《季氏》）。他並不想冒什麼危險行
他的大道。孟子說："孔子嘗爲委吏矣，曰：'會計當而已
矣。'嘗爲乘田（吏）矣，曰：'牛羊茁壯長而已矣。'位卑
而言高，罪也。"（《萬章下》）。孔孟顯然把個人安危和能
否被悅納放在最前面，對不利己的事心懷忌諱。如果真要爲社
會正義付出點什麼，他們就不幹了，回歸道家了。

然而"無所畏懼"的是現代的孔孟之徒，常稱儒家文化
"剛健"，國人"勇敢"。這不過是無力抗拒國際上推崇陽剛
的價值觀，從而迎合罷了。其先師孔子並不買帳，孔子坦言：
"吾未見剛者。"有人說申棖chéng剛。孔子答道：申棖多欲，
哪裏能剛？（《論語·公冶長》）。孔子看來承認無欲才剛的
道理，只是自己的欲也難控制。又《衛靈公》："子曰：未見
蹈（赴）仁而死者也。"

老莊更是柔滑哲學大師。鼓吹爲人要枉曲懦弱，吃小虧占
大便宜，至少自保。

曲則全，枉則正，窪則盈，弊則新；少則得，多則

或〔惑〕。《老子》第22章

知其雄，守其雌。《老子》第28章

進不敢爲前，退不敢爲後。《莊子・山木》

以濡〔懦〕弱謙下爲表，以空虛不毀萬物爲實。
《莊子・天下》

行不知所之，居不知所爲，與物委蛇〔委迤〕而同
其波。是衛生之經已。《莊子・庚桑楚》（譯：行不知
去何處，居不知做什麼，委隨同流於世俗，就是養生之
道了）

若枉若直，相而天極。面觀四方，與時消息。若是
若非，執而圓機。《莊子・盜跖》（譯：或曲或直，視
你自然。眼觀四方，與時消長。或是或非，把握你圓轉
的玄機。）

明於禍福，思忖"除患之術"，老莊是機關算盡。老子
認爲用兵"禍莫大於輕敵"，要"不敢進寸而退尺"（第69
章）。看來他的"輕敵"指一切進攻和進軍，打仗只能退。
莊子說，（至德）就是要"察乎安危，寧於禍福"（《秋
水》）。莊子以接輿之口叫孔子不要以德對人，這樣會倒黴：
"禍重乎地。"（《人間世》）《老子》《莊子》表示災禍義
的"禍"出現20次，福19次。

勇敢，四家是怎麼看待的？《論語・爲政》："見義不
爲，無勇也。"似乎看好勇敢。而勇被很有限地用於肯定意
義。勇作爲單音詞在四經典中出現共47次，其中18次用於否定
或消極的意義，占1/3強。如：

《論語・公冶長》："由也好勇過我，無所取

材。"又《泰伯》:"勇而無禮則亂,直而無禮則絞。"

《莊子·列禦寇》:"勇動多怨。"

《老子》第73章:"勇於敢則殺(被殺),勇於不敢則活。"

不敢就是不敢,可老子相信冠上"勇於"就是勇敢了。《老子》第67章說打仗要"慈","慈故能勇","今舍慈且勇……死矣。夫慈,以戰則勝,以守則固。"老子玩模糊,不敢說他的"慈"指什麼,硬把它和勇敢相提並論。可是下句漏了底,舍棄了慈的勇要喪命,所以"慈"應該是避免死亡的高招,即臨陣縮逃。這是那個幾次上戰場幾次逃亡的魯國兵的同志。其"慈"和"能勇"大假,讓戰友去死,壞了良心。這還不夠,他繼續強言以他的逃跑主義作戰則攻守皆勝。類推老子的花腔,世界上最仁慈的動物就是蝸牛,別說參戰,輕碰一下,它的頭角就縮回去了。任繼愈曲說此例"慈"是寬容,無證據。後出的沙少海本譯爲"柔慈",近之。

西方從《理想國》到尼采,都指斥怯懦是惡,看到問題的實質。

筆者原以爲"勇"是一個人人在公開場合都稱讚的褒義詞,全世界都一樣。現在將四經典單音詞"勇"用我們的褒貶義測查法計算,47例中,用於正面語境的占29/47,則勇的毛褒義度不到6.2分,即它在公開場合展示面子的地方,也只是一個弱褒義詞。

懦弱跟專制、重利、虛偽都是非理性的,它們嚴重阻礙了工作能力和工作興趣的成長,即使是儒家也不探索什麼。儒家和道家都表現出做事沒有堅持力，動輒放棄。事情如果沒有直接的好處就不幹。

關於老莊的核心觀念"無爲"，第二章第七節討論。

五、總結儒道二家的真性

老莊的思想自稱是保持真性，莊子放浪形骸以遊於無窮，今人常說是追求精神的絕對自由，追求自然。連理性不錯的蔡元培都說莊子是"屏絕一切矯揉造作之爲，而悉委之自然"。[10]真的是這樣？否。人類的本性中本來就有明暗、善惡、勤懶等多對矛盾，只不過它們在不同的個體身上含量差別可能大於1：99。如果矛盾的一方含量小於10%，它在世間通常就被忽略不計了。老莊偏取消極的而糟蹋積極的，這只能說明他們自己的本性就處於暗弱之極。他們以自己爲標準，堅稱暗弱才是人類真性，積極發揮自己智慧和道德力量違背真性，故刻意摧毀人的健康本性。《理想國》指出，背離了真和善的人"會縱容缺乏識別力的無理性的天性"（卷七）。名利得不到又無力抗爭的人寬慰自己的辦法，無非有兩個：一是心灰意懶畏縮自保，二是故作放達超脫萬事。它們就像自卑的人經常表現出高傲一樣，自欺欺人。二者都壓抑了人的勞動創造本性，不幸的老莊兩條都占。莊子借孔子之口自道隱秘："至德"不過是"知不可奈何而安之若命"。宿命論在中國人的人生認知上一直高居統治地位，莊子像所有庸人那樣努力麻痹自己，不同的是他得出了"理論"，稱善惡、是非、榮辱等萬物是一樣

10、《國學大師說老莊及道家》，梁啟超等著，雲南人民出版社，2009，P51

的。儒家的消極面類似，負面的少些而已。

與此相應，老莊要去除人的喜怒哀樂之情："悲樂者，德之邪也；喜怒者，道之過也；好惡者，德之失也。故心不憂樂，德之至也。"（《莊子・刻意》）。他們的所謂"德"就是拋棄道德和常情，使人"形若槁骸，心若死灰"（《則陽》）。《德充符》有一段莊子的典型論證：

惠子謂莊子曰："人故無情乎？"莊子曰："然。"惠子曰："人而無情，何以謂之人？"莊子曰："道與之貌，天與之形，惡得不謂之人？"惠子曰："既謂之人，惡得無情？"莊子曰："是非吾所謂情也。吾所謂無情者，言人之不以好惡wù內傷其身，常因自然而不益生也。"（節譯：此非我所說的情。我所說的無情，是說人不要以好惡之情傷害自己的身心，常因循自然而不去助益生命。）

莊子的"人"不要有任何感情，只要成爲沒心沒肝的行屍走肉，就達到這個"境界"了。今素負盛名的國學大師錢穆讀了心有戚戚焉："惠施既自認不知道外面的一切，卻偏要向外面事物分'好''惡'，那又何苦呢？"[11]筆者按：先說莊子的問題。1）無情違反人之常情。好惡之情乃人之基本情感，無好惡之情不是人，是鐵石，是屎尿。常識證明正常的好惡情感不會傷身。莊子此說絕非依順自然，而是反自然。2）"謂之人"憑什麼？莊子以有相貌有形體證之，這說明莊子實在沒有內在精神，因爲泥塑木偶無不有人的形貌，都是人了？難怪

11、《國學大師說老莊及道家》，梁啟超等著，雲南人民出版社，2009，P8

其"人"無情。3）偷換概念弄巧成拙。莊子一貫主張無情，像不要相濡以沫，不要恤民，故惠施問他"人本來無情嗎"，他答"是的"，肯定此"無情"是一般理解的無情。可是馬上他又說他的無情不是這個，而是"人之不以好惡內傷其身"。他本想偷換概念不幸自己打臉，人不要好善惡惡、好美惡醜什麼的，不是無情又是什麼呢！玩弄辭藻騙不了清醒的人。4）莊子因隨自然"不益生"？撒謊。莊子如此無情的龜縮就是爲了有益他的生命，真是此地無銀三百兩。現在再來說錢穆大師的問題。錢穆是針對"魚之樂"和無情兩段對話說的（莊錢在上段的詭辯暫不論）。他稱惠施"自認不知道外面的一切"，亦撒謊。此表達有歧義，可是不管惠施"自認"全部不知道還是不全部知道，都沒有說過這樣的話。惠施只是問莊周："你不是魚，你怎麼知道魚之樂？"魚之樂怎麼能擴大成"一切"？錢大師稱"何苦"有好惡，他何苦自曝同樣的無情？

實際上，無情不是養生，而是傷害身心，因爲它是使人變成非人的病態人格。這些作態的"放達"，是在知性上和感情上強行壓抑人的真性，既冷酷又自虐。這種動物永遠不能體會到真誠坦蕩、放情悲喜的做人滋味。老莊打著"自然"、"真性"的旗號，卻因過分畏縮污濁和感情用事走向了反面，經常陷入反自然反真性的茅坑。

老莊爲了無條件保命長生發明屎尿之道，人爛得就像臭水溝裏的污泥一樣爬不起來，哪裏還有最後一點自尊？他們用"至道"等最高大上的詞兒給自己塗脂抹粉，包裝屎垢成黃金，終於達到了"我爛賤，我光榮"的最高境界。他們深知其"至道"的市場需求量極大，只是要包裝一下而已。他們的哲學是世界上最猥瑣最齷齪的"哲學"。

　　老莊指責世上"以強陵弱，以眾暴寡"的惡濁現象，但是自己也排斥正義，能怎麼樣呢？一個西方學者深刻地指出，沒有能力改變現實的人們，也不認爲現實應當改變。老莊正是這樣全盤接受現實，順應一切存在，自稱順應天道。《老子》第4章："挫其銳，解其紛（放下紛爭），和其光，同其塵。"意思是銼平了棱角同流合污。

　　動物個體在遭遇無法抗拒的力量而又避免不了的時候，都選擇順應，這是本能。鳥不會頂著颶風逆飛。所以老莊學說並不是什麼"高深的哲學"，是人的原始本能。然而人並非都選擇順應，如少數個別志士。即使順應其程度也大不相同，有些奴隸就像囚籠中的獅子，自由之心不死，在高壓下也保持良知，設法站起來做人。老莊卻秉承了軟體動物的本能。所有和他們性格見解類同的英雄，都聚集在這面旗幟之下，奉之爲"要言妙道"，拿"高深"去騙人。現在人們不是推說"我沒辦法，我必須適應社會"來爲自己的不良行爲開道嗎？他們99%以上沒有去翻過老莊大作，不都深得老莊的精髓嗎！

　　另一"大師"陳鼓應說："他（老子）所關心的是如何消解人類社會的爭紛，如何使人們生活幸福安寧。"[12] 陳竟將"解其紛"誤解成消解紛爭，怯極無爲之人有膽量去消解紛爭嗎？老子的"三寶"就是卑瑣的三自保，沒有絲毫哲學含量也沒有思維含量，他可能去關心公益使人民幸福嗎！陳氏連祖師爺的宗旨都違背了。陳指斥人們對老子的"重要概念

12、陳鼓應《老子注譯及評介》，中華書局，2003，P15

望文生義"，才"誤解"其思想"消沈厭世"。世界上常常有
這樣的事：說蜥蜴是恐龍叫人高興，說蜥蜴是蜥蜴叫人拚命。
說假話的學說，說假話的人崇拜。科學是明確論述的思想，不
遮掩不誆騙，不是攪渾了水要人去發掘"微言大義"的東西。
致力於發掘"微言大義"的人是在把簡單的東西神祕化。所以
中國人匍匐在地做了兩千多年的"發掘學問"，沒弄出什麼
科學。

　　儒家和道家的基本人格傾向是一樣的：獲得型。他們爲自
己打算的興趣遠大於付出的興趣，甚至討厭勞動。他們都還是
欲望的奴隸。只不過老莊的欲望主要是爛賤地活著；孔孟的欲
望主要是榮華富貴。根據馬斯洛的需要層次論，老莊停留在最
底層——生存需要。儒家兼重生存需要直到第四層尊重需要，
但其自尊和希望獲得的尊重還是淺弱的感性的。

　　孔子說，治國就是要人們恪守支配與被支配的本分："君
君、臣臣、父父、子子。"（君像個君，臣像個臣，父親像父
親，兒子像兒子）。齊景公聽了很歡喜："善哉！信（真）如
君不君、臣不臣、父不父、子不子，雖有粟，吾得而食諸？"
（《論語·顏淵》）。原來禮制是爲了君王利益的，君才是被
養的對象，一語道破了禮制的天機。《莊子·天道》："夫帝
王之德，以天地爲宗，以道德爲主，以無爲爲常。無爲也，則
用天下而有余；有爲也，則爲天下用而不足。"

　　雖一方主張有爲，一方主張無爲，兩家都公私不分，認爲
國君有權享有全國的財物和人力。同時期柏拉圖的《理想國》
卻不忠不孝地說，一個名副其實的護衛者（治理者）不能"讓
幼稚愚蠢的快樂觀念困擾、支配，以至利用權力損公肥私，損

人利己"[13]（卷五）。

君主以外的人呢？弄得到名利就進取，弄不到名利就頹然撒手，失去一切動力，消極遁世。如果不能得到什麼，但求不要失去什麼。他們不能單純爲了喜愛而勞作。

四經典中，表示禍患的詞出現達88次（災難義的"患"57次，災禍義的"禍"24次，指人禍的"災"7次）；"亂"出現達97次。先聖們張口閉口避災怕亂，深恐觸犯一絲一毫的危險，表現了高度的保守怯懦品性。四經典內部也有程度差異。孟子的思想較爲積極，孔子次之，老莊都十分灰暗。

撇開無數的巧飾，從主體上說，儒家是名利蟲，道家是膽小鬼。這正是一個俗弱者趨利避害的兩個方面，所以兩家哲學常共存於一人之身，像人的前胸後背一樣渾然契合，只是側重點不同。今崇拜儒家的人通常也崇拜老莊。許多人得意時打出"仁義道德"，失意時倒向頹廢無爲。《莊子》幾處記述孔子五體投地地向道家人物請教"至道"，稱龜縮技能純熟的漁父是"聖人"，甚至跪拜不迭乞求漁父收自己爲學生。老莊的語言比儒家更爲情緒化，這些自譽八成會摻假，但是孔子的性格的確有點傾向於道家。這些，就是所謂的"道德哲學"，不如稱之爲"不倒翁哲學"。

不錯，趨利避害是人的本能。但是，只會趨利避害的決不是人，比如連一句沒有實際風險的真話都不敢講。人必須承擔起自己應盡的社會義務，不可以越過基本良知來講趨避。儒家熱心於維護強權，道家無原則自保，這些都糟蹋人性。對邪惡

13、[希]柏拉圖《理想國》，郭斌和、張竹明譯，商務印書館，2003，P203

的寬容就是對善潔的殘忍。溜著兩肩逃避責任的"道"，特別是反對爲善的"道"，儘管粉絲們贊譽爲"人生至理"，實質上是消極反社會的。

　　所以，空喊了兩千多年的仁義、淡泊，社會還是循環在"皇帝輪流做，明日到我家"的污泥濁水中，公義不得生長，風俗未趨淨化。有外國學者稱中國文化爲"停滯的文化"，這觸怒了我們的愛國者，有人找了些雞毛蒜皮的事來盡力辯駁，鄙人蠢，讀了更覺得別人沒說錯。

　　難道沒有一點值得肯定的品質？有，而且有多種。比如道家能被動地尊重自然，被動地不做祿蠹蟲，莊子生活簡樸；儒家有一定的勤勞、是非心、自省力和親社會的表現。這一些本是作爲人所必需的條件，筆者不想吹捧它們以暗示對中國人民進步能力的絕望。人們看到古人有點基本品質就大吹大擂，說明我們缺乏認識優秀品質的能力，不敢拿優良人性來要求自己。人性本來就應該逐漸進步。如果我們堅持認爲先聖的境界是最高的，就說明我們還趕不上先人。我們在朝代循環中沒有改良制度，沒有提高對人的尊重。袁世凱爲恢復帝制提倡尊孔讀經，五四時喊打到孔家店，鬧了二三十年民主；後來民主自由就變得大逆不道。毛澤東又鬧批林批孔，八十年代又有人要民主，九十年代又回到尊孔讀經時代，我們持循環論而不是進步論的歷史觀是存在的必然。

　　只要是人類社會，不管多麼野蠻都存在著理智、勤勞、互愛等因素，哪怕是微量元素。人類的這些共性起源很早。我們看到動物之間也有仁愛現象。猴子互相理毛，有的狗爲貓舔傷口，個別母狼甚至叼人類的嬰孩去撫養。社群之間的區別不在於有沒有這些因素，而在於它們的廣度和深度。人類文明的許多優秀因子，在中國傳統文化裏還停留在嬰兒時代，甚至還從母腹中帶來了對它們的抗體。

孔孟老莊特別是孔孟，是中國知識分子的代表。他們不像古希臘哲學家那樣，以針砭時弊推動社會進步的牛虻爲己任，而是永不吃虧的"智慧生物"，不知獨立爲何物。他們雖然保守柔順，而其聰明足以對自古以來的觀念來個集大成，形諸文字，使它們較明確，較系統。他們對社會、人生沒有什麼新的認識。孔子比今天的許多讀書人老實，承認自己"述而不作"。人們習慣於說儒家道家對中國人心靈的決定作用。可是，從深廣的歷史背景上看，不是孔孟老莊塑造了中華文化，而是他們秉承了中華文化的精髓，主流才選擇了他們，再尊他們爲先聖祖師指導中華文化。文化和個人素質是互動的，而從根本上說，一個社會不是文化決定人性，而是人性決定文化。

第三節　邏輯與認知詞場

本場的詞語表示知性（認識客觀存在）的概念，這是人類理智的集中表現。

一、真僞觀

《論語》《孟子》無"真"字。老莊共有49次單用的"真"，表示天性、順隨天性的、淳樸、真誠、確實等，表示

"真實"的只有5例。此外，"信"也有十幾例表示真實、確實。如孟子說："水信無分於東西，無分於上下乎？"

孔孟老莊如何看待真？孔孟看"真"是可有可無的，在與自己利益相衝突的時候是有害的，要躲開。老莊直接反對真，偶爾需要時又要真，但未必是真要。孔孟比起道家來，較少排斥真。

孔子大概被學生的自誇騙過。《論語‧公冶長》宰予白天睡覺，孔子說他因此改變了自己的看法："始吾於人也，聽其言而信其行；今吾於人也，聽其言而觀其行。"孔子叫士人要"質直而好義"（《顏淵》），好像主張直言真實，而下句就是"察言而觀色"，又基本堵住了直言之路。低級本性和高級追求發生了衝突，不覺放棄高級追求。馬斯洛說高級追求是最容易被放棄的。孔孟的學生難免會質詢夫子的行為和言論不合，夫子們都出現了不顧矛盾為自己辯護的行為。

孔子說："夫兩喜必多溢美之言，兩怒必多溢惡之言。凡溢之類妄，妄則其信之也莫（薄），莫則傳言者殃。"（《莊子‧人間世》引）。孔子反對轉達虛妄之言，正確；但原因不是對求真有什麼興趣，而是因為它會給自己帶來禍殃。如果確信無禍殃呢？

孟子反對將貨物單純按量定價，說那會使人作偽。在《離婁下》又說"聲聞過情（真實情況），君子恥之"。孟子做到沒有難說，他起碼有這種願望。這是今天滿到處唯利是圖的知識分子所不能想象的。在自己不"吃虧"的條件下，儒家有一定面對真實的能力。然而《萬章上》記載了一件事。

舜的異母弟象幾次謀殺舜未成，一次趁舜在井下淘井的時候,用泥土把井填沒了。他前去霸占舜的房屋和妻子時,沒有想到舜正坐在床上彈琴。原來舜早已從另一條道出井了。象扭扭捏捏地說:"我多麼思念你呀!"舜卻說:"我顧念著這些臣民,你幫助我治理吧!"

萬章問孟子:"不識舜不知象之將殺己與?"

孟子答:"奚而(哪裏)不知也?象憂亦憂,象喜亦喜。"

萬章問:"然則舜偽喜者與?"

孟子說:"否。……彼以愛兄之道來,故誠(真的)信而喜之,奚偽焉?"

孟子把假的說成是真的,捏著鼻子哄眼睛,就因為舜是儒家的偶像。

孔孟高倡仁義道德,卻從來沒有問過仁義和任何一種美德的真假。如果把提到的概念用A來代表,則沒有指出過什麼是真正的A,什麼是假A,或者提出要真的A,不要假的A等等。其原因之一是他們自己也是說話的巨人、行動的矮子。

《莊子》載,孔子問漁父什麼是真,漁父回答:"真者,精誠之至也。不精不誠,不能動人。故強哭者,雖悲不哀,強怒者,雖嚴不威,強親者,雖笑不和。真悲無聲而哀,真怒未發而威,真親未笑而和。"(《漁父》)。這是四經典唯一的一次對"真實"的討論,從情感的角度談的,是蘇格拉底所說的"碎片"。就其實質,是老莊為了貶損儒家臨時找的話說,他們在別處是主張冷漠無情的。

老莊多次表示不分真假,忌恨真。

老子說,善和不善的人我都說善,信實和不信實的人我都相信。這就得到了善和信（的真諦）（第49章）。這些含混的不真誠的語言意在混淆視聽。老子愛財吝嗇，依阿德勒的分類屬於典型的貯存型人格。這種人的典型症狀就是對別人懷有深深的戒心，因而躲避社會。不管他說得多漂亮，他其實不是什麼都相信，而是什麼都不相信。容易相信別人表白的人恰恰是誠實善良的人。

　　莊子引老子說，"善否pi相非，誕信（假真）相譏"是天下衰微的兩個原因（《盜跖》），這就是說求善求真禍國殃民。《知北遊》又借被衣道："德將為（因為）汝美，道將為（成為）汝居。汝瞳焉（無知地瞪著眼睛的樣子）如新生之犢而無求其故（事）。""媒媒晦晦，無心而不可與謀（商議）。"即不要了解客觀事物，昏昏昧昧過日子，方是美德。

　　因為真假不分，老莊有著比《論》《孟》更為嚴重的語言決定症，語言決定論的邏輯是："因為我這樣說，所以事實是這樣。"嚴格說事實不在考慮之列。

　　《老子》第7章："天地所以能長且久者，以其不自生，故能長久。是以聖人後其身而身先，外其身而身存。"

　　天地不是生物，當然不會求生存。以此來類比人本無意義，卻表達了想佔先和苟活而又不敢做什麼的心理。

　　《莊子・胠篋》："故絕聖棄知（智），大盜乃止；擲玉毀珠，小盜不起……。"胡扯不需要任何智慧，既然這樣仇恨人類文明的產物，我們可以順著這個思路說下去：去字毀文，《老》《莊》不存；焚屋斷炊，竊賊無跡。不但竊賊無跡，人類也無跡了。莊子是主張回到結繩記事的，這下滿意了吧？可是沒有文字，他的"至道"如何傳之廣遠呢？

老莊特別喜歡說反話，如"不爭，故天下莫與之爭。""大方無隅（稜角）"；"大辯不言"、"方死方生；方可方不可"，"天下莫大於秋豪之末，而太山爲小"，毀棄了仁義就有道德等等，意義恍兮惚兮無解釋。還有五色使目不明，五聲使耳不聰等強定的因果關係。混話不說，反話在二書中恐怕近百條，個別有一定反向思維的意義，大多數就是故意反客觀反常識。

因爲真假顛混，一個人就不用使自己的言語做到真誠和一致。《莊子・讓王》："帝王之功，聖人之余事也，非所以完身養生也。今世俗之君子，多危身棄生以殉物，豈不悲哉！"（余事，養生之余所做的事。殉物，爲做事而勞形費心）。《莊子・天下》說"墨子真天下之好也"，但是"其爲人太多，其自爲太少"。《胠篋》直說他同楊朱一樣都是"爐亂（炫亂）天下者"。且不說好人怎麼就炫亂天下了，老莊竭力宣揚不勞身心，不得不防備來自功名心和良心兩方面的質疑。於是老莊說不要功名，不知利害，無視榮辱詬罵，超脫一切。爲了極言超脫，連生命都不要了。《老子》第13章："及吾無身，吾有何患！"第75章："唯無以生爲者（不把生命當回事），是賢於貴生。"莊子明確混同生死。《莊子・齊物論》："死生無變於己，而況利害之端乎！"又其《天地》："萬物一府，死生同狀。"死都不怕，還有什麼放不下的呢！推起來真是暢快徹底，可是一下子推到萬丈懸崖下去了。齊生死而又無比貪生怕死，造成了《老子》《莊子》中最根本的一對矛盾。既然如此，老莊爲什麼不也從懸崖上飛下去？仙飛等於成仙。有人回答我：也不是要故意尋死嘛。故意尋死和不故意尋死不是相同嗎？以此類推，滿篇的保命意義保命方法不保命之害的妙說都成爲廢話，既然"天地一指""萬物一馬"（《齊物論》，言天地萬物都是同一的），則動與靜、退與前、利與害、禍與福、看不看、聽不聽、爲不爲、慮不慮、要不要保命也應該齊一，爲什麼要分別、執著一端！若保命真，齊物論就假；齊物論真，保命就假。但是亂歸亂，寫書必有目的。根據我們判斷真假的原則，對個人有利的話是真的，低層次的追求是真的，則《老子》《莊子》全書的宗旨不難看出是不擇手段的冷血自保。至於齊物論、無爲、反智主義、反道德論、相對主義、絕對主義和不可知論都被自保串連起來，爲它服務，爲它裝扮。如此凌亂感性的思維是利己主義者的宿命。真話是樸素的，而假話常有浮華的包裝。不能自圓其說達到這等自辱自戕，世界上怕沒有與之匹敵者。

　　真與是非的關係。照理說，真的言論不一定正確，正確的言論一定是真的。《論》《孟》對是非的判定不在乎真假，主要是和正統的仁、義、禮相聯繫。

　　《論語・子罕》："子夏曰："小人之過也，必文。"《孟子・梁惠王下》："不得而非其上者，非也；爲民上而不與民同樂者，亦非也。"齊宣王問孟子：湯放逐桀，武王伐紂，是臣弒君，可以嗎？孟子回答："賊仁者謂之'賊'，賊義者謂之'殘'。殘賊之人謂之'一夫'。聞誅一夫紂矣，未聞弒君也。"（《孟子・梁惠王下》）

　　小人不敢面對真相，要文過飾非；君王不體恤人民，獨樂或過於殘暴，都是錯誤的。諸如此類都說得很在理。可惜的是，儒家的是非標準並不立足於真實和在真實基礎上形成的

正義，仁義被架空。如果直接承認殺了君，並論證暴君該殺，
認識就進展了。筆者分析過，儒家在一些重要問題上所論的是
非是不真實不公道的。傳統仁義偏心強勢，即使要約束一下強
勢，也是反貪官不反皇帝，走得最遠的不過就是殺暴君（一定
要成了功的才會被肯定）。但是，暴君殺掉了，也就換個君，
產生暴君的集權仍在，對集權的衷心崇拜仍在。二者從根本上
阻止了對是非認識的進展。

　　道家既然要真假混一，對是非首先是回避，不得已講起
來也明確割裂是非和真假的聯繫。《莊子‧齊物論》有如下
論述：

　　　　是不是，然不然。是若果是也，則是之異乎不是
　　也亦無辯；然若果然也，則然之異乎不然也亦無辯。
　　（譯：把不對的說成是對的，不是這樣的說成是這樣
　　的。對的如果真是對的，則它不同於不對的無需爭辯；
　　這樣的如果真是這樣的，則它不同於不是這樣的也無需
　　爭辯。）

　　　　道惡乎隱而有真偽？言惡乎隱而有是非？……道隱
　　於小成，言隱於榮華，故有儒墨之是非。（譯：道隱藏
　　到哪裏去了，而有了真偽之分？言語隱藏到哪裏去了，
　　而有了是非之分？道被小成功所遮蔽，言語被榮華所遮
　　蔽，就有了儒墨的是非）。

　　　　仁義之端，是非之途，樊然淆亂，吾惡能知其辯！
　　（言仁義是非紛繁雜亂，我王倪怎能知道它們的區別）

　　莊子強調，無論真假是非、言論和事實，都不去分辨。沒
有是非當然就沒有“暴君”的觀念，莊子反對在堯舜和桀紂之

間評說是非，他在《徐無鬼》篇又責備"爲萬乘之主以苦一國之民"，覺得這樣不對；又借盜跖的口說："湯放其主，武王殺紂。自是之後，以強陵弱，以衆暴寡。湯、武以來，皆亂人之徒也。"（《盜跖》）在他眼中暴君濫殺無辜不是"以強凌弱"，殺暴君倒是，因爲主奴關係被搞亂了。他不小心還是陷入了是非評判，暴露了自己極其平庸的以君主的利益爲是非的觀念。那何必批評"苦一國之民"？這不是回殺自己一槍，就是覺得苦一國之民其實沒什麼。

真與真理的關係。真理是符合客觀事實及其發展規律的道理。中國傳統沒有真理的概念，只有"正確"的觀念，和"正統"一致。"是"、"道"和"理"表示正確的思想。聖賢們既然漠視真，就不會把真和正確聯繫起來。一些學者把《論語》《孟子》《莊子》等到"道"翻譯爲"真理"是很滑稽的，如楊伯峻《論語譯注》對"朝聞道，夕死可矣"之譯。

道，意義很模糊，大致指法則、學理。儒家的道指仁義忠恕恭敬之類的法理，道家的道指無條件順乎一切，無爲無情的法理。

《莊子・養生主》描寫庖丁解牛，不砍不割，順著筋骨肌肉的縫隙用刀，"依乎天理"，"因其固然"，一把刀用了19年，好像就是剛磨出來一樣。他對文惠君說："臣之所好者道也，進乎技矣。"《莊子・大宗師》說，被扔到陸地上的魚相儒以沫，"不如相忘於江湖。與其譽堯而非桀也，不如兩忘而化其道。"（融入道）

理，其含義也沒有解說，大抵等於道。《莊子・繕性》："道，理也。"此"理"爲順應，下文有"道無不理"。《廣雅・釋估三》："理，道也。"四經典共有30多處"理"指自然規則、人倫準則和道理。《論語》和《老子》無"理"字。《孟子》有兩個"理"指人倫準則，《告子上》："心之所同然者何也？謂理也，義也。"言理義是人心之所同而且"悅我心"者。

《莊子》名詞性的"理"，也叫"天理"，如：

> 去知（智）與故（事情），循天之理。故無天災，無物累，無人非，無鬼責。《刻意》

> 說仁邪（悅仁嗎），是亂於德也；說義邪，是悖於理也。《在宥》

> 夫無知之物，無建己之患，無用知之累，動靜不離於理，是以終身無譽。《天下》

> 北海若曰："知道者必達於理，達於理者必明於權，明於權者不以物害己。"《秋水》

此"理"是無知無義之道，就像支配木石一樣支配人心，人只能順從它。

這種"道""理"，看似有某種客觀性，實質上具明顯的扭曲性。莊子反對用理智去辨析任何對象。此"道理"否定了人的自主性和自制力，使人變成自己動物本性的奴隸。按照這種"道理"，人就不能用自己的力量改造和保護自然，也不需要為自己的利己主義醜行而受到良心的譴責。

"真實"是真理的基本要素。分辨真假，是認識客觀存在的首要條件，是形式邏輯產生的根本。儒家不肯求真，老莊反對求真，必然是邏輯混亂之輩。老莊比孔孟更混亂。他們為了自己的利益隨時都會扔掉"真"這個燙手山芋。無視真實也就無視誠實，具有虛偽的性格是必然的。對真的認識滯留在這樣的階段，遠遠不可能產生客觀真理的觀念。

真與善、美的關係。按理，真的認識不一定善和美，善和美的一定是真的。而四經典常割裂真和善美的關係。老子不相信世上有既真又美的言辭："信言不美，美言不信。"（第81章）。信是真。想必老子和他周圍的人都說不出真心讚美別人的話。孔子以恢復周禮爲己任。一次他的學生宰我說，周人以栗木做土地廟神主的牌位，稱要"使民戰栗"。這使宣揚善道的孔子很尷尬，他沒有勇氣承認周禮是殘酷的，推脫道："成事不說，遂事不諫，既往不咎。"（《八佾》）。

《莊子·山木》記載，陽子宿於某旅店，主人有兩個妾，一個美一個惡（醜）。"惡者貴而美者賤。陽子問其故，逆旅小子對曰：'其美者自美，吾不知其美也；其惡者自惡，吾不知其惡也。'"陽子以此說明人行賢而不要自以爲賢。這裏不要分別實事求是地肯定自己和自誇自傲，反正人不能認爲自己好。事實本身是不要考慮的，要考慮的只是人際關係。換言之，爲了別人的悅納，一個人必須放棄直言真假的態度。

二、智慧觀 辯說觀

智，是知的破讀，語源爲知，先民把知曉事理和智慧自然聯繫起來。《論語》和《莊子》尚無"智"字，還用"知"來表示。

儒家的"智"，多指一般的聰明、理智。

> 子曰："務民之義，敬鬼神而遠之，可謂知（智）矣。"《論語·雍也》

是非之心，智也。仁義禮智非由外鑠我也，我固有
之也，弗思耳矣。《孟子‧告子上》

智也表示善識時務，這種滑頭性的聰明被認爲很重要：

子曰：“寧武子，邦有道則知；邦無道則愚。其知
可及也，其愚不可及也。”《論語‧公冶長》

不可諫而不諫，可謂不智乎？（百里奚）知虞公之
將亡而先去之，不可謂不智也。《孟子‧萬章上》

智慧是人類數百萬年進化所取得的成就，是人優於動物
的地方。智慧是認識和改進道德的必要條件。儒家有時肯定
智慧，這使認識世界的活動成爲可能。比較起來，孔子對智慧
的評價低於孟子。《論語》裏“知”表示智凡25例，有5例用
於消極語境。如《陽貨》：“好知不好學，其蔽也蕩。”孔子
多次強調學習已有的知識，其“智”不用於探究未知和創造，
工作的價值低於接受的價值。《憲問》篇更是否定千里馬的能
力，說：“驥不稱其力，稱其德也！”有點反智主義。孟子能
言善辯，比較喜歡智慧。但是他主張侍奉雙親和順從兄長就是
“智之實”，不但與仁之實、義之實混爲一談，而且也貶斥獨
立思考能力。他在《公孫丑上》稱舉齊人的俗語：“雖有智
能，不如乘勢。”這和今天的流行語“幹得好不如嫁得好”異
曲同宗。

在正常認知中，智慧畢竟是令人愉快的擁有。什麼人有
智慧呢？《論語‧陽貨》：“子曰：‘唯上知〔智〕與下愚
不移。’”爲什麼有權就有智慧，無權就愚蠢，孔子未能說出
理由，這只是一種頑強的信仰。（上與下的含義有爭議。本文
根據上下對舉的習慣用法，把“上”定爲在上者，“民”的反

面。《季氏》："生而知之者,上也,學而知之者,次也;困而學之,又其次也;困而不學,民斯爲下矣。"）

老莊是強烈的反智主義者。普通意義上的智,在他們的眼中被看作不正當的聰明。

> 大道廢,有仁義;慧智出,有大僞。《老子》第18章

> 德蕩（喪）乎名,知（智）出乎爭。名也者,相軋也;知也者,爭之器也。二者凶器,非所以盡行（推行於世）也。《莊子‧人間世》

老莊自道的反對智慧的"理由",概括起來有二:

一是智慧使人驚懼,會給自己帶來危險。《莊子‧山木》載孔子在陳蔡被圍,太公任去慰問他,說:"子其意者,飾知（智）以驚愚,修身以明污,昭昭乎如揭（舉）日月而行,故不免（於難）也。"在專制家長看來,臣民聰慧了就不好管制,是最大的災難,老子莊子都提倡"絕聖棄智"的治國之道。《老子》第65章露骨地說:"古之善爲道者,非以明民,將以愚之。民之難治,以其多智。故以智治國,國之賊（害）;不以智治國,國之福。"國家的禍害居然來自上下的聰慧,而福份來自愚蠢。爲了使反文明的"道"合理化,老子硬著頭皮說:"絕聖棄智,民利百倍。"（第19章）。

二是智力活動勞神痛苦。《莊子‧列禦寇》:"巧者勞而知〔智〕者憂,無能者無所求,飽食而敖〔邀〕遊。"這種觀念易變成詆毀能人。《莊子‧胠篋》說,人民仰望賢君,哪裏有賢君就遷到哪裏。他們"內棄其親而外去其主之事","則是上好知〔智〕之過也!"憑什麼說人民遷徙就會拋棄父

母呢？實際的意思是，誰如果憑智慧做了賢君，有益於民眾，那就有罪。只有消滅了智慧，人間才能歸於"素樸"。因而做人不得求知："目無所見，耳無所聞，心無所知，女神將守形，形乃長生。慎女內，閉女外，多知爲敗。"（《莊子·在宥》。女同汝）

這些，也爲其"無爲"的動機提供了證據。

老莊毀敗了普通的"智"，可是爲了抬高自己的愚弱之道，又把這個道稱許爲"智"，不知不覺回到了對"智"的讚賞，兩種智在他們的行文中混淆不分。《老子》第33章："知人者智，自知者明。"這是叫人不要冒險有爲。《莊子·山木》："鳥莫知〔智〕於鷾鴯（燕），目之所不宜處不給ji視（看第二眼），雖落其實〔食〕，棄之而走。"老莊推崇的"智"既是自保的精明，他們把普通的"智"理解爲不正當的聰明完全符合其邏輯。

關於辯說。辯和智的關係很密切。智慧的要素是講道理，講理就要辯說。筆者這裏使用"辯說"而不是"辯論"，是因爲辯論側重"論"，邏輯更嚴密；辯說則比較世俗化，一般的幾句爭辯說理，方法僅是舉例打比方，也算。孔子老莊都主張不辯，孟子則較喜歡辯說。

《論語》全書不言"辯"，也基本沒有實際的辯說。就是一般的言談，孔子也不多。《論語·陽貨》："子曰：'予（我）欲無言。'子貢曰：'子如不言，則小子何述焉？'子曰：'天何言哉？四時行焉，百物生焉，天何言哉？'"孔子以天不言來證自己不想言語。他又說："君子欲訥於言而敏於行。""剛毅、木訥近仁。"（《里仁》《子路》）。他含蓄地指出辯說不是君子的屬性。學生司馬牛問什麼是仁，他說：“仁者，其言也訒（訥鈍）。”“訒”不僅是“碎片”，關鍵是仁和訥鈍有什麼必然聯繫？司馬牛不解：“言語訥鈍，就叫做仁了嗎？”孔子說：“行仁困難，言語能不訥鈍嗎？”（《陽貨》：“曰：‘其言也訒，斯謂之仁已乎？’子曰：‘爲之難，言之得無訒乎？’”）孔子兩次言不對題，不能說善辯，更談不上辯德了。

　　爲什麼孔子一定要把訥鈍和仁拉在一起？《孟子·公孫丑上》引孔子：“我於辭命（辭令），則不能也。”當時善言辭稱之爲利口、口給ji，他十分厭惡：“惡利口之覆邦家者。”（《陽貨》）。“禦人以口給，屢憎於人。”（《公冶長》）。利口、口給與辯說有什麼關係孔子沒提及，但不難看出它們聯繫緊密。孔子不善言辭，又自視仁人，當時不少人也認爲孔子是仁人。孔子就以自己爲中心，覺得二者有必然聯繫了。不過，這也說明人們對“仁”的認識確實淺少——仁人不是很罕見而且自認行仁困難嗎？助助人有多困難？孔子的學生如果想辯論的話，勢必被孔子喝止，《論語》裏確實沒有他們的辯論。筆者讀研時一次與同學辯起來，享受過這等待遇，和老師辯就更是罪過了。孔子還算沒有直接指責辯說是不懂禮的惡行，不然就堵了亞聖孟子的嘴。

　　辯說來自什麼？心裏有真相要吐，有道理要講，抑制不住就要辯說。心中只有庸見甚至有鬼，就害怕辯說，想說也只能嘮叨亂扯。認真的辯說，依靠事實與邏輯，即使是淺層次的也要有一定的真假考察，對條件關係、假設關係、因果關係、選擇關係、轉折關係、並列關係不混抹，設法弄清。辯說者發生了謬誤，被人指出能承認。胡扯的辯說其實不是辯說，自然無所不爲。孟子的辯說大部分是認眞的。例如他對“仁政”的具體做法、民眾的物質生活水平作出了比較詳細的說明，顯然他不要孔子“去食”之政，他對“仁”的認識就不像孔子那麼空洞，要清楚合理一些。有人說：“眞理是辯出來的。”確實有道理。

孟子十分“利口”，經常辯說，違逆主流文化，因此感到不好意思。《孟子·滕文公下》：

> 公都子曰：“外人皆稱夫子好辯，敢問何也？”
> 孟子曰：“予（我）豈好辯哉？予不得已也。”

孟子花了712字來解釋自己“好辯”的原因，是爲了“閑（護衛）先聖之道，距〔拒〕楊墨，放淫辭”，其中兩次強調他是“不得已”，深怕被人憎惡。

老莊則堅決反對辯說。

> 大直若屈，大巧若拙，大辯若訥。《老子》第45章
> 善者不辯，辯者不善。知者不博，博者不知。
> （知，智）《老子》第81章

《老子》“辯”出現了3次。大辯若訥，就是把孔子的“予欲無言”和“木訥”推向極端。指責辯者是不善之人，智者是不博之人，則自己反對辯說就“正確”了。

《莊子》辯用作辯說義有30多次。《繕性》：“古之存身者，不以辯飾知，不以知窮天下。”（知同智。窮，遍知）《莊子·知北遊》：“彼至則不論，論則不至；明見無值，辯不若默；道不可聞，聞不若塞：此之謂大得。”（譯：他們得了至道就不論，論則沒有得至道。明白見到則沒有眞領會……這叫做大有所得）他認爲不辯說有利於保命，並用反邏輯的辯

說來反對辯說。《齊物論》有一段著名的反對辯論和分別是非的"論證"，實際只是語言遊戲。

> 即使我與若（你）辯矣，若勝我，我不若勝，若果是也？我果非也邪？我勝若，若不吾勝，我果是也？而果非也邪？其或是也？其或非也邪？其俱是也？其俱非也邪？我與若不能相知也。則人固受其黮闇，吾誰使正之？使同乎若者正之，既與若同矣，惡wū能正之？使同乎我者正之，既同乎我矣，惡能正之？使異乎我與若者正之，既異乎我與若矣，惡能正之？使同乎我與若者正之，既同乎我與若矣，惡能正之？然則我與若與人俱不能相知也，而待彼也邪？

這段說，辯論的勝負和看法的是非不是一回事，而誰是誰非還是皆是皆非雙方不能明白。請誰來評定呢？請同於一方或雙方的人來評定，既然相同就不能評定；請異於一方或雙方的人來評定，既然不同也不能評定；三方都不明白是還是非，還待誰來評定呢？

這段繞口令般的橫扯表現了莊子傑出的口才，似乎人們讀了都啞口無言。他經常以顛倒回環的技巧來攪渾水、弄昏人，其實用邏輯的利刃來剝理這段，庖丁解牛般順溜。辯論本是求真，不需要家長來評定勝負是非。如果雙方都講理，那麼是非自然會明朗。如果一方要無賴，是非不得不請人評，也不難。先排除評定人的看法同於雙方的可能性，這是胡言，雙方的看法相同就不會辯了。真正有意義的是，看法相同或相異，不是評定的障礙，不公正才是評定的障礙。判案人對有罪無罪的判斷，不就同於訴訟中的一方嗎？莊子從來不要公正，沒辯德，連這個常識都不顧了。是非由什麼確定？由真假善惡確定。真假善惡由什麼確定？由事實和邏輯確定，其推理前提還得是普遍性的判斷，以免偏私。這些很難懂嗎？不要拿張花頭巾來遮遮掩掩的了，有本事就正大光明地擺事實講道理。

顛倒回環法是莊子很有特色的詭辯方法。他使頭腦不清楚的人爲其戲玩語言的能力所折服，同時，塗上神祕色彩的相對主義使人們進入安全的掩體。在中國，用相對主義反認知特別是反對道德認知，有著最博大深厚的土壤。世人像怕開水燙一樣怕作出自己的是非判斷，老奸巨猾。當代大哲學家馮友蘭在《中國哲學簡史》里針對《齊物論》這段，也很有同感地說："每個個人從他自己特殊的有限的觀點所形成的意見……必然是片面的。"（按：其"觀點"應是"立場"，下同）"所有這些觀點都是相對的。"所以要"從一個更高的觀點看事物"，"即道的觀點"。這樣人就好像是站在圓心上，不參與圓周上運動著的一切，"他已經超越有限"。這些神乎乎的追捧跟莊子的一樣沒有任何思想，說白了就是逃避是非，滑到掩體裏去。他稱每個人的話"必然是片面的"，負得起責任嗎？我們說"大米是白的"、"做人要真誠"，片面在哪裏？而且他和莊子的話不也是"片面"的嗎？憑什麼叨叨著"以自己的意見爲是"？[14]

莊子反對公孫龍、惠施等離堅白、鏃矢有不行之類辯論，說惠施以善辯爲名，不得自寧。"惜乎！惠施之才，駘蕩而不得，逐萬物而不反，是窮響以聲，形與影競走也，悲夫!"

14、《國學大師說老莊及道家》，梁啟超等著，雲南人民出版社，2009.P94-95

（譯：放蕩而一無所獲，追逐萬物而不返本真，這是用聲音來遏止回聲，用身形的奔跑來擺脫影子，可悲啊）。然而，與個人利害無關的辯論，是人類思維發展的產物。惠施等人的辯論，未必有多少認識意義，但它是好苗頭，人們在辯論中自會慢慢增加理性。

人們反對智慧和辯說的原因，不僅僅是組織語言困難，主要是思維無內容不清楚，不能思辨。社會環境的險惡也是一定的因素。但是有獨立思想的人要辯說，乃是本能，他們會沖破一切障礙爭取思想自由。老莊之反智反辯，一是從邏輯上說極不善辯，依靠翻來覆去的命題和故事以及狡辯來"說理"，二是心理不健康加迷信，言論神祕兮兮就怕真相大白。莊子組織敘事和非邏輯的語言一點也不困難，很流暢。

老莊的陰弱、靜養和玄虛引起許多同胞內心的共鳴，他們神魂顛倒地愛著這些妙語。這也是中國人後來接受佛教的心理基礎。

第四節　四經典詞義的特點和詞義發展路子

詞義是有質量的。詞義的概括度、清晰度、分化發展等反映著概念的概括度、清晰度和分化發展。

一、四經典詞義的特點

古代聖賢是如何把握詞義的？中國傳統思維沒有定義的觀

念。聖賢們對於自己所使用的術語，一般不加解釋，解釋則是隨文釋義。有的是以同義詞同源詞相釋，有的是對對象進行描述。

　　《論語・顏淵》孔子說：“政者，正也。子帥以正，孰敢不正？”

　　《孟子・滕文公上》：“設爲庠序學校以教之。庠者，養也；校者，教也。”

　　《孟子・離婁下》：“孟子曰：‘大人者，言不必信，行不必果，惟義所在。’”“孟子曰：‘大人者，不失其赤子之心者也。’”（赤子之心，嬰兒的天真純樸之心）

　　第3例各自從一個角度去說明“大人”。《孟子・公孫丑上》：“何謂知言？”孟子答：“詖辭知其所蔽，淫辭知其所陷，邪辭知其所離，遁辭知其所窮。”真不愧是長於“知言”的人。如果求真，首先是“僞辭知其所隱”。

　　尋找對應詞的解釋，是在已有的概念之間循環，會產生同訓、互訓和遞訓的現象；詞義本不等同，只能說明大概，故不能推進認識。用描述來解釋語詞，須注意詞義與客觀存在之間的關係，表達比較清晰，能增進認識。如《孟子・盡心上》：“人之所不學而能者，其良能也；所不慮而知者，其良知也。”孟子對“良能”、“良知”的解釋，比較正確地揭示了內涵。不過“良知”僅指對是非善惡的判斷能力，至少後代是這樣，不是一般的“不慮而知”。

　　孔子曾嘗試分辨近義詞，但不清楚。《論語・顏淵》篇子張問：“士何如斯可謂之達矣？”孔子反問：“何哉，爾所謂達者？"子張說："在邦必聞，在家必聞。"孔子說："是聞也，非達也。夫達也者，質直而好義，察言而觀色，慮以下人（謙虛對人）。在邦必達，在家必達。夫聞也者，色取仁而行違，居之不疑。在邦必聞，在家必聞。"孔子本要區別"聞"和"達"，不覺變成了區別聞者和達者的品性際遇，而且因果關係主觀。

老莊堅定地反對界定術語。《老子》第1章："道可道，非常道；名可名，非常名。"言道和名如果說得出來，就不是永恆的了。《莊子·天道》："意之所隨者，不可以言傳也。"未說出來的東西是最不清晰的，然而老莊畢竟寫出了自己想法，比未成文的東西要少一點混沌。有想法就要發表，在發表本能的驅使下，他們偶爾也作點解釋。

《莊子·漁父》："真者，所以受於天地，自然不可易也。"這是解釋"真"的天性義。《莊子·駢拇》："吾所謂臧（好）者，非所謂仁義之謂也，任其性命之情而已矣；吾所謂聰者，非謂其聞彼（聽見別人的什麼）也，自聞（聽見自己的心聲）而已矣；吾所謂明者，非謂其見彼也，自見而已矣。"它解釋的不是概念，是個人的感覺。

（一）模糊性

概念的內涵和外延不清晰，所指遊移不定，亦此亦彼或指代不明（模糊性不是概括性和多義性。概括性指抽象程度，如"樹"的概括性比"松樹"高。多義性指有多個義項）。模糊詞義如：

《論語·陽貨》："詩，可以興，可以觀，可以群，可以怨。"這些動詞涉及的主語和賓語不明,其意義就無法坐實,只有憑猜測。朱熹集注:"興,感發志意。""觀,考見得失。""群,和而不流。""怨,怨而不怒。"楊伯峻(1980)譯:"讀詩,可以培養聯想力,可以提高觀察力,可以鍛鍊合群性,可以學得諷刺方法。"二人的理解除了"群"相近,其余意義相去懸遠。

《論語・為政》孔子說:"君子不器。"(楊釋不只有一定的用途)可是他又說自己的一位有才華的學生是"器"。《公冶長》:"子貢問曰:'賜也何如?'子曰:'女,器也。'曰:'何器也?'曰:'瑚璉也。'"(賜,子貢之名。女,汝。)孔子將子貢比喻為宗廟祭祀時盛糧食的器皿,但沒有任何說明。依於物體的聯想是多方面的,例如"瑚璉"可以使人想到它的圓或方,想到它居廟堂之高,想到它的單一用途,想到它的玉質……如果沒有約定的意義或說明,比喻就不知何義。理解也會歧出。"君子不器"也無闡釋,今有人說不要像器物那樣冰冷,知名的散文家周國平竟解說為"不成器",以支撐他淡化職責意識的庸論(P200)。

《論語・鄉黨》:"君在,踧踖如也,與與如也。"言孔子上朝,見到國君既恭敬不安又"與與如"。"與與如"是何義,朱熹《集注》講作"威儀中適之貌",與踧踖如不合;故又說張子曰'不忘向君也',亦通。"王天恨《四書白話句解》講作"舉動容貌還是很合理",[15] 楊伯峻《譯注》則譯作"行步安詳的樣子",莫衷一是。

15、王天恨《四書白話句解》,成都古籍書店,1991,P62

《孟子·離婁下》："孟子曰：'非禮之禮，非義之義，大人弗爲。'"

《莊子·齊物論》："大辯不言，大仁不仁。"

孟子的"非A之A"，莊子的"A是非A"和"A而不A"，不合邏輯。A在同一句話中出現兩次，意義發生了改變，至少有一次所指不明。

《老子》第38章："故失道而後德，失德而後仁，失仁而後義，失義而後禮。"其道、德、仁、義的含義不明。《老子》第56章："知者不言，言者不知。塞其兌（即孔），閉其門，挫其銳，解其分，和其光，同其塵。"這裏有6個"其"字。任繼愈先生將"塞其兌，閉其門"的"其"譯爲"知識"，又將後4句的"其"解釋成"道"，因爲後4句與第4章重複，第4章開首是"道沖"。任氏雖告誡不能代替古人講他們不知道的東西，可是做起來確實難。他將老子的思想清晰化，而使自己的腦袋被叉成兩個。其實，老子已經明說"言者不知"，他言語時何嘗知道這些"其"字的所指！它們似乎是指人，但是指自己和指他人又混在一起。我們擴大視野一聯想，就會發現不光明的想法通常是含糊其詞的。老莊心思最爲陰暗，語言也最含混。

（二）主觀性

用詞常離開約定俗成的意義，隨便賦予它們一個臨時的、可能相去甚遠的意義，而不能夠形成新義項。仁、義、智、道、聖人等重要觀念，儒家和道家所指大不相同，各自都沒有解釋，終於說不清。例：

　　勝。《孟子‧公孫丑上》："孟施舍之所養勇也，曰：'視不勝猶勝也；量敵而後進，慮勝而後會，是畏三軍者也。舍豈能爲必勝哉？能無懼而已矣。'" "不勝"被當作"勝"，這是阿Q的祖師爺。

　　學。《論語‧學而》："（子夏曰）事父母能竭其力，事君能致其身；與朋友交，言而有信。雖曰未學，吾必謂之學矣。"隨便改變"學"的含義。

　　仁。《論語‧子張》："切問（懇切地發問）而近思，仁在其中矣。"這是"仁"嗎？

　　寬。《論語‧陽貨》："寬則得眾。"指對人寬容。《莊子‧天地》："行不崖異（行爲不特異）之謂寬。"這個"寬"指順從流俗。

　　強。《老子》第52章："守柔曰強。"爲了偏愛柔，隨意改變強的本來意義。

　　《莊子‧寓言》："自吾聞子之言，一年而野，二年而從，三年而通，四年而物，五年而來。"根據郭象注和成玄英疏，野是質樸，從是順人，通是通彼我，物是與物相同，來是自得。這些幾乎都不是該詞義項本有的意義。

　　德。《老子》第38章："上德不德，是以有德。下德不失德，是以無德。"即上等的道德就是無德，所以有德；下等的道德不失德，所以無德。

　　亂、禍、賊。《莊子‧天地》："治，亂之率也，北面之禍也，南面之賊也。"言治理天下，是亂的先導，是臣子的禍事，君王的災難。他稱這是堯的老師許由之語。

　　老子、莊子是逆反癖，任意橫說改變詞義不勝枚舉。

（三）狹隘性

許多詞的詞義概括範圍小，適應性很窄。如《論》《孟》的仁義不針對自己討厭的人和外族人，禮原則上不用來對待"民"和子女，勇不包括直言，更不說要自由。信在很有限的範圍內使用，等。

莊子把人的本性叫做的天和真，它們僅指人性的懦弱苟且的一面，絕不指積極的一面。

《莊子‧盜跖》："無殉而成，將棄而天（不要爲你的成功而犧牲，那將拋棄你的天性）。比干剖心，子胥抉眼，忠之禍也；直躬證父，尾生溺死，信之患也；鮑子立乾，申子不自理，廉之害也；孔子不見母，匡子不見父，義之失也。"莊子常叨叨勞動之苦，忠之禍，信之患，廉之害，義之失……回避積極的勞、信、廉、義等的人性和社會意義，完全根據懦夫的個人得失來理解詞義，於是對諸詞賦予貶義的色彩。

《老子》把真話都歸入"不美"的，把美言都歸入"不真"的，亦此類。

詞義狹隘，句義也同樣。《論語‧顏淵》："攻其（自己的）惡，勿攻人之惡。"孔子這話看似普遍性的，實際很要選擇場合實行，比如說士人因"不遇"離開某國，不要批評其國君之惡。而許多場合是不適用的。《爲政》篇孔子說"攻乎異端，斯害也已"（此害就可以終止），又明確號召攻擊異端。有個叫原壤的人兩腿八字叉開坐在地上等孔子，孔子見他不恭敬，毫不留情地責罵他："幼而不孫弟〔遜悌〕，長而無述焉，老而不死，是爲賊。"他不但破忌咒人老不死，還拿手杖敲原壤的小腿。不指責人本是老好人（"鄉原"）所爲，孔子所非。或許，上述表達改成"多攻己之惡，少攻人之惡"孔子會同意，而那時很少去區別程度。

《孟子·盡心上》孟子解釋爲什麼不搭理滕更："挾貴而問，挾賢而問，挾長而問，挾有勳勞而問，挾故而問，皆所不答也。"可是孟子自己對恭順的樂正子卻大挾其長而問，見前面第二節"代表性人格詞場·君子"。這個規則不能用於自己，孔孟似乎都沒想過，要求別人做到的自己是否也應該做到。

（四）籠統性

詞義分化程度差，靠具體的語境來會意。它們的意義在後代看來，或者相當於一個短語一個句子，或者是活用。骨架句詳見第三章第六節之"總論"。

詞類活用，這是今人的觀點，從詞義越古越籠統的規律看，本是正常用法。

《莊子·在宥》的"尸居而龍見，淵默而雷聲"，指像受祭的人那樣安然不動，又像龍那樣騰現；像深淵那樣靜默，又像雷那樣發聲。

《孟子·梁惠王上》："老吾老，以及人之老；幼吾幼，以及人之幼，天下可運於掌。"

《孟子·萬章上》："使先覺覺後覺也。"《萬章下》："用下敬上，謂之貴貴；用上敬下，謂之尊賢。"

《孟子·離婁上》："人人親其親，長其長而天下平。"

《孟子·告子下》："猶彼白而我白之，從其白於外也。"

《孟子・萬章下》："使其子九男事之，二女女焉。"（女焉，嫁給他）

《莊子・列禦寇》："以不平平，其平也不平；以不征征，其征也不征。"（譯：以偏見求均平，那均平不是均平；以非自然的應驗求應驗，那應驗不是應驗）

《論語・鄉黨》："寢不尸，居不客。"尸，指像死屍一樣直挺著。客，指像待客作客一樣兩膝跪在席上。又"迅雷風烈必變。"變指神色變動，變成什麼樣也沒有說。

《孟子・滕文公上》："且一人之身而百工之所為備，如必自為而後用之，是率天下而路也。"言一個人若必須自己做百工之事，就是帶領天下人奔走於道路（疲於奔命）。

理解以上諸類表達，猜測的成分很多，猜測的結果可能各不相同。一個詞所承擔的連帶意義越多，就越不容易形成類概括，砌塊性越差。即不能像用砌塊搭積木那樣可以自由組合。這是遠古混沌語留下來的特徵。

模糊性、主觀性、狹隘性和籠統性，是互相滲透的。一個現象存在，往往另一個或幾個現象也存在。這種遣詞用義的"輕率"就像信手寫俗字一樣，一個字被寫成幾個幾十個異體字，幾乎沒遮沒攔地隨便，它們都表現著感性成分很高的思維。這些情況在現代漢語階段還有一些。不過，如果同漢語的某些親屬語言相比，這些特點又可能變成相對的清晰性、客觀性、普遍性和精細性了。

所有這些現象，各種語言包括西方語言都有，只是程度和範圍差別很大。

古籍中大多數的注解來自這些問題。不要說兩三百年後

的人讀起來就發生了困難，當時聽到聖賢真聲的人們，又能懂
得多少？進一步問，聖賢們自己懂得多少？人具有馳騁智力的
本能，思有所得就要表達出來，所以就會產生各種學說；言語
有多清楚就說明思維有多清楚。什麼都沒有看清楚，當然什麼
也說不明白，也不會產生說明白的需要。一個詞的意義，聖賢
自己不解釋或解釋不清，說明他們沒有形成自己心中的確切概
念。玄虛不是思想的深奧，而是無可奈何或者有意的混抹。賣
弄玄虛和崇拜玄虛，都產生於認知和品德的不良。

　　有一些表達，古代的看上去簡潔，並且不會發生理解困
難，但是現代漢語卻一定要用更多的詞來表達。如《莊子・至
樂》載，有一只海鳥停留在魯郊，魯侯把它奉養起來，奏九韶
之樂，具太牢之膳招待它。鳥眩視憂悲，3日而死。“此以己
養養鳥也，非以鳥養養鳥也。”“己養”和“鳥養”今天必須
說成“養自己的方法”和“養鳥的方法”。不少國人相信古代
漢語更精煉。到底是古代的好還是今天的好？莊子的“養”表示
“養……的方法”，這是一個臨時意義，沒有普適性。現代漢
語“養”的意義更具普適性規範性，多余的意義分化給別的詞表
達。這樣，詞的砌塊性增加，詞義明確了，表意精細了，語言
選擇了犧牲簡短的道路。幾千年來，漢語的詞彙和語法系統都
在走向複雜化。語言是思維工具，又是交際工具，現代人常把
它作爲思維工具的清晰性放在作爲交際工具的便捷性之前。

二、詞義發展的路子

　　總觀詞義的發展，有以下幾條路子。

　　明確性的發展。語言起始時期，詞的狀態是詞句合一的

混沌體。就像嬰孩學語時使用的獨詞句一樣，一個詞代表所有與該詞有關的情感和要求。當一個嬰孩喊"媽媽"時，成人根據情景和孩子的肢體語言判斷他是要媽媽抱，還是要媽媽給糖吃，等等。隨著思維的複雜化，語言單位開始分化，初步分化出來的單位又被組合起來，組合方式變得豐富多樣，於是出現了含有幾個詞的句子。單個的語言單位意義漸趨單純明確，成爲類概括的名稱，詞成爲更方便使用的預制件。思維的發展，導致詞的引申義和新詞的分化，不斷丢掉拖泥帶水的部分，單一特徵越來越顯明。

明確性得到一定發展後，就產生了解釋詞語的客觀意義的要求，即由同義詞的簡單對釋過渡到描述法。這個時候已經有了一些口語層次上的經驗性術語。

公約性的發展。詞語的使用範圍，由一個家族、氏族擴大到部落，再擴大到部落聯盟，乃至更大的人群。詞義爲社群所公認，慢慢趨於穩定，受個人隨意扭曲的現象越來越少。這樣，交際就趨向於便利和準確。公約性不是簡單的約定俗成性。約定俗成的意義更隨便，模糊性更大，易受大人物影響而發生變化。公約性則比較理性。它尊重文字記錄，通過文獻的使用乃至詞典的解釋逐漸形成公認的意義。它早已超出部落，也往往超出方言，在一個民族的範圍內使用，模糊性小一些，也少受大人物左右了。

在詞義發展到較好階段，個體追問事物本質的能力增強，催生了更爲精確而不一定符合公約性的新詞新義。這就要求給予普遍的定義，準確揭示一個概念是什麼不是什麼。於是產生了定義的規則，使概念質量有效提高，在亞里士多德前後，嚴密的科學術語開始出現。定義給了公約性最大的發展空間。

概括性和精細性的發展。原始語言中充滿了專有名稱。隨著類概括的發展，類名越來越多，專名占的比例越來越小。然而到《論語》《孟子》這樣的哲學著作，我們統計兩書不同專名也有618個，約占2001個名詞的31%，還是多。可是它已經比《左傳》少多了，《左傳》是史書，敘事性的，專有名詞達詞彙總量的60%（毛遠明，1999），如果他沒有搞錯。概括性的發展，指一個類名的概括面由小到大，或者直接產生不同層次的大類名；精細性的發展，指一個類名下面產生不同層次的小類名。

思維不斷對模糊一團的對象進行分化，以認識下位事物的特點；又在分化的基礎上更為準確地高層次地綜合，以認識共同的本質，再深入事物探求特殊性，以達到更廣泛抽象的本質……如此循環往復，詞語的所指漸漸達到明晰、確定和一致，邏輯性就這樣提高了。這同原始小類名無窮多是兩碼事，原邏輯思維按外部形象、對人的功能和時間地點等瑣碎區分對象，但是抓不住也不需要本質區別，分類的層次淺少，同級種類的分子大量交叉。

所以，語言發達的詞彙指標，不僅是一些人所看到的詞彙量，更重要的是詞義的質量。人們不曾追問先聖詞義的質量，才會誇耀中國哲學思想最為高深優越，因為自己的思想同它們在一個層次上或不如。

第二章　四經典重要詞場概念
　　　　　與《理想國》的比較

　　《理想國》（Republic），10卷，作者是古希臘大哲學家柏拉圖（公元前427——347），寫法采取蘇格拉底的對話式演說。柏拉圖是蘇格拉底的學生。此書是在蘇格拉底從容就義後，柏拉圖懷著對老師的崇敬和對政治的痛切思考寫成的，是西方政治學倫理學極其重要的著作。

　　先秦四經典和《理想國》產生的時代相同（四經典都在戰國時成書，柏拉圖生活時代相當於戰國前期），遺憾的是筆者不懂古希臘語，不能拿古希臘語的材料和古漢語相比較。筆者只能利用現代英譯本和漢譯本，因爲是翻譯文字，多方面的語言比較分析是不便做的。但是，重要的高頻詞項還是可以作一考察。這些核心詞的翻譯重在"信、達、雅"中的"信"。好在英語和古希臘語親緣關係近，英語民族直接承傳了古希臘文化。筆者取John Llewelyn Davies等譯的紙本（1998）；爲了方便，又取Benjamin Jowett譯本（2010-10-21從http://philosophy.eserver.org/plato/republic.txt 下載），整數約118900個單詞。漢譯用郭斌和、張竹明《理想國》譯本（2002），其中少數爲了對得上英譯引文作了改動。該書很多設問句，設問句是無疑而問，筆者多摘引陳述部分。引述的看法是蘇格拉底的還是柏拉圖的不能分辨，引文隨書所言。

　　英語引文，注"紙"的爲Davies紙本，注"電"的爲Jowett

電子本。後面的漢字是卷次，阿拉伯數字是頁碼。統計數字都出自電子本。引中譯本的注"郭"。

第一節　稱謂語的比較

我們這裏的稱謂語包括用於稱謂和稱呼的類名、專名和代詞。稱謂語按照一般的分法，可分爲親屬稱謂和社會稱謂兩類。根據指稱關係分類，有自稱、面稱和他稱（敘稱）。現在我們按此分類進行討論。

一、《理想國》的稱謂語及其特點

《理想國》以論證爲主，敘事不多，稱呼少。

1、自稱。《理想國》中的自稱，年長的對年輕的，年輕的對年長的和平輩之間自稱，都是"我"，無自謙之稱。沒有身分關係的區別，也沒有名字類和擬親屬稱謂類。

2、面稱。《理想國》沒有官爵類面稱。它是獨立討論哲學和治國理論的，對君主和官員不感興趣，也沒有人與君主和官員交談。身分關係類也沒有師徒之別。根據人物對話，克法洛斯是老者，他的兒子玻勒馬霍斯留蘇格拉底跟這兒的"年輕人"見面聊天，則蘇格拉底應是中年，與玻氏平輩，其他對話者大體是年輕人。

年長的稱年輕的。1）直呼其名。克法洛斯稱蘇爲"蘇格拉底"，蘇格拉底稱年輕的話友爲"阿德曼托斯"、"格勞孔"。有時加"親愛的"、"朋友"、"好"、"高明"等。

如克法洛斯："親愛的蘇格拉底"。蘇格拉底："我親愛的格勞孔"、"我的好朋友阿德曼托斯"，又稱阿氏是"我高明的朋友"，"我的好阿德曼托斯"。2）呼"朋友"。如蘇格拉底（對格勞孔）"我的朋友"、"我的好朋友"。3）代詞"你"。

年輕的稱年長的。1）直呼其名。如蘇格拉底直呼"克法洛斯"，格勞孔和阿德曼托斯直呼"蘇格拉底"。有時加"親愛的"，如蘇格拉底稱"親愛的克法洛斯"，格勞孔稱"親愛的蘇格拉底"。2）代詞"你"。

平輩間的面稱，與上面兩種同。年長的稱呼年輕的，同年輕的稱呼年長的相比，後者只少了"朋友"和"好"，其余相同。少的部分看不出特別的原因，可能是因爲對話少。

親屬稱謂有1例，"最親愛的薩爾佩冬啊"，是天神宙斯對他陣亡的半人半神的兒子的悲呼。

3、他稱（敘稱）

1）官爵類。國王、治理者或統治者（ruler106）、官員（officer）

2）身分關係類。如護衛者、獨裁者、僭主、民主分子、公民、貴族、奴隸、詩人、悲劇家、匠人、鐵匠、銅匠、鞋匠、陶工、織工、農夫、商人、藝術家、音樂家、畫家、水手、舵手、運動員、教練員、戰士、勇士、英雄、巫人、詭辯家、愛智者、哲學家等。

相對於漢語語料，《理想國》有一大批新奇的人的分類名稱，包括職業和社會身分。這些說明當時古希臘已經有較細的社會分工和較好的專業化。公民、護衛者（統治者的輔佐或統

治者）和陪審團等名稱，表示雅典的政治制度已出現人類新
形式。

《理想國》稱謂語的特點是簡單、平等和友好。沒有什
麼敬稱、謙稱，卻多親愛之稱。雅典人之間強調友愛，他們打
仗是不能拋棄戰死者的屍體的，有一次10名有功將領因沒有打
撈水手屍體而被判處死刑，當然這也太過了，只有蘇格拉底投
了反對票。雅典成年人敘稱自己的長輩也可稱名，如克法洛斯
對蘇稱"我的父親呂薩略斯"，"我的祖父克法洛斯"。親屬
稱謂中有特色的是"兒子"，在稱人之名的時候，經常加"某
某的兒子"如"尼客阿斯的兒子尼克拉托斯"。未見擬親屬稱
謂。最震驚中國人的，是玻勒馬霍斯的家奴敘稱其主人以名：
"家奴從後面拉住我（蘇格拉底）的披風說：'玻勒馬霍斯請
你們稍微等一下。'"（郭一1）而不稱"某老爺"什麼的。

《理想國》沒有可以漢譯為"先王"的稱謂語，"聖
（人）"有1次，作為詰問對象。《理想國》常有"正義的
人"和"不正義的人"的對立，好像四經典的君子和小人，但
是它這個標準的是非很明確。

二、四經典的稱謂語

四經典的稱謂語很複雜。筆者全部檢錄《論語》和《孟
子》的稱謂語，舉例兼及《莊子》。先仍分類介紹：

1、自稱

1）身分關係類。天子、諸侯自稱"寡人"，或加代詞自
稱"予一人"。對先祖自稱"予小子"、"予末小子"。臣子
對君自稱"臣"。學生對老師自稱"小子"。不客氣的自稱，

有1例"長者"，尚無"本官"、"王老爺"之類。

2）名字類。自稱稱名，表示謙卑。如孔子自稱"丘"，慎子自稱"滑釐"，孔子的學生子貢自稱"賜"。這種自稱可以面對地位在上和在下的人，君王不用此自稱。

3）第一人稱代詞。我、吾、余、予、朕（非帝王專稱）。從天子到庶人都可以自稱"我"、"吾"等，學生對老師也可以這樣自稱，但地位低的對地位高的一般不使用。

4）擬親屬稱謂等。諸侯之妻對丈夫自稱"小童"，學生對老師自稱"弟子"。

2、面稱

1）官爵類。對天子和大國君主稱"王"，鄒、魯等小國君主稱"君"。孟子致力於遊說諸侯，在《孟子》裏"王"用於面稱，指特定之王如梁惠王、齊宣王等，達148次。"君"用於面稱12次（均楊伯峻《孟子詞典》）。

2）身分關係類。稱對方爲"子"占絕大多數，也有"夫子"，意義都是"先生"。如孔子對魯國正卿季康子說："子欲善而民善矣。"（《論語·顏淵》）諸侯出於禮貌，也會稱士爲"夫子"，如齊宣王稱孟子。梁惠王稱孟子爲"叟"，意爲老丈。孔子稱弟子爲"小子"、"二三子"。

3）名字類。老師直稱學生的名。如孔子稱子路爲"由"、子貢爲"賜"。面稱對方的字似乎沒有。

4）第二人稱代詞。女（又作汝）、爾、若。偶有愛稱"吾子"，相當於"我的你"。《莊子·在宥》："我聞吾子達於至道，敢問至道之精。"也用於反諷。《孟子·告子下》："是故禹以四海爲壑。今吾子以鄰國爲壑。"使用單音的第二人稱代詞一般有輕蔑對方的意味。爾，《論語》《孟子》作代詞40例，大多數用於上對下，少數不明確的，幾乎都有訓導或看輕對方的意思。如《萬章上》："公明高曰：'是非爾所知也。'"代詞女、汝《論語》《孟子》共24例，絕大多數是上對下，如孔子對他的弟子。1例地位大體相當，1例引《湯誓》，咒罵自比太陽的桀："時日害喪，予及女偕亡。"（譯：太陽何時隕落，我與你一同滅亡！）複音詞"爾汝"表示以爾汝稱呼，即被輕賤。《孟子·盡心下》："人能充無受爾汝之實，無所往而不爲義也。"宋孫奭疏："不受人爾汝之實，是不爲人所輕賤。"只有"若"，《孟子》有4例，都用於孟子面稱齊宣王。孟子在自己的同胞中算是膽大的。

5）親屬稱謂。只有1例。諸侯稱自己的妻子爲"夫人"。

3、他稱（敘稱）

1）官爵類。如王、牧、人君、天子、諸侯、三公、將軍、卿相、相、先王、司寇、大夫、校人、虞人、士師（司法官）、太師（樂官）、封人（疆界官）、侍人（宦官）、長、行人（外交官）。有一些是專名，包含諡號。如文武、齊桓、晉文、文惠君。

2）身分、特徵類。如匠、工師（建築師）、巫醫、百工、子（先生）、先生、夫子、才、百姓、聖人、賢者、君子、佞者、便嬖、頑夫、亂人之徒（湯、武等）、大丈夫、小丈夫（小人）、善人、虎賁、匹夫、匹婦、處士、媒妁、庶人、野人、奴、女樂、門人、小子（弟子）、童子。

3）名字類。如堯、舜、紂、張（子張）、子路、子產、公山弗優、陳文子、孟軻、季氏。

4）親屬稱謂、擬親屬稱謂。如父兄、父母、妻子（妻）、寡妻、兄弟、孫、子孫、姜婦、妃、先子（先祖）、長子。擬親屬稱謂有弟子、門弟子，都指學生。

5）詈稱。賤丈夫（賤人）、禽獸、南蠻鴃舌之人、愚陋恒民（恒民，庸常之人）

上古漢語還沒有第三人稱代詞，有時用"其"、"厥"代替。

4、混合的稱謂

基本都是他稱。最多的是姓名＋子：孔子、微子、孟季子。其他如庖丁（廚師名叫丁的）、弈秋（弈者名叫秋的）、后稷（天子稷）、管氏、王子比干。

三、四經典稱謂語的特點

（一）尊崇先聖和權威

表現在1）先王先聖的稱呼極多（因儒家主張"法先王"，故先王都指聖王，不含桀紂類）。不到6.7萬字的《論語》和《孟子》，堯、舜、禹、商湯王、周文王和周武王的名稱共出現317次，太王（古公亶父）、周公、伯夷、叔齊、伊尹、柳下惠共85次。出現次數不到5次的公劉、武丁等還不算。上面402次裏面提到的前代聖王7位，王子3位，其他人2位（伊尹是奴隸而爲商王佐官，柳下惠是士）。這些都是專名。另外類名先王、聖人（聖者）、先聖和聖王共60次。這些，儒家都是作爲贊頌和效法對象提到。2）其他的君王稱謂亦多。"天子"59次。春秋戰國時期的侯國君王專名齊桓公、齊景公、（魯）哀公、衛靈公、繆公、滕文公、梁惠王等，共出現

109

100次左右，均他稱。《孟子》中對君王的面稱就有160次。因爲儒家總是仰望君王賜給官做，沒有官做就惶惶如喪家之犬。

《論》《孟》的各種官名也非常多。行政權威對沒有獨立思想的人吸引力最大。祖先其實也是權威，由此可見權威對儒家精神的無上的統治力量。

儒家的聖人和先王，道家多貶斥，也有毀譽摻雜的，而"古之人"四經典出現27次，儒道兩家都以之爲好的標的。老莊貌似不崇拜權威，其實是不喜歡儒家心中的權威而已，詳見第三章第八節"語言表達特色與《理想國》比較"之四。

（二）等級複雜而嚴密

第一人稱代詞，基本是有身分的人使用。最常見的第一人稱代詞"吾"和"我"在《論語》中共159例，主要是孔子自稱，少數是君王和其他有身分的人自稱，只有12例出自孔子的學生之口。臣子對君王不能自稱"我"，必須稱"臣"表示俯伏。"臣"本是奴隸之稱，如甲骨文中的"多臣"。大臣名義上是幫助君王進行統治的，實際上在家長獨裁制下，他們是看君王臉色受君王支使的高級奴隸罷了。第二人稱代詞使用更少。《論》《孟》稱對方爾、汝（女）、若總共才66次，僅及孟子面稱稱"王"和"君"160次的41%。不同的官爵類他稱《論語》《孟子》近100個，其中對天子諸侯的稱謂約占一半。在高等級者面前他稱低等級的人，可直呼其名，如樂正子得知魯平公放棄見孟子了，問："君奚爲不見孟軻也？"遠古的帝王可以稱名，如禹，這是"蠻荒時代"的樸素。但是對"文明時代"有官爵的人即使用他稱，一般也稱官爵，如周

公、冢宰、先王。學生稱老師是“夫子”，老師俯稱學生爲
“小子”，孟子對樂正子傲稱“長者”。

（三）卑己尊人

　　自稱其名表示謙卑，有時老師對學生也自稱其名。名是
出生時父母取的，以大呼小的，所以引申出自謙義。《論語·
述而》：“二三子以我爲隱乎？吾無隱乎爾。吾無行而不與
二三子者，是丘也。”（譯：諸位以爲我有什麼隱瞞嗎？我沒
有什麼隱瞞的。我的行爲都向你們公開，這就是我孔丘。）字
是成年後自己取的，稱人之字有尊重對方的意思。古代君王
自稱“寡人”、“予一人”、“孤”之類，古注說寡是寡德
之人的意思，孤是有凶事時稱，一人是人中一員之稱。其實
諸說牽強附會。“寡德之人”根據語法是不能減縮成“寡人”
的。寡人、孤、一人都是孤家寡人的意思，當是言自己勢單力
薄，卑其權勢而已。面稱對方爲“子”是表示尊重，也含自
謙的意思。“子”是一個使用廣泛的尊稱，《孟子》用於面稱
的“子”有70次（楊伯峻）。不僅同輩和地位相近的人互相稱
“子”，老師對學生也可稱“二三子”（你們幾位）。

　　卑己尊人，人們都說是中華民族美德的體現。可是，自貶
真是美德嗎？尤其是在權勢者面前自稱臣、小人，在丈夫面前
自貶爲“小童”、“妾”（實爲妻），對太后稱自己的兒子爲
“賤息”（《左傳》）之類。這種自貶從秦以後到近代變本加
厲，自稱“牛馬走”、“賤子”、“賤妾”、“奴才”……。
同時，對官員的尊稱也不怕肉麻，先秦已有“大人”，後來又
有“老爺”、“千歲”、“萬歲”、“聖上”、“聖上慈祥”

等。諸如此類堪稱世界一絕，穩奪禮儀之冠。究其原因，其實是中國人性格怯懦勢利，懼上、懼眾、怕事如怕虎。爲了保護自己和邀賞，本能地討好權勢者，退縮，於是產生了許多過分自卑和敬畏的稱謂。它實際上是甲蟲的鞘翅，掩護著柔弱的內翅。自貶的言語算不上什麼美德，阿諛的稱呼更是可鄙，不利於說話人和聽話人雙方獲得正常的人格意識。

（四）親屬稱謂多並與孝悌有關

四經典和《理想國》都有不少親屬稱謂，但數量和內容差別很大。我們只提出主要的來分析。四經典 "父" 169，"母" 87（其中 "父母" 59），兄（昆）70，弟48（通悌的不算），總374次。英文《理想國》father（含grandfather） 63，mother 25，brother 17，共105次。四經典的數量是《理想國》的3.56倍。不但多得多，而且內容大部分與孝悌的私宜道德有關，一個 "事父" 就出現了7次。《理想國》的少，而且基本都與道德無關。例如克法洛斯說自己掙錢 "介於祖父和父親之間"。希臘人講求平等互愛，無孝悌規範，但蘇格拉底要求年輕人尊敬父輩。兄弟的稱呼只有一個詞，沒有長幼之分。

四、中希對異見者的稱謂與態度

這裏特別提出中希對於異見者的態度來對比分析。

對異見者的稱呼，蘇格拉底跟對贊同者的稱呼一樣。在討論到許多人認爲不正義的生活更有利時，蘇格拉底對格勞孔說： "那麼，我們是不是要和藹地說服我們的論敵？因爲他不是故意要犯錯誤呀。我們要用這樣的話來問他： '我的好朋友……' ” （let us therefore try to win him over mildly（for his error is involuntary）, and let us put this question to him: My good friend……紙九317）。對爭強好勝的色拉敘馬霍斯，蘇稱其名或 “我的朋友” 、 “我的好朋友” 、 “親愛的朋友” ，數次是 “高明的朋友” （my excellent friend）。色拉敘馬霍斯性格專制，並不稱蘇格拉底爲朋友，只稱其名字或 “頭腦簡單的蘇格拉底” 。

　　蘇格拉底問，不正義會制造仇恨，是不是？已有幾個回合不利的色氏回答： “姑且這麼說吧！我不願意跟你爲難。” 蘇氏聞言即道： “不勝感激之至！” （郭一38）。當色拉敘馬霍斯終於承認正義的生活比不正義有利時，蘇說： “我得感謝你，因爲你已經不再發火不再使我難堪了。” （For which I am indebted to you, I said, now that you have grown gentle towards me and have left off scolding.電一）。蘇格拉底認爲，詩歌因爲缺少真實性要被逐出 “理想國” 。但是如果詩歌的擁護者申辯詩歌不僅令人愉快，而且是有益的， “我們也要善意地傾聽他們的辯護” （we will listen in a kindly spirit；電十），以便獲得知識。

　　四經典對於學人包括異見者都面稱 “子” ，表示禮貌，他稱異見者有時也直稱其名。如孟子稱楊朱、墨翟或稱楊子、墨子，莊子稱惠施亦然。中國傳統本來就很少對人道謝，[16] 更不會對美言和論敵道謝。他們稱呼論敵或有一定禮貌，態度往往不客氣。《孟子・滕文公上》孟子指責陳相轉學農家許行之學： “子倍〔背〕子之師而學之，亦異於曾子矣。” 他貶損

16、參見李海霞《 “謝” 的道謝義的性質和發展》，《西南大學學報》，2009，第2期

許行是"南蠻鴃舌之人",毫不顧忌地攻擊和歧視。江湖大盜柳下跖面斥孔子,蔑稱其名"丘",表現了強人的威怒。孟子則指責墨翟不懂得偏愛尊長,"是禽獸",楊墨之道"是邪說誣民"。儒家唯不貶斥老莊,孔子還稱讚老聃:"夫子德配天地"(《莊子・田子方》)。這句話不管是真是假,孔子確有一些看好退縮的言論。莊子則貶斥儒家、墨家、名家和本家的楊朱。莊子雖稱無爲,卻斬釘截鐵要"鉗楊、墨之口"(《胠篋》)。這些侮稱和家長作風,在《理想國》裏沒有,連霸道的色拉敘馬霍斯也相形見絀,規矩多了。

《理想國》在稱謂中體現出來的仁愛,從對待論敵的態度上已可見並非說得好聽。希臘哲人性情勇敢直率,並無粉飾的習慣。我們還可以用其他證據來說明其仁愛。希臘人發明了民主平等的制度,雖然它還很幼稚,這來自愛。蘇格拉底提倡"全國公民在戰爭中互不拋棄,彼此以兄弟、父輩、兒子相待"(郭五212),他自己在戰場上就冒死救出負傷的戰友,並在撤退時勇敢斷後。歷史上西方審判人包括異見者,是允許公開抗辯的,不是不由分說地關押處死。希臘之埃癸那島人要殺敵國來的柏拉圖,乃是"愛國",根據野蠻人的邏輯,殺了就是,他們卻沒有省略公開審判。參見第三節・二。

中國人的稱呼多繁瑣的褊狹的禮節,反映了愛的缺乏。人性決定道德文化。爲我和奉上來自動物性而且比一般動物更"高級"。道家的楊朱"拔一毛而利天下不爲也",老子和莊子也冷酷地拋棄親朋。儒家聖人很"仁義",但以偏心強勢爲正確,缺乏公心,反對兼愛,更不要"摩頂放踵"利天下。中國傳統對於失去反抗能力的人肆意折磨虐殺,想不到什麼人道和公道。因爲絕大多數的案件都和權貴利益/意志有關，通常對被指控者不審而判，審也就是酷刑伺候逼口供，而不許公開抗辯。更多的權貴殺人害人事件與法律無關，權貴愛怎麼辦就怎麼辦，例如齊國屠殺優伶事件。這樣的文化太精深，它在中國當代政治迫害中得到無限發揚光大。蘇格拉底不贊成神化荷馬史詩的教育和指導作用，但說，"你必須友愛地對待說這種話的人。因爲他們的認識水平就這麼高。"（it will be your duty to greet them affectionately as excellent men to the best of their ability.紙十 338）。

慈愛使人心寬廣，故對異議者寬容、尊重，對不同意見願意傾聽。蘇格拉底十分忌諱小心眼："可別疏忽了任何一點胸襟偏窄的毛病。因爲哲學家在無論神還是人的事情上總是追求完整的，沒有什麼比氣量窄小和哲學家的心靈更相反的了。"（There should be no secret corner of illiberality; nothing can more antagonistic than meanness to a soul which is ever longing after the whole of things both divine and human. 電六）。他注意自己是否會傷害別人。他說有一種人專注於聲色之美等等，而想不到美本身（本質）。告訴他們這個，"我們會做錯什麼嗎，如果我們稱他們爲愛意見者，而不稱他們爲愛智者，我們不會太冒犯他們吧？（Shall we commit any fault then, if we call these people ······lovers of opinion rather than lovers of wisdom.And will they be very much offended with us for telling them so? 紙五187）。格勞孔認真地回答：他們如果相信我的勸告，是不會生氣的，因爲對真理生氣是不對的。

第二節 《理想國》的"真"
及其與四經典的比較

　　從本節起我們選取6個重要的高頻詞來討論：真；正義；智慧；勇敢；節制；理性。其中真、智慧和理性主要屬於知性範疇，正義各占一半吧，勇敢和節制主要屬於道德範疇。低頻詞的差別偶然性大，易造成誤導，不特別分析。

一、《理想國》的"真"

　　true（真的，含4次untrue不真實的），502次。truth（真實，真理），131次，共633次。real（真）、reality（真實），really（真正地），共107次。genuine（真的）、very（真正的），各數次。用"真"來統括它們，將近750次，是重要詞裏面頻率最高的。

　　什麼是真？蘇格拉底說："一個人取得了符合客觀事實的意見，難道不是擁有了真理嗎？"（do you not think that a man is in possession of the truth when his opinions represent things as they are? 紙三104）。蘇格拉底承認畫家據以描繪的東西是絕對真實的。但是，蘇並不停留在這個層次上。他認爲具體可感的"真"不及純粹的"真"，純粹的真"僅能被理性和思考所把握，用眼睛是看不見的"。（which are verily apprehensible by reason and thought, but not by sight.紙七244）。這是存在的本質。所以，求真並不容易。"真正熱愛知識的人總是追求客觀實在，這是他的天性，他不會停留在意見所能達到的多樣的個別事物表面，他會繼續追求，愛的鋒芒不會變鈍，愛的熱情不會降低。直到他達到了每一事物的真實本質……他才有了知識，才真實地活著成長著。"（the true lover of knowledge is always striving after being - that is his nature; he will not rest in the multiplicity of individuals which is an appearance only, but will go on - the keen edge will not be blunted, nor the force of his desire abate until he have - the attained the knowledge of the true nature of every essence…he will have knowledge and will live and grow truly電六）。意見，是《理想國》認爲介於明的知識和暗的無知之間的一種認識。

　　只有求真才可以脫離動物性的功利至上，這是人類獨有的長處。從上面的話我們可以看出《理想國》對真的尊重和執著，它深刻地揭示了求真和熱愛知識之間的關係。蘇格拉底說："我們應該高度評價真。"（truth should be highly valued; 電三）古希臘人崇敬詩人荷馬。即使是荷馬，蘇格拉底也常常批評，"我們一定不能把對個人的尊敬看得高於真理"。（it would be wrong to honour a man at the expense of truth.紙十323）。

　　從《理想國》等古希臘著作裏，看不到對當國者和祖先的崇拜，也看不到對他們的畏懼，他們沒有特殊的地位，遠不如荷馬和英勇的戰士受人尊敬。

　　求真是人獲得智慧和美德的根本。《理想國》指出，要成爲一個"美而善的人"，"真理是他用最大的熱情去追求的東西。"（truth，which he was bound to pursue with the most absolute devotion.紙六196）。真正的哲學家是"眼睛盯著真理的人"。（格勞孔：Whom do you call genuine philosophers? 蘇：Those who love to see truth.紙五181）。《蘇格拉底的申辯》爲我們提供了具體的證明。蘇格拉底被誣陷蠱惑青年，他在法庭上堅持真之追求："我絲毫不顯得善辯，除非他們以說真話爲善辯。他們若是以說真話爲善辯，我還自認爲是演說家。……我說的句句是真。" "獻辭者的本份在於說實話。" [17] 這跟孟子以衛護先聖之道對 "善辯" 所作的辯解形成鮮明對照。由於蘇格拉底冤死於多數人暴政，柏拉圖對民主制很失望，對僭主制、寡頭制等均厭惡，於是提出培養優秀公民爲王，或以哲學家爲王。因爲他們最是愛智慧而不愛權力。

智慧是對客觀事物的認識能力，所以《理想國》說它是 "真" 的姐妹， "假" 的敵人。蘇格拉底說，哲學家、愛智者 "永遠不會苟同於一個 '假' 字，他們憎惡假，愛真。" （a determination never to admit falsehood in any shape, If it can be helped, but to abhor it, and love the truth.紙六190）。又說，真實和智慧聯繫最緊密，同一天性能夠既愛智慧又愛假嗎？（蘇：Can you find any thing allied to wisdom more closely than truth? 格：Certainly not.蘇：And it is possible for the same nature to love wisdom, and at the same time love falsehood? 格：Unquestionably it is not.紙六191）。他很敏銳，只有聖潔的心靈才有這樣的悟性。

無知，被看作 "無意的虛假"。自然，無知者滿腦袋都是經不起檢驗的庸見。蘇氏說，跛足的靈魂會憤怒於別人有意的虛假， "卻恬靜地接受無意的虛假，當他暴露出缺乏知識時並不著急，若無其事地對待自己的無知，像一只豬在泥水中打滾一樣。" （calmly accepts involuntary falsehood, and instead of

---

17、[希]柏拉圖《游敘弗倫·蘇格拉底的申辯·克力同》，嚴群譯，商務印書館，2003，P.51

being distressed when its lack of knowledge is detected, is fain to wallow in ignorance with the complacency of a brutal hog? 紙七251）。

《理想國》非常注意辨別真和假，經常說 "真正的……"，漢譯本 "真正" 達113處。書中真假對舉約有十幾處。蘇格拉底打比方說，一個真正的醫生，是治病救人的，而不是賺錢的（蘇：as being strictly a physician……a maker of money or a healer of the sick? Take care you speak of the genuine physician.色：A healer of the sick.紙一18）舵手是照顧水手們的利益的。所以， "一個真正的治國者追求的不是他自己的利益，而是老百姓的利益。" （it is not the nature of the genuine ruler to look to his own interest, but to that of the subject.紙一26）。他認爲真正的富有，是智慧和美德的富有（who are really rich not in gold，but in a wise and virtuous life.紙七232），這種人才能當治理者。僭主（亦譯暴君，是未經合法選舉上台的）從來沒有體驗過真正的自由和友誼（the tyrant never tastes of true freedom or friendship.電九）， "真正的僭主實在是巴結惡棍的最卑劣的奴隸。" （a very tyrant is in real truth a very slave in the most abject and intense shape, and a flatter of the most vicious.紙九304）。他還指出， "關於節制、勇敢、寬宏大量以及所有各種美德，我們也必須一樣警惕地注意假的和真的。因爲，如果個人或國家缺乏這種辯別真假所必需的知識，他就會無意中錯用一個跛子或假好人做他個人的朋友或國家的統治者。" （紙七251）。《理想國》憎惡虛假，說虛假專橫的理論和意見讓人回復到傲慢、縱欲、奢侈和無恥（fals and presumptuous theories and opins……to restore insolence, and disorder, and licentiousness and shamelessness,紙八279~280）。蘇格拉

底認爲一個人說假話應該受到懲處。例外是爲著被治理者的利益可以＂偶然使用假話＂。他說了一個流傳的＂荒唐＂故事：老天在鑄造人的時候，分別加了金、銀、銅、鐵。他說我們要選的治理者是金種，戰死的勇士也應肯定爲名門金種。但各個種的後代是可以交叉的。這種＂假話＂表示了對出身的一定關注，而更看重個人的表現。

蘇格拉底道，如實說出自己的看法，＂我怕的不是人家嘲笑，那是小孩子氣；我怕的是迷失真理。……在我看來，失手殺人其罪尚小，混淆美醜、善惡、正義與不正義，欺世惑眾，其罪大矣。＂（makes me afraid, not of being laughed at--that would be childish—but lest I should miss my footing upon the truth, and falling ……I verily believe it is a more venial offence to be the involuntary cause of death to a man than to deceive him concerning noble and good and just institutions紙五149）。他的人格已達到世界罕見的獨立，要求自己的標準就很高了，不怕人家那些與真實無關的議論。由於追求的高尚，＂一個專心致志於真實存在的人的確無暇關注瑣碎人事，或者充滿敵意和妒忌與人爭吵不休的＂（his thoughts truly set on the things that really exist, can not even spare time to look dowm upon the occupations of men , and by disputing with them, catch the infection of malice and hostility紙六208）。《理想國》對真假和有關品性的辨析，將人性看得很透。

因爲認識應達到本質的真，對於真的追求，《理想國》非常強調思辨，＂辯證法家是獲得一切事物的本質觀念的人＂（the dialectician as one who attains a conception of the essence of each thing.電七）。此＂辯證法＂指純邏輯純概念的思辨。只有辯證法能讓人看到真實存在（（reality）the power of dialectic alone can reveal this.電七）。這些看法否定了根據感覺和願望下判斷的習慣，以告別淺薄的原始階段。可它卻輕視實證，這是美中不足。後來的西方科學把思辨和實證並重，科學研究因此發生飛躍。

　　《理想國》反映了希臘哲人強烈的求知欲。求真高於活命，這是科學發展最偉大的動力。英國哲學家羅素說："（哲學二元論）最根本的問題就在於對真與假的區別。在希臘人的哲學思想中，和真與假密切相關的是善與惡、和諧與衝突二元論。"[18]"理論"一詞在希臘語中最初是"觀光"的意思，"長盛不衰的好奇心以及熱烈而不帶偏見的探索，使古希臘人在歷史上獲得了獨一無二的地位。"[19]追求知識並非中國人曾一致指責的重智不重德，真假與善惡、和諧與否等確有天然的聯繫，不能認知真假，其他的就談不上認知了，如何能追求光明以擺脫野蠻愚昧？蘇格拉底認為："善的本質是最重要的知識問題。"（the essential form of the good is the highest object of science.紙六214），關於正義等等的知識從它演繹出來的才有益。

　　《理想國》要求認識一個人必須無情地剝去假象。在討論理想的正義者時，格勞孔一定要"一個不是看上去好，而是真正好的人"。"讓我們按照理論樹立一個正義者的形象：樸素正直……讓他不做壞事而有大逆不道之名，這樣正義本身才可以受到考驗。雖然國人皆曰可殺，他仍正義凜然，鞠躬殉道，

18、［英］羅素《西方的智慧》，亞北譯，中央編譯出版社，2007，P9
19、［英］羅素《西方的智慧》，亞北譯，中央編譯出版社，2007，P8

死而後已；他甘冒天下之大不韙，堅持正義，終生不渝。"
（郭二49）這樣的人並不止是一個理論上的正義者，亦是實際
中蘇格拉底、柏拉圖鐵骨錚錚人格的寫照，後人看起來像是對
蘇氏的讖語。

二、《理想國》的 "真" 與四經典的 "真" 比較

四經典並不探究各種客觀事物的真實存在，更不可能把非
感官所能感知的本質的真從現象的真中分離出來，作爲自己探
究的目標。他們不擔心自相矛盾，更不擔心自己說的話不符合
真實，只擔心話語對自己和自己認同的觀念不利。所以他們不
免表現出對真相的懼怕。孔孟不分辨仁義的真假，老莊揭露儒
家仁義的虛偽，卻絕對不想知道什麼是真正的仁義，反而用真
假混淆、拋棄真實的態度來玩 "超脫"，這是典型的蘇格拉底
所指責的愛假。

道家力倡爲人無知，儒道兩家都主張愚民政策。《莊子・
馬蹄》："惡乎（哪裏）知君子小人哉！同乎無知，其德不
離；同乎無欲，是謂素樸。素樸而民性得矣。" 此 "素樸" 乃
是指人民不爭取自己應有的權利。孔子說："民可使由之，不
可使知之。"（《論語・泰伯》）。（譯：可以讓人民沿著領導
者指引的道路走，不可以讓他們知道爲什麼）（這句的意思淺
顯明白，其他委曲牽強的譯釋不取）。這樣百姓就會乖乖地做
奴隸。如果假的東西被一個個捅破，那麼金玉其外、敗絮其中
的飯桶無賴怎麼維持下去？

《理想國》沒有愚民政策。相反，民主鼎盛期的雅典

街上到處有一堆堆的人在那裏演講論難。蘇格拉底希望大眾能夠 "經常聽到對真實進行艱苦探索的嚴肅自由的討論，討論的目的就是想盡一切辦法獲得知識"（listened often enough to discussions of an elevated and liberal tone confined to the strenuous investigation of truth by all possible means, simply for the sake of knowing it.紙六207）。這是因爲，他們已經超脫了權力私有的動物階段。民主權力是民享的，領導者是爲全國公民服務的。真正搞事業，上下的智慧至關重要，所以必須實行智民政策。動腦筋在古希臘哲人看來是最愉快的事，蘇格拉底說，整個心靈受愛智部分引導的王者，享受著最善和最真的快樂，其快樂比僭主多729倍。

　　四經典的真僞觀，參見第一章第三節 "邏輯認知詞場"。國內有個 "不和諧" 的聲音說孔孟老莊不是哲學家，如果把哲學理解爲愛智之學，則筆者至少同意老莊不是。

第三節　《理想國》的 "正義" 及其與四經典的比較

一、《理想國》的 "正義"

　　蘇格拉底理想的國家有四大要素：智慧、勇敢、節制和正義。（our state……it is wise and brave and temperate and just.紙四122）。雖然正義最先提出，但因爲把握正義的概念非常困難，在討論了前3項以後才討論的正義。

just（正義的，公正的），頻率非常高，單用和作爲詞根使用，共出現618次（不相干的用法69次已除）。包括justice（正義），injustice（不正義），unjust（不正義的），justly（公正地），unjustly（不正義地）。fair和fairly 用於公正、公正地共15次。正義是貫穿《理想國》全書的核心概念。

蘇格拉底先與大家取得一致，"正義是美德和智慧，不正義是邪惡和無知"（justice was virtue and wisdom, and injustice vice and ignorance.電一）。持相反看法的色氏辯不過他，終於勉強同意。然後開始討論。正義的含義，西蒙尼德等人認爲是"有話實說，有債照還"，玻勒馬霍斯又解釋道，不能在替人代管武器而原主精神失常的情況下把武器還給他，應該是朋友之間與人爲善，不與人爲惡。蘇格拉底說自己不知道什麼是正義，但不能僅僅這樣下定義。

這時色拉敍馬霍斯插進來，氣勢洶洶地說："正義不是別的，就是強者的利益。"（justice is nothing else than the interest of the stronger.電一）"對臣民來說，服從他們（強者）就是正義"（for subjects to obey them is justice.電一）。色氏的斷言與東方專制主義是單卵雙胎。蘇格拉底指出"你也得有公認的公正，而不是爲著強勢的利益的"，並對其"理論"用歸謬法進行窮追，最終色氏只好放棄了自己的意見。蘇格拉底一步步探尋"正義"："我們的目標……不是爲了某個階級的單獨的幸福，而是爲了全體公民的最大幸福；因爲我們認爲在這樣一個城邦裏最有可能找到正義"（our object……is not to make any one class preeminently happy, but to make the whole state as happy as it can be made. For we thought that in such a state we should be most likely to discover justice.紙四113）。做自己的事，不越俎代庖，如一個人兼做軍人和立法者；正義和別的美德一起促進城邦的善；治理者判案，是爲了人們既不侵奪別人的東西，也不讓人占有自己的東西。那麼，正義的定義就可以同意爲："擁有自己的東西，做自己的事"（to have and do what belongs to us and is our own,is justice.紙四130）。這是財產和職責上的公平。它有對個人財產和自主權的尊重，又有對權力的限制。它不再像人類大多數社群那樣區別對待權勢者和平民，不管那些語言是否有"正義"這個詞。在"幹自己的份內事而不干涉別人份內事"中甚至包括了兒童、婦女和奴隸，這實際上含有對專制權力的否定，只是還不大明確。人類第一次比較清楚合理地界定了"正義"，這是偉大的一步。但是，它包括不了政治制度的公正，分配制度不公則"自己的東西"有模糊性。而其"全體公民的最大幸福"大大超越了東方專制的君王中心觀，是當時人類想象得到的最大範圍的幸福，並且含有平等觀念。"正義"定義的受限，主要是那時的自由民眼光還不夠寬，自由的制度在人類還是初創。另外，《理想國》執著於定義必須由討論者包括色氏這種人公認。其實定義未必是公認的，卻應該是公正的，必須接受公眾的檢驗和批評。

　　《理想國》還提出了一些具體的"正義"碎片，可作爲定義的補充：一個正義的人不能傷害別人，年齡相當的人之間自衛是正義的；希臘人之間，把戰敗者降爲奴隸是不正義的。兄弟之愛挑戰了哲學家讚同的奴隸制觀念。人與人之間的平等是由近處開始的。他主張在民族內部不分主奴，不燒房子不蹂躪土地。他沒有包括外族是他的局限，在當時的世界卻是最先進的了。他又認爲，女人在20——40歲以外，男人約25——55歲以外生子給國家是不正義的。他很強調優生，略似斯巴達人。他的極端主張是讓"最好的"男女儘量多結合，不長養"最壞者"的子女。如此的優生政策，似乎就是《理想國》的想象而已，羅素說要考慮某種程度的反諷因素，也許是的，蘇格拉底到底忠於民主。思想家有時會有一些超出常規的設想，未必打算實行。馬克思主張無產階級專政，他和恩格斯都沒有去實踐。柏拉圖參與敘拉古政治時，沒有試圖實驗這些模式。歐洲人還是選擇了生殖平權。柏拉圖的學生亞里士多德在他的《政治學》裏把"正義"解釋得更清楚：正義是避免通過奪去別人的所有，或拒絕給他應得的尊敬與償付、不遵守對他的承諾爲自己謀利。簡言之不能通過邪惡的手段爲自己謀利或傷害人。這個定義已經使內心陰暗的大人先生們退避不迭了，不過還有待進展。

阿德曼托斯抱怨不曾有人指出："正義是靈魂最大的善，不正義是靈魂最大的惡。"郭譯本譯"正義是最大的美德"（all the things of a man's soul which he has within him, justice is the greatest good, and injustice the greatest evil.電二），則他是第一個提到這個高度來認識的。

蘇格拉底指出，"不正義在人與人之間滋長分裂、仇恨和爭鬥，正義創造和諧友好"（injustice breeds divisions and animosities and broils between man and man, while justice creates unanimity and friendship.紙一31）。不正義的人"互相爲敵又與正義者爲敵"（be enemies each to the other, and both to the just.紙一32）。"正義的人不求勝過同類，只求勝過異類；不正義的人同類異類都想勝過。"（the just man goes not beyond his like, but his unlike; the unjust man goes beyond both his like and his unlike.紙一28），“使自己得益最多”。所以，“正義的人又聰明又好，不正義的人又笨又壞。”（the just man is wise and good, and the unjust man is ignorant and bad.紙一30）。他深刻地分析了正義者和不正義者的德性，而且已經注意到正義、聰明和好共存於一身，不義、愚蠢和壞共存於一身的性格相關現象。

對待正義，蘇格拉底最爲尊崇。認爲真正的哲學家（這裏指哲學家王）把正義視爲最重要的事（the true philosophers------regarding justice as the highest and most binding of all obligations紙七257）。在榮譽財富和權力面前難有超脫者，但他立場鮮明：“不能讓榮譽、財富、權力甚或詩歌誘使我們忽視正義和一切美德。”（it is wrong to be heedless of justice and the rest of virtue, under the excitement of honour, or wealth, or power, or even of poetry.紙十340）（《理想國》對傾向感性的詩歌有一定偏見）。他無畏地說：“如果正義遭人誹謗……我挺身而出，保衛正義才是上策。”（so long as breath and utterance are left in me. My best plan, therefore, is to succour her in such fashion as I can.紙二49）。蘇格拉底的行爲證實了他的言論，他堅持正義舍生忘死，義勇首先是要求自己的。一次寡頭們命令他去非法逮捕他們的政敵，蘇氏寧死不從。柏拉圖稱讚：“我敢肯定蘇格拉底是當代最正直的人啊！”蘇格拉底生活在雅典民主制的衰落期。他被誣瀆神和蠱惑青年，判處死刑，他在法庭上慷慨陳辭，自己“必須爲法律、爲公道而冒一切險”，[20]絕不附和不義。友人們要幫助他逃監，他認爲逃監是“以惡還

20、[希] 柏拉圖《游敘弗倫·蘇格拉底的申辯·克力同》，嚴群譯，商務印書館，2003，P69

惡"，坦然赴死。

二、《理想國》的 "正義" 同四經典比較

四經典沒有同 "正義" 真正相當的概念。最接近的是 "義" 和 "公"，"義" 不包含平等。君使臣、臣事君的關係叫 "君臣之義"，弟弟服從哥哥是 "義之實"。"公" 指公正，四經典中 "公" 表示公正義出現僅5次，全部舉出：

《論語‧堯曰》："敏則有功，公則說〔悅〕。"《老子》16章："容乃公，公乃全。"（譯：包容才能大公，大公才能周遍）。《莊子‧天地》："拔出（選拔）公忠之屬而無阿私。" 但這個做法是 "順其自然" 的莊子所否定的。《莊子‧天下》："公而不當〔黨〕，易而無私。"（黨，偏袒。易，平易。）這是介紹田駢等人的言行，他們被列爲尚未知 "道" 的人。

儒家二典 "公" 僅1例。孔子知道君王公正則臣民愉快，但是臣民是否愉快在儒家眼中並不重要，很少想到它。儒家真感興趣的是尊卑有序的 "爲國以禮"。道家鄙棄一切道德，本是死也不會求公正的，莊子並不隱諱。老子卻扮好人，把 "公" 作爲包容的結果來肯定，其實正與不作爲相合。公正是應該包含平等的，沒有包含平等的話公正就懸空了。而儒家是主奴制的代表，道家是懦夫的代表，都不會想象強勢可以跟弱勢平等。公正很難在一件事上落實，更不能普遍化。四經典 "公" 的意義不可能比較清晰理性。

中國人不談優秀人物多生孩子，但是帝王官員和有錢人無不把自己當作這等優秀人物。中國傳統其實是一夫多妻制，一

部分男子被剝奪了生育權。

　　至於儒家的"舍生取義"之說，跟其他道義詞語一樣，必須自己做得到才是真的。可是未見孔孟二聖爲了公正或愛而舍命拼搏的事。孟子把士人的"失位"比作諸侯的失國，渴求的是被任用之後的"安富尊榮"，這吃掉了"舍生取義"的勇氣。孟子不得於齊王，退出王宮又舍不得離開齊國，在晝縣住了3夜，等著齊君回心轉意派人來招他。所以當時就有人說他"濡滯"，是想"干澤"，即求取富貴。（《公孫丑下》）。一次齊國鬧饑荒，有人希望孟子再次說服齊君開倉濟民。孟子卻說那好比搏虎，可笑（《盡心下》）。中國人的"上進心"有強烈的依附性。

　　蘇格拉底和柏拉圖都是雅典人。雅典實行古樸的自由人民主制，這是因爲其居民性格具有獨立勇敢公道的大性，在此基礎上又出了優秀的改革家。它的領導人是公民選舉的，重大問題由公民大會討論表決。少年蘇格拉底愛看的悲劇《安提戈涅》裏面就有一句話："只要他（人）看重法令和他憑神起誓要堅持正義，他的城邦便能聳立起來。"[21] 古希臘一些哲學家全力以赴追求真理，不計較個人利害。不但蘇格拉底，有關人士也是這樣。蘇的兩個主要對話者格勞孔和阿德曼托斯都是柏拉圖的哥哥，都是被人稱道的戰功赫赫的勇士，又是堅定不移的正義的尊奉者。他倆對毫無實惠的抽象討論不但不厭避，還窮追不舍。柏拉圖品格理性善良，也數次臨死不懼。他曾赴西西里島的希臘城邦敘拉古，應邀幫

21、轉引自向培風《智慧人格》（蘇格拉底、柏拉圖、亞里士多德），長江文藝出版社，1996，P21

助敘拉古國王學習哲學。可是其王並不真的理性，一天他終於咆哮：“我是請你來制定法律多斂錢財的，不是請你來當慈善演說家的！”並斥罵柏拉圖“像個老糊塗”。柏拉圖針鋒相對地指責國王魚肉臣民，“像個暴君”。國王氣得下令斬了他，經大臣們努力勸說而救下。可是國王又買通斯巴達使者，讓他們在回國途中把柏拉圖幹掉。使者未下手而把柏拉圖交給了雅典的宿敵埃癸那島的人。埃癸那人早宣布要處死一切上島的雅典人，他們公審柏拉圖，柏拉圖站在審判台上，一言不發，神情堅毅無畏。他的勇敢感動了埃島人，免他一死，賣爲奴隸。碰巧一友人看到，出錢買救了他。再往前有史上著名的“梭倫改革”，梭倫是柏拉圖的七世祖先，他對雅典的貧富人群都“給以平等的公民權利”[22]：“即使那些有財有勢之人也一樣……我拿著一只大盾保護雙方，不讓任何一方占據優勢。”[23] 這些，必然導致他們正義觀的根本與個人專制的國族相背。

　　中國人始終批評《理想國》的正義等是建立在奴隸制的基礎上的，但這不是我們認識的句號。蘇格拉底贊成奴隸制，固然是對人的權利還缺乏認識，但已不同於以服從強勢爲正義的專制統治者對被統治者的態度。他和格勞孔說：

　　蘇：手工技藝受人賤視，你說這是爲什麼？我們不是只
　　　　有回答說，那是因爲一個人的最善部分天生的虛

22、[希] 第歐根尼・拉爾修編《名哲言行錄》，馬永翔等譯，吉林人民出版社，2003，P41
23、轉引自向培風《智慧人格》（蘇格拉底、柏拉圖、亞里士多德），長江文藝出版社，1996，P26

弱，不能管理控制好內部的許多野獸，而只能爲它
們服務，學習如何去討好它們嗎？

格：看來是這樣。

蘇：因此，我們所以說這種人應當成爲一個最優秀的人
物（也就是說，一個自己內部有神聖管理的人）的
奴隸，其目的不是爲了使他可以得到與一個最優秀
人物相同的管理嗎？我們這樣主張並不是因爲，
我們認爲奴隸應當（像色拉敘馬霍斯看待被統治者
的）接受對自己有害的管理或統治，而是因爲，受神
聖的智慧者的統治對於大家都是比較善的。……爲
的是讓大家可以在同一指導下成爲朋友成爲平等者。

　　蘇格拉底並沒有指斥奴隸賤或"出身不好"。當時雅典已
有一些主人和奴隸看上去平等相處，這是人類奴隸制解凍的早
期信號。詳見後面第六節"仁"等的比較。

　　人類的所有進步思想都有一個起源時期，何況平等自由民
主這些普世價值是人類最難達到的境界。這份正義當然也開始
於涓涓細流。雅典是認識人類權利的先驅國族。民主由本邦自
由男性開始，擴大到本族所有男性和入籍男性，擴大到歐洲、
北美，再是美國黑人，再擴大到婦女，以及亞洲非洲拉丁美
洲。中間還曾回返黑暗專制的中世紀。古希臘自由民之間的公
正豎起了一面文明的大旗，其他族人、奴隸和女性等一切向往
社會公正的人們都陸續奔向這面旗幟。此大旗的不可抵擋的號
召力滅絕了永遠堅持奴役侍奉文化的希望。

第四節 《理想國》 "智慧" "勇敢" 和 "節制" 及其與四經典的比較

一、《理想國》的 "智慧" "勇敢" 和 "節制"

智慧。英譯本wise（聰明的，明智的；加-ly明智地），除去在不相干的詞中的用法，47次。wisdom（智慧）55次。clever（聰明的）9次，intelligent（有智慧的）1次，intelligence（聰明，智慧）15次。共127次。

《理想國》的智慧、聰明既包括個人的，也包括國家的。色拉敘馬霍斯認爲，不正義既聰明又得益，這代表了全世界的庸民惡人觀念。蘇格拉底不同意。有人說正義 "就是傷害他的敵人，幫助他的朋友"，蘇格拉底認爲 "說這話的人不是一個聰明人。……因爲我們已經擺明，傷害任何人無論如何總是不正義的。" （the just man is injury to his enemies and assistance to his friends, the assertion is that of an unwise man……because we have discovered that in no instance is it just to injure anybody.紙一12） 。則他認爲智慧同不正義、傷害人是對立的。

"說理想國是智慧的，因爲它是經過很好的謀劃的。" （The state which we have described is really wise, if I am not mistaken, inasmuch as it is prudent in counsel.紙四123） 。 "很好的謀劃顯然是一種知識……考慮整個國家大事的知識，唯有這種知識才配稱爲智慧。" （prudent in counsel，is evidently a kind of knowledge …not in behalf of anything in the state, but in behalf of the state as a whole

…the knowledge which alone of all kinds of knowledge is properly called wisdom.紙四124），而不是製造銅器或農耕這些局域知識。根據這個理性的看法，如果不是選上來的德智雙高的人，憑原始的家長制，國家是不能有很好的謀劃的。因為政治是人類最大最難的事，《理想國》特別看重政治智慧，但實際上應用“智慧”這個概念並沒有這麼絕對。

《理想國》強調本性的智慧和自律：“智慧和控制管理最好來自自身內部，否則就必須從外部強加。”（we believe it to be better to evey one to be governed by a wise and divine power, which ought if possible to be seated in the man's own heart - the only alternative being to impose it from without…紙九319）。因此在自身內部，理性應當領導整個靈魂。“理性原則既然是智慧的，看顧整個靈魂的，還不應該起領導作用嗎？”（ought not the rational principle, which is wise, and has the care of the whole soul, to rule,電四）。蘇格拉底也把這個叫做自身內的各種品質各司其職。就好像國家選擇最優秀的人來當治理者一樣，一個人的理性部分領導激情和欲望，他就是正義的。

理想國的治理者“哲學家或者愛智者渴求智慧，並且渴求的不是智慧的一部分，而是全部。”（the pholosopher or the lover of wisdom, is one who longs for wisdom not partially,but wholly? 格：true.紙五180）。他們“對任何一門學科都想涉獵一下，不知飽足。”（willing to tast every kind of knowledge, and addresses himself joyfully to his studies with an appetite which never can be satiated 紙五180）。這是泰山壓頂也摧毀不了的求知欲，是人類智慧達到非常高才有的見解。當然那時的學科不很多，只是一些主要

的，現代科學發達了一個人就很難涉獵近百門學科了。

因此愛智者十分看重知識——真正的認識成果。蘇格拉底認真分別知識和意見，認爲意見是介於知識和無知之間的東西，"脫離知識的意見全都是醜的"。蘇格拉底說，當一個人的欲望被引到知識這類事情上去時，人就得到心靈的快樂，不去注意肉體的快樂了，如果他不是一個冒牌的而是一個真正的哲學家的話（He whose desires are drawn towards knowledge in every form will be absorbed in the pleasures of the soul, and will hardly feel bodily pleasure --I mean, if he be a true philosopher and not a sham one 電六）。這和柏拉圖鄙視愛吃完全是一丘之貉，難怪西方雖然各門科學都發達，而飲食文化卻那麼粗陋。

知識當然不是自我感覺，人們通過論證建立知識。蘇格拉底說，一個人如果不能對自己的觀點作出邏輯的論證，他就不能獲得應該具備的知識。古希臘幾何學很發達，這是一門特別需要運用論證來推演的技藝。蘇氏把它安排爲培養護衛者的課業，希望它能把靈魂引向真理。他批評人們把它當實用的東西來學，說科學的真正目的純粹是爲了知識。（they confuse the necessities of geometry with those of daily life; whereas knowledge is the real object of the whole science.電七）。他的境界註定不能被功利主義的人們理解。

勇敢。英譯本brave（勇敢的，包括bravery）14次，courage；courageous；courageously（勇氣；勇敢的；勇敢地）42次，valour（英勇）3次， spirited（英勇的）12次。valiant；valiantly（勇敢的）5次。共達76次。中譯本有83個"勇"。

英譯"勇敢"諸詞，除1例以外都用於褒義或中性語境。

這一例是"impudence courage"（輕率的勇敢）。

《理想國》說，生猛之人富於激情，激情加以適當教育就會產生勇敢，否則就產生野蠻。（this ferocity only comes from spirit, which, if rightly educated, would give courage 電三）。

《理想國》認爲國家的護衛者（治理者及其輔助者）"必須勇敢"，"意氣奮發"，其培養護衛者的方案很注重勇敢精神。"這些兒童和成人應該要自由，應該怕做奴隸，而不應該怕死。"（boys and men whom we require to be freemen, fearing slavery more than death.紙三72）。這種"精神上的能力"的保持，就是勇敢（courage）。這種勇敢的理性和徹底精神，振聾發聵。

"最勇敢、最智慧的心靈最不容易被外界影響所干擾或改變。"（the bravest and the wisest that will be the least disturbed and altered by any influence from without…紙二65）。這是強有力的靈魂的切身體驗。後來有英語熟語形象地說明這個道理："人不是生在馬廏裏就成了馬。"這些給環境決定論帶來巨大尷尬。

蘇格拉底嚴於要求自己。他說："如果正義遭人誹謗，而我一息尚存有口能辯，卻袖手旁觀不上來幫助，這對我來說，恐怕是一種罪惡，是奇恥大辱。"（郭二57）

這些，同孔孟善於避害，老莊更是躲避一切是非高下形成了陰陽兩極端。希臘人十分鄙視怯懦。"奢侈和柔弱受到譴責，不是因爲它們使獅性減少削弱直至它變成懶散和懦弱嗎？"（luxury and softness are blamed, because they relax and weaken this same creature, and make a coward of him? 電九）。"迫使獅子從小就學著忍受各種侮辱，長大了就變成猴子，被譴責獻媚卑鄙。"（And is not a man reproached for flattery and meanness who...habituates him in the days of his youth to be trampled in the mire, and from being a lion to become a monkey? 電九）。對於逃兵或膽怯犯錯的士兵，要 "下放去做工匠或農夫"。英譯本用的動詞是 "degrade"（降級），在尚勇的希臘人眼中，武士的職業聲譽高於工匠和農民。

　　不僅僅是雅典面對波斯和斯巴達的強力威脅，主要是天性勇敢和對勇敢的理性認識，《理想國》把勇敢列爲四大美好品質之一。這不是唱高調，筆者在本章第三節已介紹了蘇格拉底、柏拉圖和蘇氏的兩個年輕對話者都是英勇無畏的實踐者。

　　但是《理想國》的尚勇和人道主義還沒有取得和諧，《理想國》不能容忍當戰俘，認爲誰被敵人活捉了就把誰當禮物送給敵人去。這同現代美國努力設法交換戰俘並善待被交換回國的戰俘還差得遠。

　　節制。英譯本temperate（節制）14次、temperance（節制，自制，名詞）包括intemperance（無節制），42次。self-mastery、self-control、self-restraint（自制）4次，共60次。

　　《理想國》認爲節制是一種秩序或對某種快樂和欲望的控制。（Temperance is ……a kind of order and a mastery, as men say, over certain pleasures and desires.紙四126）。它認爲國家和個人的節制都表現爲一種和諧的關係。"節制就是天性優秀和天性低劣的部分在誰應當統治，誰應當被統治——不管是在國家裏還是在個人身上——這個問題上所表現出來的這種一致性和協調。"（temperance to be the agreement of the naturally superior and inferior, as to the right to rule of either, both in states and individuals.電四）。所以

節制不是簡單的寡欲，更不是避害行為，而是一種理性的內部協調自制。蘇格拉底說："真理的隊伍裏倒是有一個健康的和正義的心，由節制伴隨著。"（郭六238）。"靠理智和真確見解的幫助，由人的思考指導著的簡單而有分寸的欲望，則只能在少數人中見到，只能在那些天分最好且又受過最好教育的人中間見到。"（the simple and moderate desires which follow reason, and are under the guidance of mind and true opinion, are to be found only in a few, and those the best born and best educated.電四）。

不能自制的人必然受自己動物本性的奴役。《理想國》一針見血地指出："越是瞧得起錢財，就越瞧不起美德。"蘇格拉底說，一個國家裏尊重了錢財，尊重了有錢財的人，善德與善人便不受尊重了。受到尊重的，人們就去實踐它，不受尊重的，就不去實踐它。總是這樣的。（when wealth and the wealthy are honored in a state, virtue and the virtuous sink in estimation and what is honored at any time is practiced, and what is dishonored is neglected.紙八267）。貪欲的萬馬狂奔會把人的心肝和國家都蹂躪成污泥漿，不知何為美德，卻標榜那是"發展"或"多元化"，這個真理至今還在某些國家被舉國證明著。

"我們和我們要加以教育的護衛者，要能認識節制、勇敢、大度、慷慨等美德及其與之相反的邪惡。"（until we know the essential forms of temperance and courage and liberality and munificence, and all that are akin to these, and their opposites also紙三91）。真正的哲學家是節制的，沒有一點貪婪。（such a person will be temperate and thoroughly uncovetous 紙六191）。

在第十卷靈魂轉世的故事裏，拈鬮排第一的那個靈魂前生是個平常人，現在他挑選了最大僭主的人生，即相中了人類絕大多數成員所豔羨的價值。柏拉圖認為這是出於"愚蠢和貪婪"（chose the most absolute despotism he could find; but so thoughtless was he and greedy. 紙十353）。

《理想國》說，一般看來，"最重要的自我克制是服從管理者，其次是管理自己飲食男女方面的快感。"（first, that men be obedient to their governors; and secondly, that they be themselves able to govern the pleasures which are gratified in eating, and drinking, and love 紙三75）。這有點傾向於家長制。西方有人說，越是古老的時代，西方政治越接近東方，符合邏輯。"哲學家王"的主張是賢人政治，《理想國》沒有明確提出對權力的監督。後來柏拉圖在希臘的敘拉古推行賢人政治失敗，晚年他的《法律篇》指出，統治者在掌握權力以後也會謀取私人利益，所以他把法律視為"第二位最佳的選擇"。

綜合起來說，正義是"能夠使節制、勇敢、智慧在這個城邦產生，並在它們產生之後一直保護著它們"的品質。和四大品質相對，使心靈惡的東西是不正義、無節制、懦弱和無知（which renders it evil……injustice, intemperance, cowardice and ignorance - produce that result紙十342）。古希臘哲人對這一系列德性都很敏感。書末道："我們將永遠走向上的路，追求正義和智慧。這樣我們才能互相愛，並被神所愛。"（we shall ever hold fast the upward road and devotedly cultivate justice combined with wisdom, in order that we may be loved by one another and by the gods 紙十355）。柏拉圖深刻地洞察到正義、智慧、勇敢和仁愛的內在聯繫，無所畏懼地堅持自己高尚的追求。

二、《理想國》"智慧""勇敢""節制"
　　同四經典的比較

不正義、無節制、懦弱和無知，在多數國家傳統意識中不是敏感的東西，很少有人覺得它們是問題，特別是它們發生在權勢人物或自己身上的時候。在今天的中國，前三者還往往被視爲有力、有錢、聰明的表現；至於無知，根本不是缺點。

重要美德或惡德，各自和特定的品性有緊密的內部聯繫。孔子時有個魯國人，三次上戰場三次當逃兵，稱自己死了就無人贍養老父。孔子稱讚他是孝子，推舉他做了官。要是人人都是這樣的孝子，國家都不要保衛了，官員又何要盡職？要解決的是社會保障問題，但是高捧孝文化的官員如此自私，怎麼會去解決呢？孟子亦是肯定怯懦同時肯定非義。大舜的父親瞽瞍品行惡劣。《盡心上》有人問如果瞽瞍殺了人，舜該怎麼辦。孟子回答："舜視棄天下猶棄敝屣（破鞋）也。竊負而逃，遵海濱而處，終身欣然，樂而忘天下。"公正的君主應該把父親交給司法官處置，自己不掣肘。而孟子撇開了法律正義和擅離職守的思量。這跟他爲周公封劣惡之兄辯護一樣，認定自己和近親的利益高於一切。孔孟的這種選擇，就是一個普通而懦弱的部落民的境界，這就是"懷仁義以事其父"（《告子下》）。中國人吹噓得最厲害的、似乎是世界最高道德的"孝"，暗含對公義、智慧、勇敢和泛愛的排斥。孟子的聖君要逃避正義和職責，也就轉到老莊的處世模式了。忠孝和冷血的道德體系，確實在幾千年的時間裏有效地把多種美德消滅在萌芽狀態。

關於智慧，參見第一章第三節"智慧觀"。

　　關於勇敢。對於他人遭受誹謗欺負，中國人一般視而不見，不會上前維護，更不要說公義被侵犯了，公義與任何人都無關。孟子說同室的人相鬥應去勸解，但是"鄉鄰有鬥者，被髮纓冠而往救之，則惑也；雖閉戶可也。"（《離婁下》。被髮纓冠，未束髮就結上冠帶）。鄉鄰打鬥可能造成嚴重傷殺事件，應予拉開評理，即使兩方都有錯，也可以講清是非勸解之，孟子卻能忍心關起門來不理。所以見義不為在中國是正常的。孔子孟子算是有勇氣的人了。《莊子‧漁父》載子路說孔子："萬乘之主，千乘之君，見夫子未嘗不分庭伉禮，夫子猶有倨傲之容。"這是子路受不了孔子對漁父的卑躬屈膝而說的，道家應有故意誇大，不足為據。孔子是謹守覲見的奴才禮節的，參見第一章第二節"典型的社會性格"之四。不過孔子確有一定威嚴和勇氣，如他利用自己是盜跖兄弟之友的身分，敢到大盜窩子裏去勸說盜跖。孟子則遊說多國君主行仁政，雖然仁政並不受歡迎。他們這樣做已經很難得了。

　　《孟子‧公孫丑上》也有一段談培養自己的勇敢。北宮黝眼睛被扎也不逃避，不能有一毫挫於人，挨了罵一定報復。視刺殺大國之君若刺殺小民。孟施舍則胡亂衝動，比阿Q的精神勝利法還蠢。二人的"勇敢"野蠻而且病態，無關於正直理性。而曾子說他從孔夫子那裏聽到了大勇：自問理不直，對方是卑賤的人我也不去恐嚇他；自問理直，對方就是有千萬人，我也勇敢上前。孟子的評價是，曾子（孔子）的大勇簡約可行。按：孟子沒看到北宮黝和孟施舍無理性的問題。而孔子的"大勇"，第一條根本不是勇，第二條是，很有氣魄。驗其實踐了多少？孔子雖去見了盜跖，而"天下無道"他可是要藏起來的，恐怕除了自己是暴君兄弟之友。孟子稱簡約可行，他可能把自己遊說國君算作此類。總之，要懂得一種美德並非易事，它需要不錯的智慧和實踐能力。

關於懦弱，第一章第二節‧四已論述。

關於節制。四經典無節制、自制之詞。表示制約的"節"有一例，《論語‧學而》篇有子說，和洽要"以禮（規矩）節之"，即不要忽視了等級尊卑。與節制義相近的有"寡欲"和"無欲"，共9次。《老子》第19章："絕聖棄智……少私寡欲。"《孟子‧盡心下》："養心莫善於寡欲。""無欲"均出老莊，包括百姓和統治者的無欲。《莊子‧天地》："古之畜天下者，無欲而天下足，無爲而萬物化。"人餓了要吃，冷了要穿，無欲是不可能的。老莊的"無欲"只是誇張地表達寡欲罷了。爲什麼要寡欲呢？老子說有智慧的下民寡欲了就不敢興爲了，即當局自然維穩。孟子說："其爲人也寡欲，雖有不存焉者，寡矣；其爲人也多欲，雖有存焉者，寡矣。"是說寡欲有利於生存。[24] 他們都是爲了私人的利益。莊子說君主無欲

24、此語接"養心莫善于寡欲。"楊伯峻譯："他的爲人，欲望不多，那善性縱使有所喪失，也不會多；他的爲人，欲望很多，那善性即使有所保存，也是極少的了。"將"存"解作善性的存在，並說"趙岐注以人的生死釋之，大誤"。按：亦有人釋作道義的存在。皆任意增字爲解，乃大誤。本段前後無道德之類提及，善性道義哪來？楊以孟子"人之所以異于禽獸者幾希，庶民去之，君子存之"的"存"來證，可是這句在別處，"存"的是"人異于禽獸的地方"，交代清楚。習慣拿同書同詞相證是很危險的，因爲詞基本都是多義詞。孟子還說了"順天者存，逆天者亡"，楊怎麼不拿這個來證呢？從句法上看，"其爲人也"是指人主語，它連領下面的轉折複句，即"這種人雖有活不下去的，也少"。增字爲解就換了主語，表達絞繞。從內容看，"不存焉者"就是不存在者的意思，解作"有所喪失"而沒喪盡，不合文意。"存"就是常用的生存義，東漢趙岐是對的；孔孟之道的功利性，聖人自己也不避諱，諸先生何必爲尊者粉飾。

則天下自然足，這跟老子的"我無事而民自富"一樣，前後兩項並無因果關係。一定要聯繫起來的話，就是指君主少剝削人民，人民生活好一點，這就是好的"治國"了。

寡欲無欲一方面和節制有關，而另一方面又包含對自己權利和職責的放棄，老莊的還包含吝嗇，許多不健康的東西混爲一體。中國人有仗勢貪占和奢侈炫富的習俗，唯恐自己不得，很少把任性和縱欲視爲問題。能提出寡欲的人不多，能清醒認識寡欲就更難了，吝嗇鬼和窮人的儉嗇說不上美德，何況老莊從未分別節儉和吝嗇。理性的節制觀念還沒有產生。

理性的節制，來自人對自己身分的自覺，即認識到自己已超越一般動物，故要合理控制欲望。《理想國》把"節制"列爲城邦四大美德之一，並特別強調哲學家和要培養的王者的自制，主要原因有二。首先是蘇格拉底柏拉圖本身人格成熟，修養和自制力極好，不做低級欲求的奴隸。柏拉圖的墓志銘道："他以節制和正義的品性聞名於世。"從古希臘至現代西方許多有識之士都很看重節制。理性的人才能解悟自制對於個人成長的意義。其次應是當時的治國者缺少法律監督，柏拉圖不大看重法律，只能寄希望於個人的素質。

第五節　《理想國》的"理性""理智"及其與四經典的比較

一、《理想國》的"理性""理智"

英語rational（理性的），包括rationally（理性地）、irrational（不理性的）17 次，reason（理智，理性，理由；推理、推論），包括reasonable（合理的），reasonableness（名詞合理），unreasonable（不合理的，不講理的），130次。不包括用在 by reason of（因爲）裏面的。sense也有幾例表示理性。

《理想國》說有四種靈魂能力：最高的是理性，第二是理智，第三是信念，最後是對影子的感受（there be four faculties in the soul - reason answering to the highest, understanding to the second, faith to the third, and perception of shadows to the last.電六）。卷七又把第一部分叫做科學。然後把前兩種合稱智力（intellect），後兩種合稱意見（opinion）。

就人的思考和欲望而言，《理想國》把心靈分爲兩部分："一個是人們用以思考推理的，可以稱之爲靈魂的理性部分；另一個是人們用以愛、感覺餓、渴等等物欲之騷動的，可以稱之爲心靈的無理性部分或欲望部分。"（the one with which man reasons, we may call the rational principle of the soul, the other, with which he loves and hungers and thirsts and feels the fluttering of any other desire, may be termed the irrational.電四），並說理性部分應該是心靈的支配者。

143

《理想國》指出，背離了真和善的人會縱容缺乏識別力的無理性的天性（he indulges the irrational nature which has no discernment of greater and less 電十）。善的理念是人要花很大的努力才能最後看到的東西，看到善的理念的人 "無論在公共生活或私人生活中都理性地行動"（act rationally, either in public or private life fixed.電七）。而要真正理解善，就要能理性地抽象和定義善的概念（Until the person is able to abstract and define rationally the idea of good,電七）。即善是離不開理性的指導的。

蘇格拉底說，一個自由人是不應該被迫地進行任何學習的。"強迫學習的知識不能在頭腦裏安家，因此不要強迫小孩學習，而要讓他們在娛樂中學習。"（knowledge which is acquired under compulsion obtains no hold on the mind…do not use compulsion, but let early education be a sort of amusement; 電七）。格勞孔贊同道："這是很理性的看法。"（That is a very rational notion）。西方學者反對非理性的死記硬背，其愉快教育的理論當濫觴於此。

對快樂的看法，愛錢者、愛勝者和愛智者各不相同，而"愛好智慧和理性的人所認爲的快樂才是最真實的快樂。"（pleasures which are approved by the lover of wisdom and reason are the truest.電九）。

蘇格拉底問富裕的克伐洛斯，富裕最大的好處是什麼。年邁的克伐洛斯說："有了錢財他就用不著存心作假或不得已而騙人了。……對於一個理性的人來說，我上面所講的好處才是他最大的好處。"（he has had no occasion to deceive or to defraud others, either intentionally or unintentionally…of the many advantages which wealth has to give, to a man of sense this is in my opinion the greatest.

電一）。蘇格拉底贊同這個看法。這是一種理智的知足，它和貪婪炫富傲人是不相容的。

　　reason 又表示理由和推理等。如："沒有讓我確信的理由。"（I see no reason to affirm.電六）蘇格拉底："我們認爲判斷必須通過推理達到。"而"推理最是哲學家的工具。"（Reason,with whom, as we were saying, the decision ought to rest ......And reasoning is peculiarly his instrument電九）。這些概念都是"理性"系統的成員，不多舉。因英譯本文字比較艱深，有些詞義難以分辨，筆者沒有單獨統計表示"理性"、"理智"的用例。

二、"理性" "理智" 與四經典的比較

　　四經典沒有理性、理智、理由、推理這些概念，當然也不會對理性的或非理性的思想及方法進行追究。至於整個心靈，孔子有性相近習相遠說，孟子有性善論，莊子有真性論無情論，因沒有論證或很少論證，所言混沌膚淺，對心靈的組成部分和複雜功能也沒有區分和探討。莊子的概括還高度褊狹。除了上面說的，《理想國》中與理性直接相關的一些詞項，四經典也沒有，如感知（perceived）、認識（cognizance）、理論（theory）、概念（conception）、定義（define）、判斷（judge；judgment）、論點（point）、本質（essence）、證據（proof；evidence）、論證（demonstrate）、證明（prove）、反駁、證僞（disprove）、結論（conclusion）、辯證法（dialectic）、辯護（defend；plead）、術語（term）、對象（object）、原則（principle）、相矛盾（contradicte）、可能性（possibility）、必然性（necessity）、嚴格的（stricte）、精確

地（exactly）、含糊的（vague）、洞察力（insight）、有判斷力的（judicious）等。四經典對人性的理解遠沒有《理想國》清晰和深廣。這種差異長久而廣泛地存在著，中國早有人發現漢語文學作品裏缺乏心理描寫。焦國標在《缺乏心靈生活是另一種形式的貧困》中說得更清楚："中國傳統文學作品裏幾乎沒有心理描寫……相反，西方文學作品中卻有大段大段甚至成頁成頁關於真理、正義、平等、博愛的心理描寫。"[25] 焦氏對"心靈生活"作了定義："心靈生活是思考真理、正義、平等、博愛的生活。"它不是厚黑低級的心計。因此他說中國人缺乏心靈生活，其言甚是。當今中國人仍舊逃避大是大非，父母基本只關心子女的吃穿和功名，儘管嘮嘮叨叨，對子女心靈和心理健康卻漠不關心。人性研究是倫理學的根本，理性及其相關概念是研究倫理學心理學社會學等科學的根本。當我們對人性認識模糊粗疏、理性及一系列重要概念尚未形成之時，不可能有真正的倫理學。這也說明了中國人自認倫理道德出眾，倫理學發達，甚至是"倫理型文化"，[26]僅僅是自我感覺良好。

25、《黑五類憶舊》網刊，第八期，2010.12
26、周曉光、裘士京主編《中國傳統文化史概論》，安徽大學出版社，2006，P6～7

第六節　"仁"等與《理想國》的比較

一、"仁"與《理想國》比較

蘇格拉底說："一個人如果不能用論證把善者的理念和其他一切事物區分開來並給它作出定義……你就會說他並不真的知道善本身和任何特殊的善者；但是如果他觸及它的大概輪廓，他便對它只有意見而沒有知識，他這一輩子便都是在打瞌睡做迷夢。"（Unless a person can strictly define by a process of thought the essential form of the good, abstracted from everything else……you not assert that he knows neither the essential good nor any other good thing;（that）is the fruit of opinion and not of science;and that he dreams and sleeps away his present life and never wakes 紙七249）。不僅善者的理念，任何觀念都是如此。

四經典道德詞語頻率占首位的是"仁"，386次。而《理想國》被譯成"仁"的只有6詞次（kind、kindly、mercy、beneficence）。許多人把仁說成是中國文化的特色，乃至對人類的偉大貢獻。如黎明："中國古代聖人爲人類創造了一種人類元精神，即仁愛精神……中國聖人的仁愛精神具體落實到孝悌、忠恕精神。"[27] 其他民族不講仁愛嗎？講什麼樣的仁愛？

我們有必要弄清仁愛應有的性質，特別是它與公正的關係。仁愛必須是真愛，不是敬畏奉上，不依賴於回報，不藉助居高臨下的架子去饒恕和施舍，它僅僅是爲了對方的益處（筆

27、黎明《中國人性分析報告》，中國社会科学出版社，2003，P70

者2014年文集《追問人性・愛的含義》有專論）。因此這種仁愛尊重人，這就產生了公正的基本因子。仁愛與公正相輔相長。此仁愛達到一定的廣博和平等，就有了公正的社會觀念、政治制度。一個人像維護自己利益一樣維護其他人的利益，拒絕侵凌多占，這個時候就既仁且公。而公正又是仁愛的保障。它檢驗出仁愛的真偽，它使社會強勢不以欺負弱勢爲高，巧取豪奪成爲罪惡，無權無勢的人得到自己應得的利益。這樣，不分等次和群界的仁愛才會在全社會生長。本書第一章第一節在總結倫理道德觀念的特點時，已指出中國倡"仁"的失敗在於沒有公正。這裏再補充一點，儒家所謂"仁"的標準相當低，不需要對他人付出勞動或錢財進行幫助，更不需要在他人受到欺奪時站出來保護，只要不整人害人，就可以叫做仁了。《孟子・盡心下》："人皆有所不忍，達之於其所忍，仁也。……人能充無欲害人之心，而仁不可勝用也。"（譯：人都有不忍心做的事，將此心擴充到忍心做的事上，就是仁。人如果能將他不想害人之心擴充到更多人身上，仁就用不完了。）孟子這話在兩千多年後的今天，一點不過時，今天在泥水中滾打相踏的人們，仍會把一個態度溫和不整人害人也不助人的人叫做"善良人"，這只是人類"仁慈"的低保線。

《理想國》中，蘇格拉底給出了"一個幸福國家的模型"，它"不是支離破碎地鑄造一個爲了少數人幸福的國家，而是鑄造一個整體的幸福國家。"他比喻說用最美的紫色來畫眼睛是不對的，"我們是不應該這樣來美化眼睛的，否則，眼睛看上去就不像眼睛了。別的器官也如此。我們應該使五官都有其應有的樣子而造成整體美。因此我說：別來硬要我們給護衛者以那種幸福，否則就使他們不成其爲護衛者了。"（郭四132，"那種幸福"指特殊幸福）對於這些管理國家的"護衛者"，他甚至說不能有私產，他們"服務的報酬"只能是工資。工資制分開了治理者私人和公家的財產，使國君擁有全國財產的原始制度成爲不合法。治理者是服務民眾的而不是享受事奉的，這種理念使他們不能占有全國百姓的勞力甚至人身，這就在根本上制止了嚴酷的奴役。蘇格拉底像希臘前賢一樣，明白一個幸福的國家必須公正地"爲了全體公民"，不能護強欺弱。中國古代君王王族吃喝玩樂極盡奢侈的花銷、修建宮殿陵墓長城等徭役，以及由它們產生的大宗賦稅，迫使民眾每戶每年承擔巨大的付出，無數家庭被榨乾或碾碎，無數民工死在徭役中。有一些帝王還要在陵墓建成後把民工匠人殺死在墓穴裏，怕泄密。古希臘和歐洲國家沒有徭役，國王不建自己的陵墓，宮殿小，也沒有長城這樣用處不大的勞民傷財工程。公民不是奴隸，政府不能"使民"，勞動是有報酬的。

　　人們一定會說，古希臘的奴隸完全享受不到仁愛。誠然，奴隸地位低下。古希臘哲人確實有看不起奴隸的言論，亞里士多德："那些能感知道別人的理性而自己沒有理性的人，天生就是奴隸。"說他們應該被奴役。這是因爲理性問題而不是地位問題歧視他們。但是，亞氏同時承認："有些奴隸具有自由人的靈魂。"[28] 一說到洋奴隸，中國人都會想到中學和大學教科書上那個帶著鐵鐐拄著鐵鍬的男奴畫像，以爲所有奴隸的日常生活就是那個樣子。那樣的奴隸是有的，那是一個逃跑被抓

28、[希]亞里士多德《政治學》，顏一、秦典華譯，中國人民大學出版社，北京，2003，均P9

回的奴隸。但是古希臘一般奴隸並不像我們認定的那樣生活。古希臘比較文明，雅典又是其中最文明的一個城邦。雅典法律不允許私人任意傷害和殺死奴隸，奴隸犯了事，須經法庭審判才能定罪；奴隸還有避難權。公元前五世紀僞色諾芬在他的《雅典政制》中說：“在雅典，奴隸和定居外邦人放肆無比；在那裏，你不能打他們，奴隸也不會爲你讓道……我們已經建立起奴隸與自由人之間的平等、定居外邦人和公民之間的平等。”還有人說在雅典，奴隸甚至可以喝酒、求愛、發出晚宴邀請。[29]僞色諾芬等人是全然胡說嗎？蘇格拉底也說民主的城邦太自由了：

> “當前風氣是父親儘量使自己象孩子，甚至怕自己的兒子，而兒子也跟父親平起平坐，既不敬也不怕自己的雙親，似乎這樣一來他才算是一個自由人。此外，外來的依附者也認爲自己和本國公民平等，公民也自認和依附者平等；外國人和本國人彼此也沒有什麼區別。

> “教師害怕學生，迎合學生，學生反而漠視教師和保育員……而老一輩的則順著年輕人，說說笑笑，態度謙和，象年輕人一樣行事，擔心被他們認爲可恨可怕。

> “在這種國家裏自由到了極點。你看買來的男女奴隸與出錢買他們的主人同樣自由，更不用說男人與女人之間有完全平等和自由了。”（郭八340—341）

伪色諾芬和蘇格拉底的話都有誇大和表面化問題。所謂主奴之間的平等，只能是相待的態度的平等而已，實際上政

29、皆見孫艷萍《試析雅典法律對奴隸的保護》，《內蒙古民族大學學報》2010年1月號

治法律權利不可能是平等的。但是，奴隸和主人的關係跟其他
社會關係一樣，畢竟是親人之間關係的延伸。家裏夫妻親子兄
弟之間比較平等和諧，這種關係就會自然浸潤到家庭之外，變
成社會關係。亞里士多德說："當主奴關係自然時，他們是朋
友而且具有共同利益。"[30] 他認爲自然的主奴關係和朋友關係
相同，亞里士多德比他的師祖更開明。古希臘學人確實道出了
我們想象不到的"另類"現象。當代有的國家還有許多自以爲
是公民的臣民，無視本國批評上級與和平維權的自由還基本沒
有，不顧屢見不鮮的無辜被毆打被囚禁的同胞，一說到古希臘
就指責其奴隸制及種種罪惡，別的什麼都看不見，真倒是愛著
本民族的奴隸制的。

　　蘇格拉底的描述，完全符合蘇格拉底和年輕人對話的現
實，他態度一直謙和平等，早已超越原始的爭強好勝和面子
階段。他在評價荷馬史詩時說："我真是一個可笑而又蹩腳
的教師呀！……不能一下子全部講明白了，我只能一點一滴
地講了。"（郭三94）他畏難的時候，阿德曼托斯直說他"偷
懶"，想"溜之大吉"；格勞孔不準他"滑過去"。一次格勞
孔笑道："蘇格拉底啊！就是你在辯論中偶有錯誤，對我們有
害，我們還是釋放你，象在誤殺案中一樣……不算你欺騙了我
們。所以請你放大膽子講下去吧！"（郭五.180等）這些溫馨
有趣的人際關係，用我天朝的話說，就是無父無君無師長，蠻
族德性。不光是主奴關係，蘇氏上段話說到的父子關係、老少
關係、師生關係、外國人和本國人的關係，完全不是一般民族

30、[希]亞里士多德《政治學》，顏一、秦典華譯，中國人民大學出版社，
北京，2003，P12

所能想象的。中國直到清朝，主人虐待、打死買來的丫頭也沒事。從這裏可以看到今天歐美的人權觀念、待人模式和革新的民主制，在上古已有良好的人性準備。

《理想國》沒有高唱仁和仁政，仁愛盡在不言中。不僅對大多數人的保護是仁愛，而且對強勢的約束也是仁愛，因爲不受合理約束的人會朝非人方向滑去。

中國強大無比的奉上文化在政治、法律、經濟、分配、社會和家庭各方面都製造不公。其"仁"還沒達到在兩個至親之間建立平等公正。等級制越嚴酷，人與人之間關係越緊張冷漠，這是規律，美麗的言辭哄不過鐵的邏輯。孔子贊揚子產"其養民也惠"，統治者事實上是由民眾養著的，拿什麼去施恩惠呢？不過是輕徭薄賦之類，故又說"其使民也義"（《公冶長》），孔子還告誡統治者"使民以時"（《學而》）。孟子直接提出"仁政"，要求統治者"制民之產"，使黎民不饑不寒，七十者衣帛食肉；學校裏申明孝悌之義，頭髮花白者不負戴於道路。這就是孔孟的充滿了仁愛的"理想國"。這個國家的物質生活勉強達到溫飽，70歲才能吃肉（是常吃肉？），"人生七十古來稀"，一般人終生罕有吃肉。這還不如格勞孔所嘲笑的"豬的城邦"。在豬的城邦里，人民除了吃飽穿暖以外，還要享用果品甜點和適量的酒，跟兒女們歡宴暢飲，頭戴花冠唱頌神的歌，健康太平地度過一生。這不已經達到中國人叩盼了兩千多年的大同世界了嗎！實際在中國，首領既不能被選又不能被控制，全社會公認財富和人民最終歸屬於君王；而君王都十分貪愚，不可避免地會無節制地揮霍和調遣，並允許他的親屬和層層部下都享有按等級賜予的特權。這樣，寬松只能是偶然，徭役賦稅比老虎還猛是必然。老子尚能看到："民之饑，以其上食稅之多。"（第75章）。

不講公正的所謂仁愛，與偏私和勢利不分，不但低級狹隘，而且極其虛偽。雖然說得比唱得還好聽，專制性格卻對非我懷有天生的敵意，不用教。如果專制社會真富有仁愛，那麼自由平等博愛的文化就應在專制得緊的亞洲比如中國產生，而不是在歐洲產生。墨子的"兼愛"還不是社會公正，都被中國人自己拋棄了，因為太不符合一般同胞的天性。今天普通中國人對西方發展起來的博愛還是不懂不信，筆者的初中老師就在課堂上教導："資產階級的博愛是虛偽的，世界上沒有超階級的愛。"幸好本人從小就對仇恨教育沒有悟性，才長出今天的眼光。

二、"事""孝""信""和"
與《理想國》的比較

事等，四經典表示侍奉義的有110詞次。英譯《理想國》無對應的詞，但有一個短語wait upon可以譯為"侍候"，說孩子在"見習"戰鬥之外還要幫著做些軍中勤務，並且"侍候"他們的父母。wait upon 也表示服務（顧客），無上下之分。故其"侍候"關係是"混亂"的。對於統治者，《理想國》不叫做父母，反倒把人民叫做統治者的父親。蘇格拉底問："如果財源被僭主暴君耗竭了怎麼辦？"阿德曼托斯回答："顯然要用他父親的財產來供養他和他的賓客們以及男女夥伴了。"（then he and his boon companions, whether male or female, will be maintained out of his father's estate. 電八）。蘇："我懂了。你的意思是說那些養育了他的平民現在不得不供養他的一幫人了。

……你是不是說暴君敢於采取暴力對付他的父親——人民，他們如果不讓步，他就要打他們？"阿："是的，在他把他們解除武裝以後。"蘇："則暴君是殺父之徒，是老父的凶惡的照料者了。"（you do not mean to say that the tyrant will use violence? What！beat his father if he opposes him?... Then he is a parricide, and a cruel guardian of an aged parent;電八）。他們認爲統治者是人民養育的，而不是人民的養育者，這個觀念和中國相反，但是符合真相。在這個前提下來決定人間應該誰爲誰服務才是正義的。

　　禮，四經典中達196次。這基本是對尊長禮儀的規範。《理想國》沒有對應詞，這是因爲"禮"具有強烈的尊卑分別和主奴色彩，不懂得敬畏權威的古希臘人是無君無父的"禽獸"，何來這個概念。

　　孝，四經典有69次，被看作爲人的根本。《理想國》主張尊敬父母，但沒有對應於"孝"的詞。honour（尊敬）和piety（虔敬）在用於對父母時，有人譯爲"孝"、"孝行"。漢譯本中有3詞次。它們雖言尊敬，但是沒有孝所要求的奴性，譯爲"孝"並不合適。

　　信等，四經典表守信、真誠和誠實的意義共89詞次。其中兩次表誠實。《理想國》英譯本有9次honest（含honesty，dishonest、dishonesty），其中大多用於正直義，少數用於誠實義。還有幾例表示信用、可信的與不可信的。《理想國》前部討論欠債照還，是從正義而不是從守信用的角度說的。也沒有專門討論誠實。《理想國》的倫理道德詞語總的來說沒有四經典多，大概因爲沒有專用於禮儀方面的詞，也沒有尊者或卑者專用的詞語。

　　四經典有4例"無私"（其中2例指自私），《理想國》漢譯本沒有"無私"。《莊子‧天道》載，孔子說"兼愛無私"是仁，老子回敬道："夫兼愛，不亦迂夫！無私焉，乃私也。"（第7章）老子的說解固然有以己度人，但不完全是。事實上超越個人利害去追求真理的是古希臘哲人，而不是善於保命的中國聖賢。但中國人愛玩"無私"這個詞。文革時幾億人"狠鬥私字一閃念"，成就了國家和"真理"的一人私有。這就是老子"無私乃私"的第n個注腳。其實清黃宗羲早看出了這個問題，見第三章第三節"《論語》謂語和黃宗羲文謂語比較"。《理想國》的要求相反。國家的護衛者（治理者）不得擁有房屋土地金銀等私產，不然"他們就從人民的盟友蛻變爲人民的敵人和暴君了"（郭三131）。這個設想走極端了，實踐中，西方人發明了公私分明、財產透明的制度允許治理者擁有私產。

　　和，四經典表示和諧與諧調。它用於人有十幾例，指人際諧調、人與自然和諧等。《論語‧子路》："子曰：'君子和而不同，小人同而不和。'"孔子說"和"不是簡單的順同，但也沒有明確的含義。《莊子‧天道》："靜而聖，動而王，無爲也而尊，樸素而天下莫能與之爭美。夫明白於天地之德者，此之謂大本大宗，與天和者也。"《莊子‧繕性》："知與恬交相養，而和理出其性。夫德，和也。"所謂"與天和"，就是萬事不做順同自然；心智與恬靜相養，也就是和，就是德。這些詞義缺乏清晰性和理性，《莊子》的"和"十分陰弱。

　　和諧，英譯harmony、harmonious，名詞和形容詞，連同其否定形式和副詞動詞形式,在英譯《理想國》裏出現近60次,也是高頻詞。用於人的"和諧",主要指內心,並不簡單指人際和睦,更不指遜怯無個性。《理想國》闡釋得很詳明:"當人的三個部分彼此友好和諧,理智起領導作用,激情和欲望一致贊成由它領導而不反叛,這樣的人不是有節制的嗎?"(he is temperate…in friendly harmony, in whom the one ruling principle of reason, and the two subject ones of spirit and desire are equally agreed that reason ought to rule, and do not rebel 電四)。"一個性格和諧的人,既不貪財又不偏窄,既不自誇又不膽怯,這種人會待人刻薄處事不公嗎?"(can he who is harmoniously constituted, who is not covetous or mean, or a boaster, or a coward-can he, I say, ever be unjust or hard in his dealings? 電六)。這是指的哲學家的人格,《理想國》說得不但清楚,而且對於性格"和諧"的要求也是很高的,它同重要美德理性、寬宏、節制和勇敢等關係密切。

《理想國》又說,僭主型的人有崇拜金錢、省儉和勤勞的特徵,在交易和訂約方面也有似乎誠實的名聲。其內心較善的部分一般能把像乞丐或惡棍的部分控制住。但缺乏教養,大多數人一有機會就花別人的錢。這種人無法擺脫內心矛盾,具有雙重性格。用中國今天的話來說,他們是大致有個底線的人。"但是心靈自身和諧一致的真正的德性,在他們身上是找不到的,離他遠遠的。"(yet the true virtue of a unanimous and harmonious soul will flee far away and never come near him.電八)。這話真確,一個人只要是利害的奴隸,他就是多面派,離開了外界約束就會決堤般驕恣放縱,沒法和諧。

《理想國》所指的那種性格和諧和四經典的各是一回事,

體現了兩國人性格與認識的大不相同。和諧社會只能靠品性和諧的人來創造。放棄人的陽氣鄙薄理性的人們不僅不能營造和諧，也不能認識和諧。他們可以打出"構建和諧社會"的旗號，但肆意破壞和諧，其貪婪、狹窄、自誇、膽怯、待人刻薄處事不公領先世界而不覺矛盾。

　　有的道德詞項《理想國》有，四經典沒有，如高貴（noble）、無男子氣的（effeminate）、任性。

　　還有一些基本道德詞語，四經典和《理想國》都有，如德（美德virtue）、善（good）、惻隱（pity）、自訟（自責scruple）、貪（covetous）、懦弱（cowardice）、邪（邪惡evil）、虛偽（falsity）、欺（騙deceit）、吝（parsimonious）等，但它們的意義或感情色彩往往不同，有的相反。如莊子的濡弱（懦弱）是褒義的，英語的cowardice（懦弱）卻是貶義的；老莊的"德"實指無德。四經典無"怯"字。

第七節　"無爲"與《理想國》的比較

一、"無爲"的含義與其動因

　　先來分析老莊的核心觀念"無爲"，二書"無爲"共出現了67次。

　　像其他重要概念一樣，老莊並沒有對"無爲"作出界定。如國君無爲，還要不要立法、司法、治軍、救災、收稅、興修水利？士無爲還要不要收徒講學？限度在哪裏？老莊在強調無爲的同時，有時也承認"有爲"。"爲而不恃"出現凡5次，"爲而不爭"1次，正面的"有爲"2次，"進爲"（進取有爲）1次。"有爲"指什麼，如何認識無爲和有爲的矛盾關係，二者的分別在哪裏等，老莊自己也不知道。

人們習慣將"無爲"解釋爲順應自然不亂作爲。如陳鼓應說："'無爲'是順其自然，不強作妄爲的意思（這觀念主要是針對統治者提出的）。"[31] 英人李約瑟也把"無爲"解釋爲"禁止反自然的行爲"。[32] "無爲"到底是什麼意思？針對什麼人？

《老》《莊》67例中，約18例可確定指君王無爲，其他包括天道、臣子、士的無爲；莊子又肯定庶民"織而衣，耕而食"。由此可見"無爲"指一切有身分的人無爲，但是農民和手工業者不能無爲，否則無爲的階級都要餓死凍死了。對臣子，莊子時而讓有爲，時而讓無爲，不怕矛盾。茲把指君指臣和指士的各舉一兩例：

> 我無爲，人自化。《老子》第57章，指君。
>
> 上必無爲而用下，下必有爲爲天下用。《莊子・天道》指君臣。
>
> 夫虛靜恬淡寂漠無爲者，萬物之本也。明此以南向（做君），堯之爲君也；明此以北面，舜之爲臣也。《莊子・天道》指君臣。
>
> 釣魚閒處，無爲而已矣。此江海之士，避世之人，閒暇者之所好也。《莊子・刻意》指士。

31、陳鼓應《老子注譯及評介》，中華書局，2003，P15
32、陳鼓應主編《道家文化研究》第一輯，上海古籍出版社，1992，P67

　　莊子把人的無爲和樹的無用相提並論，道出了無爲的含意。《莊子・逍遙遊》："今子有大樹，患其無用，何不樹之於無何有之鄉，廣莫〔漠〕之野，彷徨乎無爲其側，逍遙乎寢臥其下。不夭斤斧，物無害者，無所可用，安所困苦哉！"又《人間世》："桂可食，故伐之；漆可用，故割之。人皆知有用之用，而莫知無用之用也。"

　　爲了給"無爲"賦予最大的權威，道家稱無爲是天道，《漁父》說，"聖人法（效法）天"，愚人才"不能法天而卹於人"，聖人是不體卹人民的。《莊子・在宥》："無爲而尊者，天道也；有爲而累者，人道也。主者，天道也；臣者，人道也。"《老子》第5章："天地不仁，以萬物爲芻狗；聖人不仁，以百姓爲芻狗。"即天地和聖人不行仁道，聽任萬物和人民自生自滅。芻狗，是草紮的用來祭祀的狗，比喻沒知覺的東西（有人解爲賤東西，不合文意。第3章"常使民無知無欲"可作它的注腳）。天道類似自然法則，並非生靈，說它"無爲"，好比儒家以眾星拱衛北辰來論證人間應該拱衛明君一樣，是原始的擬人的自然觀。

　　當然，口稱天道不過是虛張聲勢，人的需要才是"無爲"的真正的原因。

　　《莊子・天下》寫老子："其行身也，徐而不費（閒適而不勞神費力），無爲也而笑巧。人皆求福，己獨曲全。曰'苟免於咎（災）。'"《駢拇》說："故君子不得已而臨位天下，莫若無爲。無爲也，而後安其性命之情。"《至樂》："至樂活身，唯無爲幾存。"至樂是無爲之樂，言它使人活命，只有無爲接近於生存。《刻意》："形勞而不休則弊，精用而不已則勞，勞則竭。"莊子由此推出："靜一而不變，淡而無爲，動而以天行，此養神之道也。"《應帝王》："無爲事任，無爲知主。"（不要成爲事情的承擔者和智慧的主宰）。《天道》："無爲則俞俞。俞俞者，憂患不能處，年壽長矣。"一言以蔽之，《在宥》的"無勞女（汝）形，無搖女（汝）精，乃可以長生"，就是"無爲"的原因，沒有任何玄秘，更不是什麼憐愛百姓。

揭開大師小賢故弄玄虛的面紗，無爲的含義至此不能再明白了。無爲就是身體和精神都不勞動。如果治理社會，就是不作爲。這是老莊無條件養生保命的手段，首先是不要承擔職務，其次是承擔了不要做事；再次是做事不要費勁。《莊子》反覆申說不勞形神的妙道。該書中表示勞動、勤苦的"勞"共出現27次，沒有褒義的，用於不快意義的達25次。"終其天年"和"盡年"共出現7次。其他自保的詞語如活身、活人、保身、存身、養生、長生、長（命）、全其身、藏其身、保神、守神、全生、保己、守己、全其形、完身、容身、修身（修無知無爲之身）、樂全、神全、形全、守汝身、守其辱，在書中共出現40多次。世界上沒有比這更加黴頭晦臉的"哲學"著作了。只有勤勞的人才會認爲，積極的腦力勞動和體力勞動有益於身心健康。

莊子主張"雖貧賤，不以利累形"，原因是"見利輕亡其身"。列子不接受國君的周濟，因爲國君是聽了別人的話而周濟他的，"君非自知我也，以人之言而遺（送）我粟；至其罪我也，又且以人之言，此吾所以不受也。"（均《莊子·讓王》）。拒絕利益的原因都不是自尊與清廉。《莊子·至樂》："夫富者，苦身疾作（痛苦勞作），多積財而不得盡用，其爲形也亦外矣！夫貴者，夜以繼日思慮善否（措施的好壞），其爲形也亦疏矣！"莊子守貧，不是老子那樣積斂無涯的守財奴。可是他不積斂是因爲不能用盡其積斂，不是輕財。《盜跖》："善卷、許由得帝而不受，非虛辭讓也，不以事害己。此皆就其利、辭其害。"所以，聲名富貴不是不想求，是因爲求起來辛苦危險又難保持，還疏慢了自保。

　　然而人還有一個本能是追求社會成功，這個本能只要智力達到中等，就比懶動懶幹更強烈。不勞少動安閒是安閒，可是如何滿足功名心？老莊堅持說：無爲可以成大功。結果，"超脫"的道家繞了一圈，不得不回到功名的窠臼裏來，歸於儒家。

　　　天下之至柔，馳騁（碾踏）天下之至堅。無有入於
　　無間。是以知無爲有益。《老子》第43章
　　　以此（虛靜恬淡寂漠無爲）處上，帝王天子之德
　　也；以此處下，玄聖素王之道也。以此退居而閒遊，江
　　海山林之士服；以此進爲而撫世，則功大名顯而天下一
　　也。《莊子·天道》

　　此"進爲"的方式是虛靜無爲，則所謂進爲撫世不是做事而是捏著權柄尸位素餐。

　　老莊談到"無爲"67次，其中有50次與無爲的利害關係（主要是利）聯繫起來。老莊不追求利益是天大的謊言。

　　圖地位、圖財和苟活，都是人的動物性需求的不同層次的表現。老子抬高儉嗇苟活貶低功名，莊子抬高苟活貶低錢財和功名，來抨擊儒家。這些不但不"超脫"，反而比儒家更深地陷入愚弱的本能。更有甚者，道家把儒家的虛榮心和那若隱若

現的一點爲民之心不加分別地斥爲"殉名"（《駢拇》），把大禹治水、墨子遊說諸侯兼愛不攻等叫做"自苦"，"其行則非也"（《天下》）。此心乃是一潭自私冷酷的深淵，還硬要裝扮說："順物自然而無容私焉。"（《應帝王》）。

不勞心神，不仁，也不任用"公忠之屬"，以此"進爲"怎麼可能達到"人自化"而"功大名顯"呢？"財用有余而不知其所自來，飲食取足而不知其所從，此謂德人之容。"（《天地》）這些說法的依據在哪裏？老莊不需要依據，好像建一座10層的大樓不需要下面9層。這樣一來，天下自生自滅的百姓，生，奉君王的吃穿用度；饑病而死，不關君王的事。終生勞而無功（無幸福之效），就成就了君王的"天下功"。不能付出的人理想的世道就是特權階級的不勞而獲。同樣只有不勞而獲的心理，才會把這種荒唐言論奉爲"至理名言"，當代庸俗跟風的文人和出版商就是這副嘴臉。由這樣的人組成的社會不可能不是黑暗的。

窮盡考察老莊的"無爲"，李約瑟陳鼓應"禁止反自然的行爲"之類總結顯然是有意拔高。李約瑟是出於友好，他的漢族夫人魯桂珍誠實地說過，李約瑟爲了抬高中國，有些成就是誇大了的。老莊並沒有把"爲"分爲順應自然和反自然兩類，也沒有指出哪些行爲是"強作妄爲"（他們反對的是做事行仁，這就是陳先生所說的"強作妄爲"嗎？）哪些不是而可以"爲"。什麼分析都沒有，籠統地主張無爲。《莊子·天運》明明說："逍遙，無爲也。"（安閒自在，就是無爲）。

無疑，"無爲"有順應自然的一面。但不勞動的人等於死人，死人遵從自然是由於他們熱愛自然嗎？笑話。"無爲"對遵從自然的貢獻，也就是"槁木死灰"的貢獻。確實"無爲"在客觀上有勸戒帝王不要用徭役賦稅過分騷擾人民的意義。可是，懦弱無能的無爲者絕不敢站出來"禁止"任何反自然的蠢行暴行；"無爲"得不用國家機器奴役鎮壓人民的帝王也從不存在。然而世上無奇不有，美國易經學會理事長應鼎成對"無爲"的評價最"精彩"。他稱"無爲"是最積極、最偉大的思想，"無爲"是一種大無畏精神加利他精神的無私。[33] 他不愧爲玄妙之道的傳人，這話就像世界上飛得最高最遠的烏龜一樣神奇。筆者奉勸他在美國不要太自卑，平等自尊自然地活人。

　　孔子提到了一次"無爲"，表示讚賞。《論語·衛靈公》："無爲而治者，其舜也與？夫何爲哉？恭己正南面而已矣。"孔子贊揚無爲之人，跟《莊子》的一些記載相合。其"無爲"是什麼意思同樣不清楚，應不同於老莊。它也許是信任大臣，政令寬厚。舜從政之後組織四方部落會盟，約定"行厚德"，放逐四個"兇族"到邊遠地區，殺了治水失敗的鯀，任用大禹治水，平定九州。對官員3年一考績，3次考績定升廢，因而"遠近眾功咸興"（《史記·五帝本紀》）。舜興作了眾多的事功，既勞形又勞心，絕非"槁木死灰"之輩。孔子那麼博學，不會不知道這些。

　　"無爲"和西方的無政府主義完全兩樣。它沒有個人權利個人自由和蔑視權威的內容，嚴守家長制。古代中國人以爲家長專制是唯一的政治制度，不知道人類還可以發明人道的制度，至今這種變化也不大。

33、陳鼓應主編《道家文化研究》第一輯，上海古籍出版社，1992，P69

二、 "無爲" 與《理想國》的比較

把《理想國》的價值觀和 "無爲" 對比，開初筆者也沒
想到，它實在荒唐可笑。一個是在當時政治和科學最先進的
國家裏，還要追求智慧和美德，另一個是在落後的家長專制國
家裏，還要提倡回到野獸時代。飛天和沉海可以對比嗎？可是
本研究的域外比較對象就是《理想國》，不便換。細想也不必
換，不都是治國大計和社會理想的討論嗎？不都是人生追求的
展現嗎？其實很有可比性。

《理想國》是討論身外的事物現象的，討論者感興趣的
不是自己，是客觀對象，是一個理想的國家如何給公民以正
義，它的治理者應該是怎樣的人，如何選擇和培養他們，他們
應該具有哪些重要美德和智慧等。書中沒有對自己安危禍福的
關心，沒有趨利避害的精打細算，沒有養生長壽的警及；也沒
有對功名利祿和領導垂青的尋求，沒有尊卑俯仰的無聊計較。
他們對於缺乏理性的庸眾的議論也不在乎。他們對美德身體力
行，不開空頭支票。這是一幫獨立自主的世界首屈一指的大
丈夫。按照馬斯洛的需要層次論，他們雄踞頂層——自我實
現。他們人格十分健全，不顧念瑣事而全身心致力於自己的事
業——公共利益。

古希臘不但科學發達，政治和政治制度也發達。蘇格拉底
時代，除了傳統的君主制以外，諸城邦已經建立了各種政治形
式：貴族制、僭主制（不合法上台的）和民主制。蘇格拉底時
的雅典民主制已走下坡路，《理想國》主張的王政屬貴族制，
其理想的治理者是受過良好教育的優秀公民或者哲學家。

　　這種王必須是智慧勇敢的。愚昧者"不能充分了解善究竟是什麼，不能確立起對善的穩固的信念，象對別的事物那樣；因此其他東西裏有什麼善的成分，他們也認不出來。""我們能容許城邦的最優秀人物——我們要把一切都委托給他的——也這麼愚昧無知嗎？"（郭六261-262）。《理想國》認爲統治不應是強迫的，被治理者去要求"有能力"管理他們的人來管理才是"自然的"，"統治者如果真是有用的統治者，那麼他去要求被統治者受他統治是不自然的。"這是選舉制的一大依據。如何保證"真是有用"呢？首先選拔對象的天性就很重要，"一個真正善的城邦"護衛者（統治者輔助者）的天性基礎，是"愛好智慧和剛烈、敏捷、有力"的結合。他們經過音樂體育的教育，經過智慧、勇敢、節制、正義德性的培養，才能做王。因此，安排得非常好的國家，"他們的王者必須是那些被證明文武雙全的最優秀人物。"（郭八312）蘇格拉底明確提出政治權力與聰明才智要結合起來。"除非哲學家成爲我們這些國家的國王，或者我們目前稱之爲國王和統治者的那些人物，能嚴肅認真地追求智慧，使政治權力與聰明才智合而爲一；那些得此失彼，不能兼有的庸庸碌碌之徒，必須排除出去。否則的話，我親愛的格勞孔，對國家甚至我想對全人類都將禍害無窮，永無寧日。"政治權力與聰明才智相結合，方才產生文明理性的制度。梭倫改革成功後，雅典貧富人群都擁戴梭倫做僭主，他不爲權力所動，拒絕了。這正符合《理想國》國王的兩個條件：不愛權力愛智慧。正因爲有了超越權力的追求，才會有權力和聰明才智相結合，否則權力只能和暴力貪婪愚蠢相結合，這是家長制擺脫不了的宿命。它給人類帶來的無

窮禍害不是還在繼續嗎？理性的優勢，讓西方國家不用很久就
走出了中世紀的黑暗期，無可比擬地強大起來。

　　勇敢的治理者才能把美好的價值如人道、平等、法治付諸
實踐，才能挺身竭力保衛國家。懦弱的統治者常常光說不做，
怕真相怕承擔責任，怕得罪國內的權貴，外患來了他就逃命躲
藏，不顧國民死活。他所統治的國家即使僥幸因爲周邊民族弱
小而沒有被很快滅掉，也從來不是個光明的國家。他們不少甚
至拿人民的血汗和土地去討好他國，賣國求榮，美其名曰友好
慷慨，其實是爲了自己的面子和統治地位的穩固。

　　這種王必須是勤勞負責的。智慧是勤勞的根基，勤勞是
負責任的根基。治理者的培養對象必須 "性格高貴嚴肅"，
而且不害怕 "學習中的艱苦"，他們須 "百折不撓，喜愛一切
意義上的勞苦"（郭七302）。蘇格拉底已將勞動分爲智力上
的和體力上的，說二者要兼顧： "有志於哲學者對待勞苦一定
不能持瘸子走路式的態度，不能半個人愛勞動，半個人怕勞
動。假如一個人喜愛打獵、角鬥和各種體力方面的勞動，卻不
愛學習、聽講、研究和各種諸如此類智力上的勞動，就是如
此。以相反的方式只喜愛智力方面勞動的也是象瘸子走路。"
（郭七.303）。 "我們必須鞭策勸導護衛者及其輔助者，竭力
盡責，做好自己的工作。對其他人也一樣。這樣一來，整個國
家將得到非常和諧的發展。 "（the guardians and auxillaries, and all
others equally with them, must be compelled or induced to do their own
work in the best way. And thus the whole state will grow up in a noble order.
電四）， "他們每個人都要不辭辛苦管理繁冗的政治事務。"
（郭七309）。他強調了領導階層的盡職，然後是民眾的盡

職：“我們也可以給我們的農民穿上禮袍戴上金冠，地裏的活兒，他們愛幹多少就幹多少；讓我們的陶工也斜倚臥榻，爐邊宴會，吃喝玩樂，至於製作陶器的事，愛幹多少就幹多少；所有其他的人我們也都可以這樣使他們幸福；這樣一來就全國人民都幸福啦。但是我們不這樣認爲。”這樣，“農民將不成其爲農民，陶工將不成其爲陶工，其他各種人也將不再是組成國家一個部分的他們那種人了。”他說這種現象出現在一般人身上問題還不大，如果護衛者不成其爲護衛者了，國家就會毀滅，“我們是要我們的護衛者成爲真正的護國者而不是覆國者”，并反對“單獨注意他們的最大幸福”（均郭四133-134）。

這種王必須是正義的，不自私的。這和智慧勇敢也分不開。蘇格拉底說：“他拿出自己全部能力努力工作，都不是爲自己，而是爲所治理的對象。”“貪圖名利被視爲可恥，事實上也的確可恥”，“因此，好人就不肯爲名爲利來當官。他們不肯爲了職務公開拿錢被人當傭人看待，更不肯假公濟私，暗中舞弊，被人當作小偷。名譽也不能動其心，因爲他們並沒有野心。”但是他們不當官就要受到懲罰，“最大的懲罰還是你不去管人，卻讓比你壞的人來管你了。我想象，好人怕這個懲罰，所以勉強出來。他們不是爲了自己的榮華富貴，而是迫不得已。”（均郭一30）當官不爲自己，這和世俗的名利蟲和自保奴完全背道而馳。蘇格拉底還擴大說：“沒有一門科學或技藝考慮強者或長上的利益，它們僅僅考慮國民和弱者的利益。”（Then, I said, no science or art considers or enjoins the interest of the stronger or superior, but only the interest of the subject and weaker? 電一）。他舉的例子有騎術、醫術和舵手技藝等。蘇格拉底說自己不去做官的原因，是他在任上常常會對別人的做法提出批評，這使他難以活下去進行自己的思考。

理想國的執政者可以有多人，他們"把正義看作最重要的和最必要的事情，通過促進和推崇正義使自己的城邦走上軌道"（郭七310）。正義第一乃是人類政治思想的本質飛躍，人類社會因此出現了第一縷脫離叢林法則的陽光。

《理想國》的整個治國和人生理念，都是飯桶邏輯和無道德主義最險惡的敵人。世界上最陽光的哲學和最暗弱的哲學被拉到一起對比，後者像個殺好的光咕嚕雞，被噴火槍掃了個遍。這真是不幸，估計有些衛道士想殺人了。

西方文化傳統主要是要求在上者的，從這裏我們已可以看出。要求在上者本身就是要平等反奴役，人際關係自然好。蘇氏即使胡亂想象的愛民法也接近"豬的城邦"，可是他們想不到，儒家的輕徭薄賦、道家的不愛不理就是愛民了，古希臘哲人的腦子達不到這個"高度"。而大多數社會都是要求在下者的，如莊子的"上必無爲而用下"和孔孟的"事君"。道家的"無爲"公然主張君主無責，但是臣下有責，要聽君主使喚。而君主又享有"愛民"、"萬物化"、"功蓋天下"之類美名。這樣的理念儒家也接近，它排斥最基本的公正，責、權、利完全分家，有權者無須盡職；無權者做事，還須處處請示彙報看臉色。事情做好了，是君主的功勞；做壞了，是臣下的罪過。君主不會錯，完全不用爲自己的行爲負責。他就是只會吃喝玩樂乃至惡貫滿盈，都是臣子的錯誤，"陷君於不義"，拉幾個替罪羊來殺掉就是了。以此類推，所有在上者和在下者的關係都是這樣。事實上在中國，統治階級不負責任是正常的，沒人指責。負了一點點責任人民就涕泣感恩，匍伏頌聖，不管那是否作秀。全國上下須"單獨注意他們的最大幸福"。以勞動爲苦以奴役爲是的文化，輕賤職責意識理所當然，尤其是當了官能放縱自己的時候。

本來君主世襲，已經堵住了讓優秀國民來當統治者的路。如果各級官吏選擇賢能，也還有少許彌補制衡作用。可是在權力私有的文化中，這通常只是美好的泡影。智慧是無爲者的大忌。《莊子・胠篋》："故天下每每大亂，罪在於好知〔智〕。……自三代以下者是已！"（三代，夏商周）老子提出"不尚賢"，莊子也借寓言中人說："至德之世，不尚賢，不使能。"（《天地》）幸好他們沒有碰到蘇格拉底，因爲色拉敘馬霍斯把不正義說成是"明智"和"美好"的，蘇格拉底就直戳："你膽大包天，竟然把不正義歸到道德和智慧一類了。"（郭一32-33），色氏還沒有誇那是"至德"呢，姓蘇的就一劍殺來，毫無"寬容"之心。老子說："貴以身爲天下，若可寄天下；愛以身爲天下，若可託天下。"（第13章。任繼愈的理解：只有把天下看輕、把自己看重的人，才可以把天下託付給他；只有把天下看輕、愛自己勝過愛天下的人，才可以把天下託付給他。沙少海翻譯"以服膺視身若患的態度對待天下"。海按：老子前文說把身體的存在看作大患，故推出此句。所以他的意思應該是，把治國看作像有身體那樣的大患的人，才可以把天下託付給他）因老子語法不通，意義不大清楚，但不負責任者才能被託付天下，這個意思大家理解一致。那麼老莊的"上德"、"至德"是獸德嗎？莊子嘴裏說要回到野獸時代，可是其實不如。獸王要負責全群的安全、遷徙和內部調停等，如鹿王要爲全群尋找水草豐美的地方，獸王不作爲則下台。老莊強烈的恨人類之心連獸王之德都顛覆了。

《理想國》哲人在理性的指引下，不但提倡勤勞有爲，而且其配套的產品有智慧、勇敢、正義、負責等。其最終目的是爲了大眾的幸福。這正體現著他們倡導的"高貴嚴肅"的人生觀和社會觀。雖然蘇格拉底也有分工不夠細的局限，例如要求治理者大部分時間研究哲學，值班爲王，王要文武雙全等，但其提倡的熱愛腦力勞動和體力勞動是每個人都應該做到的。老莊的"無爲"及其配套產品無知、反智、反道德和愚民政策等，都是爲了自己，跟世俗儒家的榮華富貴同屬一類，只不過老莊退到了玩忽人生不負責任的"屎溺"裏。"無爲"不慎含有的少騷擾人民的意義，只在一個沒有反抗力量因而剝削奴役無度的政治狀態中有一點點積極作用，離真正的治國太遠。

蘇格拉底說，（詭辯派教師）"什麼是美的什麼是醜的，什麼是善的什麼是惡的，什麼是正義的什麼是不正義的，他全都一無所知。他只知道按猛獸的意見使用所有這些名詞兒，猛獸所喜歡的，他就稱之爲善，猛獸所不喜歡的，他就稱之爲惡。他講不出任何別的道理來，只知道稱必然的東西爲正義的和美的。……你不覺得這樣一個人是一個荒謬的教師嗎？"（郭六242—243）這是不是惡意針對老莊說的？當然不是，老莊才不屑於講求正義和美呢。

第八節　老莊的人格和心理問題

一、老莊的人格和心理問題

說到這裏了，有必要進一步挖掘老莊的人格和心理問題。

老莊跟楊朱一樣，是徹底的利己主義者。這還不止，老莊有強烈的逆反心理，勞動、仁道、溫情、尚賢、分辨是非真假、討暴君——通通反對，連大小多少長短方圓等等非道德的常規認識都逆反。老莊多次不忌諱明說他們"無為"的另一面：深怕國家被賢能仁愛的人治理好了，造福百姓，致萬民歸心。老莊很排拒社會，避免跟大眾接觸。這裏再補充一個事例。《莊子·盜跖》載，柳下跖帶著九千人"橫行天下，侵暴諸侯……驅人牛馬，取人婦女，貪得忘親，不顧父母兄弟，不祭先祖。所過之邑，大國守城，小國入保，萬民苦之。"孔子去規勸他，盜跖大罵孔子以利相誘，又大罵治水的大禹、逐桀的商湯、行仁的文王、伐紂的武王等"皆以利惑其真而強反其情性，其行乃甚可羞也"。幾位君主根據史料記載都是真正行善或制暴的人，沒有證據說明他們偽善。有益社會的人被辱罵成違反真性去逐利的可恥之徒，這真是盜跖的話嗎？盜跖本人是反政府武裝的頭子，他會大罵反政府武裝的先驅嗎？一個血腥逐利之徒會大罵逐利違反了真性嗎？罵積極作為的人是殉利、要利、違反真性，正是莊子的口吻，莊子一貫反對做有益的事。這些反常的謾罵應該是莊子編造的謊言，至少著意加工釀造，表達莊子自己的心聲而已。沒有善意的人，也無法理解他人的善意，看他人的善行都是別有用心；老莊不大願意出來做官，並非爲了愛乾淨，是他們害怕接觸社會，他們的病態心理堅信接觸社會一定要受損失受傷害；他們又嫉妒有爲有義的人受群眾歡迎，不攻擊才怪了。懦弱者往往愛攻擊。

悖德習性，西方心理學家給抽理出來取了一個名字叫"反社會型人格障礙"。老莊的表現：沒有責任心，無情冷血，逆反成癖、愛撒謊、反人民，不關心他人，攻擊無辜者，給良善之行通通扣上卑污的帽子，沒有羞恥感，從來不後悔自己的悖德言行，渴望看到他人的痛苦，不在乎合宜的輿論等，完全符合反社會人格障礙的診斷特徵。這類患者有些還能言善辯，有吸引力。這也符合老莊的特點。他們都能著書立說，莊子還有幾個學生。雖然其大作缺乏邏輯，在缺乏邏輯的社群中仍被認爲善辯，引來很多粉絲。特別是《莊子》，還頗有文采。除此之外，他們表面順從內心敵對，不合作，故意不發揮自己的能力，依從權威而沒有安全感，愛撒謊，這些又是被動攻擊型人格障礙的重要特徵。只是他們不像許多反社會分子那樣喜歡肢體攻擊，可能發展到殺人。這是因爲他們極端怯懦的性格。綜合起來，可以把他們叫做消極的反社會分子。逆反心理很強的小孩由於力量薄弱，就喜歡來被動攻擊。上述現象不能忽視生理因素的考量：那些特別怯懦猥瑣乃至心理變態的男子，都缺乏雄性荷爾蒙或者男性功能疲軟。

二、留給我們的問號

筆者閱讀了20人左右的老莊評論，大多數被認爲是名人寫的。《國學大師說老莊及道家》（2009），選了梁啟超、蔡元培、胡適、馮友蘭、胡樸安、梁漱溟等12人的評說。其中10人認同以至盛贊老莊哲學，例如章太炎："老子之道最高之處"是"常"、"無"、"無我"和"無所得"，"爲道德之極則"（P125）。胡樸安："總之莊子是從一切世俗的拘束裏，解脫出來，求得精神上的自由。"（P69）。聞一多："別的聖哲，我們也崇拜，但哪像對莊子那樣傾倒、醉心、發狂？"（P104）。蔡元培和胡適則比較理性。蔡元培說老子是消極的，是"厭世主義"，對於老子"大道廢，有仁義"之類，他道："其說誠然"，"然大道何由而廢？六親何由而不和……老子未嘗言之，則其說猶未備焉。"（P10）。蔡未理解老子的"大道"是無爲無情之道。而老子"遂謂廢棄道德……則不得不謂之謬誤也"。這是筆者讀到的唯一直接指責他們不要道德的議論。蔡元培也提到莊子的"忘善惡"，未評議。胡適："莊子的哲學，只是一個達觀主義。""上文所說，乃是對於是非的達觀。"（P85），但胡適並不在意對是非善惡的所謂"達觀"是什麼性質，沒有分析。胡適也看到了老莊的退守，批評莊子是守舊黨的祖師，"他的學說實在是社會進步和學術進步的大阻力。"（P87）。八十年代任繼愈指出老子的辯證法是尚柔的，向對立面轉化是無條件的。殷孟倫說莊子反對客觀真理，顛倒是非黑白，但又仰慕其"深湛的哲理"。筆者驚奇反客觀真理和顛倒是非黑白的學說如何還"深湛"，顯然殷視二者爲微恙。九十年代以來盡力弘揚傳統文化，老莊又光彩四射，文人評價單調趨同。筆者在圖書館找到一本《莊子哲學的批判》（2009），震撼有了不同聲音，看了才知道作者佩服莊子的"深邃的哲學思想"，言其"睿智思考給人以智慧的啟迪"，對於莊子跟惠子言無情的話，作者只解說其"人貌而天行"。該書也批評莊子"知其不可奈何而安之若命"是要人民安於苦難的精神鴉片等，但未見作者在前人的基礎上真有什麼見地。評議老莊的人，常常也陷入跟老莊一樣四分五裂的思維中。

對老莊學說有所批評的言論，除了很少的比較嚴厲或有一定論說以外，大多是輕描淡寫，一兩句話，評而不論。更沒有人從人性上進行挖掘。人們說老莊的消極遁世是由於生在亂世無可奈何、無權無勢等，這跟老莊一樣是宿命論，外因決定論總顯得浮淺。爲什麼世界別處沒有能同老莊學說媲美的猥瑣哲學？世界其他哲學家包括儒家兩千多年來都生活在治世裏嗎？都有權有勢嗎？蘇格拉底爲著他的最陽剛的哲學付出了生命，柏拉圖不顧危險宣揚它，是因爲他們生活得最安全嗎？他們有權有勢嗎？

老莊學說的卑污性、反自然性和亂麻般的邏輯問題，未見有人提出來批評，對他們反道德的整體品性也視而不見。似乎這些在中國人看來不是什麼問題，退幾步說感覺到一點問題，也是白璧微瑕不足掛齒，自動篩去。但本人認爲這些是嚴重的道義與人格問題，不可忽視，因而抓出來曝曬之。有人或許會說，老莊大反仁義是因爲討厭孔孟的虛偽說教。可是，發現了仁義的虛偽性，一個有良知的人就應該去探討什麼是真的仁義，把假大空的言行揭穿排除才是。如果有能力他會嘗試定義，如果不會定義，他也會根據自己理解的仁義待人，絕不會一概反對道德。其實，對老莊言行作個稍微在意的多幾方的考察，不難看清其浮土下面的鐵石心腸。發人深省的是，悖德心理在世界上多被隱藏著不敢說出來，老莊不僅敢公開說，而且敢大書特書，配上一些僞飾和可口的佐料，就成爲一個社會的經典文化了。無數"愛國者"聽不得對它的批評，爲什麼？

第三章　四經典句子和判斷　及其縱向／橫向比較

第一節　四經典的全稱、特稱量限表達

摘要：四經典有16個全稱量限表達形式，2個特稱形式。四經典量項的狀語和定語總詞次的比是279:54。漢語量項的發展可分爲狀語優勢和定語優勢兩個階段。四經典所處的先秦屬於前一階段中的較早時期。謂語及其修飾語先發展形成狀語優勢階段。今已進入定語優勢階段，《人民日報》《光明日報》相同字數的語料，狀語和定語比是174: 235。從四經典和兒童語言的情況看，全稱、特稱和單稱命題的起源順序應是單稱→全稱→特稱。

邏輯學上，全稱命題的典型形式是"所有的S是P"，特稱命題是"有的S是P"，單稱命題是"這個S是P"。其中"所有的"、"有的"和"這個"是量項。從修飾語角度看也可叫量限，它們有一個從無到有的過程。本節要探求的是上古聖賢對全稱和特稱的量有哪些認識及如何表達。所以考察對象既包括性質命題，也包括關係命題。單稱命題的主語是單獨概念，比較簡單，這裏不討論。

一、全稱和特稱量限的表達法

（一）全稱表達

這是對某個範圍內所有對象的陳述。筆者在四經典裏找到16個全稱量限表達形式，分爲統指、逐指、任指、僅指和無指五類。

表示統指。總的概括某範圍裏的一切對象。

〔凡〕是當時最典型的全稱統指量限形式。《孟子‧告子上》：“如使人之所欲莫甚於生，則凡可以得生者，何不用也？”“凡”也直接作主語，有一例。《莊子‧天道》：“凡以爲不信”（所有這些都不能看作人的真性）。

“凡”的統指意義和近代出現的“所有”不完全相同。它含有提出條件和總結規律的意味，猶“只要是”（徐頌列等）。這也基本符合上古的情況。“凡”經常限制“者”字結構，這種結構特別方便說明條件。“所有”則主要限制類名，定語性顯著，意義也完全泛化。

“凡”的詞性比較麻煩。楊伯峻《古漢語虛詞》把“凡物”的“凡”視爲“指示形容詞”，《孟子譯注》把“凡五等也”的“凡”視爲副詞。何樂士等《古代漢語虛詞通釋》和呂叔湘《現代漢語八百詞》都把“凡”統歸於副詞。黃伯榮《現代漢語》教材則以“凡”爲代詞。

“凡”在四經典中表統指共26次，除了1次主語和3次用於“凡五等”句式，22次修飾名詞性中心語（“凡可以得生者”的“凡”和“可以”不是直接成分，“凡”修飾後面的整個名詞性結構“可以得生者”）。筆者又統計了更早的《尚書》

和《詩經》，這種"凡"共18例，其中17例作名代詞的定語。只有《詩經》的"凡百君子"，凡與百並列，共同修飾"君子"。6部書39/44的用例不修飾謂語。視"凡"爲句首狀語也有困難，它不能用逗號和後面的成分分開。所以筆者傾向於黃說，視"凡"爲代詞，作定語。"凡"不能像一般代詞那樣作賓語，代詞"每"、"或"也不能。

"凡"偶然也用如"全"義，《莊子·盜跖》："凡天下有三德。"

〔一〕作定語，限定集合概念，相當於"全"、"整個"。《孟子·離婁上》："巨室之所慕，一國慕之。"

〔舉1〕用法同上。《莊子·田子方》："舉魯國而儒服，何謂少乎？"

"一"用於一國、一世（世界）、一鄉，"舉"用於舉世、舉魯國、舉群。國、鄉、世、群都是集合體名，漢語常以之代人。"一"、"舉"統指這些地域集合體中的個體。同樣的用法如《史記》的"一坐盡傾"（所有在座的人都傾慕）。它們並不統指某類的分子。"一國"不是"所有的侯國"。"所有的松樹"，不能表達爲"一松"或"舉松"。

〔舉2〕作狀語，修飾謂詞。《孟子·公孫丑下》："王如用予，則豈徒齊民安，天下之民舉安。"

〔皆〕專職狀語。《老子》第2章："天下皆知美之爲美，斯惡已。"

邏輯上把命題的主語稱爲主項，真正的量項是主語的修飾語。主謂之間雙管的狀語可以叫做廣義的量項，副詞"皆"、"舉"等即屬於此類。它們的主語一般是全稱，但是全稱命題可以在使用典型量項之後再使用它們。如《孟子·告子上》：
"故凡同類者，舉相似也。"它們對主項的重要性較次。
"皆"可以修飾名詞性謂語，如"天下皆堯也"。"舉"不
能。"舉"的及物動詞意義使它在這樣的結構裏會引起歧解。

〔俱〕作狀語。《孟子·盡心上》："父母俱存。"

表示逐指。逐一指某個範圍裏的全部對象。

〔每〕只限制話題主語。《論語·八佾》："子入大廟，
每事問。""每事"是"問"的對象而不是施事。

〔各〕四經典的"各"14例用在動詞前，1例用在介詞前
（人之過也，各於其黨）。有的前面還有主語："夫兩者各得
其所欲。"（《老子》第61章））。《論語詞典》認爲"各"
是代詞，則"各欲正己也"是主謂結構。《古漢語虛詞通釋》
等說"各"是副詞，則把這種結構看作狀中結構。筆者查了
《尚書》和《詩經》，"各"共14例，用法幾同四經典。今天
"各"用在名詞前算作代詞，用在動詞前算副詞，功能分明。
爲了保持古今"各"在同一結構中詞性的一致，筆者把四經典
的"各"視爲副詞，並承認它有明顯的指代作用。《古代漢語
虛詞通釋》說"各""表示動作行爲是由兩個或兩個以上的施
事者共同發出的，或者表示兩個或兩個以上的施事者共同具有
某種屬性。"

〔諸〕《論語·八佾》："夷狄之有君，不如諸夏之亡
（無）也。"

呂叔湘指出"每"偏重全體的"共相"，"各"偏重指
全體中的"殊相"。至於"諸"，其意義接近"眾"，是比較
弱的全稱。諸夏、諸越（百越）和諸侯的"諸"，往往不等於

"每一個"。

以上逐指我們可以叫做普遍性逐指。還有一種非普遍的，可稱爲語義場逐指。

〔人人〕指每個人。《孟子‧離婁上》："人人親其親，長其長而天下平。"用量詞或名詞重疊表示逐指，可能從"人人"開始。後來漸多，如家家、個個等。它們都限於自己能夠計量的對象，用於某個語義場。

表示任指。指某範圍裏的任何一個或一些。

〔無1〕表無論，連詞。《論語‧堯曰》："君子無眾寡，無小大，無敢慢，斯不亦泰而不驕乎？"

〔孰/誰〕《論語‧八佾》："八佾舞於庭，是可忍也，孰不可忍也!"

"孰"既可指人又可指別的事物，意義已經泛化。用例也比"誰"多得多。其同義詞"誰"僅用於指人，是語義場任指。

表示僅指。強調其指稱對象別無他類。沿用徐頌列先生的名稱。

〔唯/惟〕《論語‧陽貨》："唯女子與小人爲難養也，近之則不孫〔遜〕，遠之則怨。"

〔非A……不B〕表示條件關係，用於緊縮句。《莊子‧秋水》："夫鵷鶵發於南海而飛於北海，非梧桐不止，非練實不食，非醴泉不飲。"

表示無指。在所指範圍內沒有對象。這也是對命題對象的全部陳述。

〔莫〕沒有人（或物）。《孟子‧滕文公上》："無君子，莫治野人；無野人，莫養君子。"

〔無2〕沒有（人）。副詞。《孟子・盡心上》："孩提之童無不知愛其親者。"

這一類的結構是"沒有S是P"，換成典型形式即是"所有S不是P"。可視爲全稱肯定命題的變體。

全稱命題的量項常常省略，但是並非各類都同樣可省。統指省略最多，而指集合體中所有個體的不省；逐指、任指、僅指一般不省略。沒有形式的叫做零形式，例如（括號內是補出的形式）：

《孟子・滕文公下》："（每）月攘一雞。"（攘，順手牽羊獲取）。這是逐指。

《論語・先進》："（無論）才不才，亦各言其子也。"這是任指（A不A形式，更多地用來表示其他結構。如"可不可"意爲把不可以的說成可以）。

（二）特稱表達

這是對某個範圍內部分對象的陳述（蘇天輔主編《形式邏輯學》言其"只表達主項的部分外延"）。特稱表達形式，四經典只有"或"和"有所"兩個。

〔或〕表示"有的"、"有些"，楊伯峻稱之爲"分稱代詞"，即在一個大範圍中分指小範圍的數量。它不分單複數。在使用中大多指單數，能確定指複數的很少。複數如《孟子・滕文公上》："或勞心，或勞力；勞心者治人，勞力者治於人。"

〔有所〕凝固結構，它由動詞"有"和助詞"所"構成，表示"有……的地方"、"有……情況"等。典型的如："退仁義，賓（擯）禮樂，至人之心有所定矣！"（《莊子‧天道》）。如果"有所"前面有主語，這個主語是"所"字後面動詞的意念賓語，"有所"在限制動詞時也使前面的主語變成了特稱。《孟子‧告子上》："所惡有甚於死者，故患有所不辟〔避〕也。"（有的患難是不避的）

二、四經典量限表達的特點

（一）量限表達和量項主要是狀語

狀語其實不是量項，但我們不能忽視量項的胚胎形態。四經典已經有了一批基本的量限表達形式。全稱的統指、逐指、任指、僅指和無指形式都有了，即今天所有大的種類那時都已經出現。特稱有了專用形式"或"，"有所"間或也用，而專門化程度很低。

量限表達中狀語或者狀語"出身"的詞語較多。"凡"有3例直接修飾謂語，爲狀語。"各"15例全是狀語。"人人"3例中有1例狀語，《孟子‧離婁下》說執政者不用拿自己的車載人過河："焉得人人而濟之？""每"在四經典中單用共10例，4例修飾名詞（其中3例"每事問"）。6例修飾動詞，表示每次、經常。全出於《莊子》，如"每發而不當"。筆者翻檢《尚書數據庫》和《詩經索引》，共7個"每"字，《尚書》有"每歲孟春"，《詩經》沒有作定語的"每"。看來，"每"在早期更多地修飾動詞，四經典時代修飾名詞的用法還較新。"舉"作定語修飾主語4例，作狀語的卻有8例。《尚書》和《詩經》都沒有作定狀語的"舉"。"有所"總是用在動詞前，具副詞性。

　　凡、各、每、舉、人人、有所的副詞意味，可能透露著漢語量限表達從謂詞的修飾語轉變而來的趨勢。人類最早的句子是獨詞句，或可看作光杆謂語。接著是雙詞句。今天兒童的雙詞句多是謂語的擴展，如"不哭"、"走了"，少數是主謂句。遠古人類應該也有這個階段。哪怕句子發展到十幾個詞或者更多了，主語還長期可有可無（不單漢藏語常省略主語，日語在第一人稱作主語時還統統省去，強調時才說出）。謂語既承擔句子的主要的交際功能，其複雜性自然較快增加，於是先於主語有了修飾語。先期的量限既管動詞又管主語，然後才慢慢過渡到專為主語添加量限。

　　在四經典的廣義量項中，狀語也是絕大多數。除去不管主項的用法如"汝皆悅之"、"夫唯不厭，是以不厭"等，除去疑問句，筆者統計，表全稱量限的副詞修飾語在四經典中的詞次是：皆208。舉8。俱9。凡3。各15。唯（惟）43。總共286次。沒有表示特稱量限的副詞。定語量項總頻數僅54次（詳見下表），共340次，定語約占廣義量項的15.9%。

（二）定語量項有了初步發育；特稱尚無定語量項

　　四經典不用量項而直接用主語表達量限的有"誰"、"莫"、"凡"、量詞重疊和"或"。量項有凡、一、諸、舉（定語）、每、各、舉（狀語）、皆、俱、唯、無（無論）、無（沒有）、有所13個，其中代詞、形容詞定語只有5個。

　　定語量項的表達式數量和頻率好似都剛過萌芽時期。"各"的代詞定語用法還沒有。"全"也沒有用來修飾主語的數量或範圍（《莊子》有"未嘗見全牛"，"全"作定語，修飾賓語）。"通國"的"通"本可作定語量項。《孟子‧告子上》："弈秋，通國之善弈者也。"但四經典的兩例都用於謂語部分，不計入。全、滿、一應、一切、所有、任何等量項，在漢以後、中古和近代才陸續出現。

定語量項的使用頻率，筆者取主要部分統指、逐指、任指和特稱來同現代漢語作了一個比較（全稱的僅指，兩種語料都沒有定語量項）。四經典字數取整數約15萬3340字。筆者選取2005.11.1（筆者寫到這裏之日）的《人民日報》和《光明日報》前、中部分15萬3340字。剔除這些量詞的其他用法，只統計這些它們以定語身分限定主語的出現次數。

四經典和今語料定語量項的數量比較

語料	統指	逐指	任指	特稱
四經典	凡22，一11，舉4	每4，*諸13	0	0
	合計：37	合計：17	合計：0	合計：0
人民日報 光明日報	所有10，全部4，全體3，*全30，凡、凡是5，一切1，滿2	每（每個）50，各48	任何7，什麼1	有的13，有些8，一些27，很多3，許多10，少數1，大多數、絕大多數5，一般2，不少2，大部分3
	合計：55	合計：98	合計：8	合計：74

*諸，除去諸侯一詞。*全，除去全體、全部、全局、全方位、全國性等詞。

四經典定語量項總共54次，兩報多達235次，四經典勉強達到兩報的23％。這是在語料字數相同的情況下的比較。我們如果以四經典的量爲單位1，語料中定語量項的古今比例是：

統指1：1.49。逐指1：2.82。任指0：8。特稱0：74。

統指的差別較小，四經典的統指頻率已經有了今天的71.1％。看來統指無論從絕對數量還是古今比例看，都是當時發展最充分的。逐指的差別就大了，四經典的頻率才到今天的17.3％。任指和特稱的比例差別無窮大。

四經典的詞以單音詞爲主，句法也簡單，故句子短。如果以句子數量來和兩報對比，差別就更大。筆者作了一個粗略的統計，就是只統計句號句的數量，四經典6131個句號句，兩報僅1881個句號句。此外兩報還有許多作賓語的定語和定語的定語的"量項"沒有計入，如"全市農民普遍掌握了1至2門農業實用技術"的"全"，"借鑒和汲取人類社會的一切先進文明成果"的"一切"。四經典則幾乎沒有這類用法。

爲什麼不同種類的定語量項的發展有這些差異？筆者思忖，原始統指所要求的量的精確度最小，逐指則要細致些，任指不免要逐個考慮是什麼不是什麼的可能性，而可能性的認識較麻煩。特稱是注意到部分分子的情況了，量限表達的難度逐漸加大。四經典的量限表達還處在比較原始的狀態。

（三）量項發展的狀語→定語階段

爲什麼兩種語料的定語量項的總頻率差別如此巨大？

定語量項發育的條件，是對陳述對象的範圍、數量的關注，這是人類注意力從謂語基礎上的擴大。漢語在兩千多年獨立發展的過程中，本身就一步步走向精細化，但是步履不快。將近兩百年來受到西方科學文化和語言的重大影響，漢語的精細性發生了大躍進。定語量項的劇增是值得歡迎的現象，這個量本來就是主語（邏輯上叫主項）的，理應有詞語對主項進行專門說明。

我們再來比較四經典和兩報的副詞量限的消長。除去無關主語的和疑問句裏的以外，四經典副詞量限286次，兩報僅174次（其中意指全稱的"都"、"完全"和"全部"148次，意指特稱的"很少"、"基本上"、"至少"、"差不多"24次，"只有"2次（《現代漢語八百詞》說："'只有'是副詞'只'和動詞'有'轉化而成的連詞，因此仍然或多或少保留副詞的作用。"它確實具有副詞意味，為了方便和古代的"唯"比較，今予計入））。兩報增加了特稱量項，而副詞量限總次數卻只有四經典的60.8%。兩報的定語量項和狀語量項的頻數比是235:174，定語多出近1/3。

據此，我們可以把漢語量項的發展分為兩個階段：狀語優勢階段和定語優勢階段。四經典所處的先秦，屬於狀語優勢階段中的較早時期。當代的漢語也許剛進入定語優勢的中期，還不能說有了充分發展。預計定語優勢還將進一步增強。現在頻率最高的狀語"都"，經常出現在本有全稱量項的主語後，也不時出現在有特稱量項的主語後（如"許多A都是B"），它雙管主謂的作用正在弱化，好像在變成一種強調。不過這裏斷定狀語量項將消失可能為時太早。兩個階段的規律從邏輯上說，也可能適用於其他語言，這有待於更為廣泛的研究。

（四）全稱命題的"濫用"

在語用實踐中，全稱命題未必都是指的全部，它們也常常用於典型之稱、大多數之稱。這種情形古今都有。如《莊子·天地》："凡有首有趾、無心無耳者眾。""凡"似多余。又如："印度人的長相雜有歐洲人和亞洲人的特徵。"這是指典型的印度人而已。就某個印度人來說，可能只像亞洲人而看不出什麼歐洲人的樣子，或者相反。而四經典更有甚者。

《老子》第42章："人之所惡，唯孤、寡、不穀，而王公以爲稱。"（河上公注："不穀，言不能爲眾輻所湊。"即不行）。

《老子》第67章："天下皆謂我道大似不肖。"

《孟子·離婁下》："匡章，通國皆稱不孝焉。"

《論語·里仁》："子曰：'唯仁者能好人，能惡人。'"（只有仁者才能喜愛人，厭惡人）

《莊子·駢拇》："自虞氏招仁義以撓天下也，天下莫不奔命於仁義。"（莫，沒有人）

《孟子·告子下》："夫苟好善，則四海之內皆將輕千裏而來告之以善。"（苟，若。四海之內，尊周爲天子的各國，此指國中士人）

《老子》第78章："弱之勝強，柔之勝剛，天下莫不知，莫能行。"

這種對數量的過度誇大，也許揭示了早期全稱命題的來歷和性質。

三、全稱、特稱和單稱命題起源順序的推論

全稱、特稱和單稱命題不可能是同時起源的。筆者推測，其起源順序是單稱→全稱→特稱，而單稱和全稱都沒有標誌。

理由有4：

1、認識是從具體個別的對象開始的。原始語言經常把後來概括成類的東西看作互不聯繫的單獨個體，專名眾多而類名稀缺。剛學說話的孩子能夠在成人的教導下指認一些東西，如碗、花。離開刺激物以後還能再認。孩子嘴裏說出了類名，其實那些類名是單獨概念，不能遷移到同類物品上去。“碗”就是自己手上的小洋瓷碗，對於飯桌上的其他不同質地和大小的碗不能概括。

今天單稱命題的典型量項是“這個”，而它最初不但沒有量項，且主項也是實物名詞而不是代詞。因爲代詞代替其他詞語和句子，比實物代碼的形成要困難些。代詞“我”在兒童語言中出現大約在1歲零五六個月，“這”更晚。自稱其名延續到兩三歲不足爲奇。

2、從單稱一擴大，就是全稱，而不是特稱，因爲原始的全稱命題是褊狹的混沌的。原始人的眼界十分狹窄，關注的東西少得可憐。他們的概括最早來自兩三個對象，然後緩慢擴大，長期不能觸摸到事物的共同本質，所以全稱經常是誇大其辭的。我們再看小孩的概括。筆者曾要求一個5歲的小女孩指出圖畫上的6只小白兔有什麼不同，她掃了一眼，沒有發現。叫她仔細看，她又掃了一眼，還是沒發現，不耐煩地說：“都

是一樣的！"將兩只不一樣的兔子概括了進去。假若一位小學生受到繼母的欺負和父親的冷落，再發現學校的班主任也歧視他，他就會悲哀地相信：所有人都不要我了！這些情況都會產生過度概括。這種全稱命題帶有主觀色彩，並不追究事實是否真的如此。兒童語言習得過程表明，全稱命題的出現明顯早於特稱命題。

3、早期全稱命題都是無標記的，特稱卻有標記。無標記的形式被認爲是基本形式，這是通則。就量項來說，也是全稱命題先有。四經典及整個上古漢語有了多個種類的全稱量項了，特稱還沒有一個真正的量項。

4、特稱命題是考察下位範圍或數量的結果，需要一定的分析能力。沒有分析的總體認識是模糊淺薄的，混抹的全稱命題實質上是全稱和特稱的混合體。人的認識路子是：從混沌個體→混沌概括→略清晰個體和小類→略準確概括→更清晰個體和小類→更準確概括……直至無窮。這就是從具體上升到抽象，再從抽象上升到具體，再從具體上升到抽象……的往復過程。特稱命題起源於全稱之後的論調雖然"古怪"，卻是符合這個規律的。

本節參考文獻

蘇天輔主編《形式邏輯學》，重慶大學出版社，重慶，1992

徐頌列《現代漢語總括表達式研究》，浙江教育出版社，杭州，1998

何樂士等《古代漢語虛詞通釋》，北京出版社，北京，1985

呂叔湘等《現代漢語八百詞》增訂本，商務印書館，北京，2004

普通邏輯編寫組編《普通邏輯》，上海人民出版社，上海，1986
本文2006.3.4在全國語言邏輯和符號邏輯年會上交流

第二節　程度副詞的使用

　　摘要：四部經典已擁有程度副詞的多數類別，尚無表示中度、適度和一定程度的詞。明清語料與之基本相同。四經典高程度組和低程度組的副詞詞次比達10：1，明清語料低程度組大有發展，調整至約4：1。遞度組發展也很大。兩種語料對比，明請組詞項增長了66.7％，頻率增長了32.1％，程度副詞取得了長足的進展，這是漢語走向精細化的表現。推測程度副詞的起源，表示高程度的早於表示低程度的，表遞度的在這兩組之後，表適度、中度的最後產生。四經典程度副詞大多是他詞的業余使用，明清加強了專業化，但多數還是副詞與他詞的兼類詞，特別是形、副兼類。

　　程度副詞對動作變化和性狀的程度進行限制，是語言中一個重要的詞類，我們可以通過研究四經典程度副詞的狀況，並同明清語料對比，看到某些語言發展的規律。明清語料詳見緒論。

一、四經典程度副詞的用法

1、表示低程度的。相當於今天的稍、輕微

〔少〕小子少進。《莊子・天運》（1、2、3、這級小

標，與下面不留空行）

〔幾〕事父母幾諫，見志不從，又敬不違。《論語・裏仁》

〔小〕今病小愈，趨造於朝。《孟子・公孫丑下》

2、表示高程度的

〔大〕陳相見許行而大悅。《孟子・滕文公上》

〔重〕早服謂之重積德。《老子》第59章

〔深〕深耕易耨。《孟子・梁惠王上》

〔甚〕齊人將築薛，吾甚恐。《孟子・梁惠王下》

〔何其〕彼仁人何其多憂也。《莊子・駢拇》

"何其"專用於感歎句，用於疑問句的不是程度副詞。

表示過分的程度，用"已"、"太"：

〔已〕人而不仁，疾之已甚，亂也。《論語・泰伯》

〔太〕克核（苛責）太至，則必有不肖之心應之而不知其然也。《莊子・人間世》

太也作泰或大（讀太），少數無貶義，如太平的太。

多，在四經典裏作副詞指動作行爲的對象多，如多聞、多取；厚，指多或豐盛，如厚葬、厚亡（多丟失），可算作廣義的程度副詞，但不真正表示程度，本文暫不收入。況，陳克炯先生列爲程度副詞，而它的功能是連接分句，實爲進層連詞。

3、表示極端的程度

〔至〕天下之至柔，馳騁天下之至堅。《老子》第43章

〔極〕且夫知不知論極妙之言而自適一時之利者，是非坎井之蛙與？《莊子・秋水》

〔盡〕盡美矣，又盡善也。《論語・八佾》

〔最〕然惠施之口談，自以爲最賢。《莊子・天下》

4、表示接近某種程度

〔幾〕子幾死乎？《莊子・山木》

〔幾乎〕三子之知幾乎皆其盛者也。《莊子・齊物論》

先秦的"幾乎"被認爲是動詞，"接近於"的意思。四經典有6例"幾乎"，5例確是動詞，如"如知爲君之難也，不幾乎一言而興邦乎？"而上面所出用例，"幾乎"後還有範圍副詞"皆"，其修飾成分的地位明顯。"幾乎"的虛化是從作修飾語開始的，所以這裏列爲程度副詞。（陳克炯的先秦程度副詞表有"幾於"，無"幾乎"，於、乎乃是一音之變）。

5、表示程度在原來的基礎上進一步發展（加深或變淺），人稱"遞度"。

〔愈〕聞諫愈甚，謂之很。《莊子・漁父》

〔彌〕仰之彌高，鑽之彌堅。《論語・子罕》

〔益〕如水益深，如火益熱，亦運而已矣。《孟子・梁惠王下》

〔滋〕若是，則弟子之惑滋甚。《孟子・公孫丑上》

〔加〕舉世而非之而不加沮。《莊子・逍遙遊》

這些副詞的意義沒有什麼差別，都可以用"愈"代替。如此之多的遞度副詞，有方俗的原因，比如《論語》只用彌，《莊子》只用愈。

程度變化常在相互聯繫的對象之間出現共變現象，人們用副詞聯合來表達。《老子》第47章："其出（戶）彌遠，其知彌少。"由於此用法年輕，聯合還不穩定。《莊子》有兩例"愈"出現在這種結構的前項而失落於後項。如："人有畏影惡迹而去之走者，舉足愈數而迹愈多，走愈疾而影不離身。"
連貫的表達是"走愈疾而影隨身愈疾"。

　　彌和愈不等於後代的"更"，它們不能用在疑問句中。
孟子的"獨樂樂，與人樂樂，孰樂？"不能問作"孰愈（彌）
樂"。疑問句的結構比陳述句簡單多了。孰樂、孰賢、孰親、
孰多之類，"孰"後面的謂詞如果用w來代表，表示"更w"的
意思。遞度的意義由句型臨時賦予w。

　　下面是四經典程度副詞表。爲了比較，明清語料的程度副
詞表亦列在本表之下。

四經典程度副詞表

程度	詞項與詞次						合計
低程度	詞項	少	幾	小			3個
	詞次	4	1	9			14
高程度	詞項	大	重	深	已（以）	太（泰）	甚	6個
	詞次	78	6	6	7	8	35	140
極度	詞項	至	極	盡	最（取）			4個
	詞次	47	1	4	2			54
接近	詞項	幾	幾乎					2個
	詞次	10	1					11
遞度	詞項	彌	愈	益	滋（茲）	加	益加	6個
	詞次	5	16	4	8	9	1	43
總計	詞項21　　　詞次262						

明清語料程度副詞表

程度	詞項與詞次									合計
低程度	詞項	少	小	略	粗	稍	小小				6個
	詞次	10	4	4	3	13	2				36
高程度1	詞項	大	重	深	甚	厚	殊	頗	尤₁	良	9個
	詞次	47	3	17	45	3	2	1	2	1	121
高程度2	詞項	已	太	過	何其						4個
	詞次	2	13	5	7						27
極度	詞項	至	極	盡	最						4個
	詞次	41	6	2	17						66
接近	詞項	幾	幾於	大略	大致						4個
	詞次	11	1	1	2						15
遞度	詞項	彌	愈	益	滋	尤₂	更	加	益加		8個
	詞次	3	17	28	1	20	8	1	1		79
總計	詞項35　　　詞次344									

注：尤1：格外。尤2：更加。

二、程度副詞分析討論

（一）兩種語料程度副詞的狀況

1、四經典程度副詞

已覆蓋現有程度類別的多數。其中，表高程度的最發達，表低程度的很落後，僅為前者的百分之十。表示極度、接近和遞度的均已得到一定發展。缺的是表示中度、適度和一定程度的程度副詞。四經典的程度副詞輕重量級發展高度不平衡。

2、明清語料的程度副詞

表高程度的很少發展，事實上除去表過甚和專用於感歎句的詞，高程度組的詞次還減少了4次。而表低程度的劇增了157.1％。其次是表遞度的，增長約84％。表極度的增長較少，表接近的更少。也沒有表示中度、適度的副詞。表示一定程度的副詞"較"，至遲在唐代已經產生，《漢語大字典》說相當於"稍"，則在低程度組。因使用少，我們的語料裏沒有。不過在截取過語料所剩的《孟子師說》裏有1例："遠觀古事談何易，實證今身做較難。"此"較"應該同現在的意義一樣，是一個相對性很大的、從中低度到的中高度都可以用的詞。

"接近"組的"幾"、"幾於"表示非常接近某種情況，所以可以說幾同，不能說幾似。"大略"與"大致"的接近程度少些。它們是比較特殊的程度副詞，兼有範圍意味。而這個範圍是動詞所涉及的對象的。如戴震《答彭進士允初書》："體段工夫，大略相似。""相似"的是比較對象的大部分或主體。大致等的出現，意義較大，它擺脫了感情色彩，要求說話人不但要有動詞的程度概念，還要對動詞所涉事物的總體有一定的把握。

足度，是動態性狀的一個常見的度，英語用enough（形容詞兼副詞）表示。漢語有"足"和"足以"，四經典共138詞次。其足度意義與值得、能夠分不清，又能單獨回答問題和作謂語核心，一般認爲是助動詞或動詞。《古代漢語虛詞通釋》認爲"足"是副詞，"表示達到了某種程度"，而又把"足以"的用例全部歸入助動詞。"足"和"足以"確實虛化不足，至今仍然如此，漢語用副詞來表示足度還未真正實現，故筆者表中未列此類。

古代漢語有"適"，表示碰巧、正好，是語氣副詞。有時它們看似有程度意味，如《莊子·人間世》："其知〔智〕適足以知人之過，而不知其所以過。"但不能說"適損益"、"適休養"等。適度、中度程度副詞的缺位，在於這種度是平常的度，不引人注目，又沒有明確的界限，人們較難把它們獨立出來。零修飾語表示平常度是原型。現代漢語"適當"、"適度"是形容詞，經常修飾動詞，已經兼有副詞性；又出現了"中度燒傷"等的"中度"，填補了漢語程度副詞適度與中度量級的空白。

3、程度副詞總計

商代的甲骨文金文只有兩個程度副詞，"大"和"少"（張國豔說只有"少"，但又說"壬大啟"是壬日"大晴"，則"大"是程度副詞），用例不多。四經典程度副詞的增長幅度如坐火箭。當然，不能說增加的都是後起的。從商末到四經典產生的時代，才八九百年左右。甲金文文獻少，卜辭和銘文不記載人們的思想感情和百姓日常生活，因此不能全面地反映當時的詞彙量。筆者推測那時的程度副詞不會比四經典少多少。

從四經典到明清語料，詞項增長了66.7％，詞頻增長了31.3％。

再看程度副詞在句子中的分布密度。四經典句子8495個（根據句號、感歎號和問號統計），每32.4句有1個程度副詞。明清語料句子加長，減少至5326個，每15.5句有1個程度副詞（按：本文在2006年發表時，因操作問題，兩種語料的句子數不正確。甚為抱歉）。儘管語料的寫作內容和風格不可避免地有差異，我們還是可以肯定程度副詞取得了大的發展。

　　另外我們還看到，詞項的增加遠大於詞頻的增加。增加的詞項少數是使區別更細，多數並無特殊意義。詞項增加過熱，離不開方言因素，這是發展中難以避免的問題。根據語言的經濟性原理，它們又會逐漸被清理裁員。

　　程度副詞的發展，是兩千年中漢語走向精細化的一個方面。漢語跟其他語言一樣，都有模糊和精密的內部矛盾，但都或慢或快地趨向於精密。光看統計數據可能沒有感覺，我們舉個實例。《莊子・應帝王》："始吾以夫子之道為至矣，則又有至焉者矣。"兩個"至"字，現代的表達應是"最高"和"更高"，增添兩個程度副詞，將不同量級分清。模糊度高並不是任何一門語言的優點，敝帚自珍是不明智的。

（二）程度副詞產生的先後及發展

　　所謂先後，是就大體而言。一類詞中早期的分子產生之後，後面繼續產生的分子，勢必同後起類別的詞互有交叉。程度副詞有這麼多類別，先秦四經典又遠離語言產生的初期，我們如何探求程度副詞產生的先後？

　　我們先假設，古代發展迅速及過熱的詞場，表達人們急於表達的意思，理當先產生；早期的語言表達更富於情緒性而非客觀性；兒童程度副詞習得順序在相當程度上複現了一門語言程度副詞發展的路徑。四經典出現的時代離完整記錄語言的文字產生畢竟不久，較多保留了未經文字整理的史前語言的特點。

　　程度不像運動變化那麼形象，那麼容易切分，程度副詞從總體上說比實詞產生要晚一些。人們要先察覺運動變化本身的存在，然後才能分辨其程度的輕重。

　　四經典程度副詞最大的類是表深烈的，詞項和詞頻都遠遠超過其他類。估計這是最早產生的一個程度副詞子場。本組有明顯的主觀強調色彩。四經典"甚"和"大"所在的狀中結構共113個，其中64例是關於人的心理、情感和品性的，如"甚恐"、"大悅"。另有25例關於人的其他方面，如"大敗"。人們對自然事物的描述和評價較少受主觀因素影響，而對人的描述和評價多受情感左右，易誇大其辭。我們還看到兒童學語的過程，先習得"很"、"大"等表示高程度的程度副詞，後習得"有點"、"稍微"等表示低程度的程度副詞。

　　高程度組與低程度組數量落差如此之大，為什麼說兩組概念不是同時發展起來的呢？因為人類的神經系統對高強度的刺激很敏感，它們對人的安全、取食的意義重大。低強度現象對生存的意義小，就容易被忽視。筆者的研究生孫尊章也發現，先秦時間副詞表示快速的比表示慢速的多得多，表示頻度高的比低的多得多，它們也含有度的意義。語言中這種情況還多。由此也可推論，許多成對反義詞不是同時產生的，它們當中強大積極的一方憑藉與普通狀態相比而率先產生，不能簡單說表示兩極的詞互相以對方的存在為自己存在的條件。

　　極度組也具有濃厚的強調色彩。它們要在三個及其以上對象的比較中取其首要或首要之一，主要用在比較句裏，不像上面兩組那樣自由。人們亦稱之為相對程度副詞或倚比程度副詞。本組是四經典程度副詞的第二大組，它們的產生也應該較早，接在前二組之後。"至"等在四經典中出現54次，明清語料增加了12次，增幅較小，看來本組與高程度組經歷了相似的發展軌迹。

接近組的 "幾"（幾乎）語氣也比較強烈。而要把接近從 "有無"、"已未" 的臨界處分割出來要費些功夫，它們的起源當比極度組遲一些。兩種語料的這一小部分詞頻十一二次，都較低。它們雖有喚起人注意的感情色彩，但適用語境不多，到明清似沒有明顯發展。

遞度組跟極度組一樣，也是相對程度副詞。遞度組表示程度的加重或有關因素的共變，情感成分較少。這也較難，起源也當較晚。

這兩組何者先產生，我費了很多躊躇，想來想去認識難度差不多。終於找來兒童副詞習得的材料，一看，"差點兒" 和 "更" 都出現於3歲半。3歲時出現了 "特別"，但是 "特別" 有 "格外" 和 "更" 兩個義項，幼兒未必能分別。筆者不能推斷它們產生的先後，暫付闕如。

適度、中度組的產生最晚，上面已作分析。它們不但起得晚，而且到現在還是被學界所忽視。人們看得到已有的，想不到沒有的。

這個順序與兒童的程度副詞習得一致。據傅滿義考察，兒童1：8歲（1歲零8個月，下同）開始出現高度組程度副詞，2：0歲有了低度組的 "有點"。2：6歲出現極度組的 "最"，遞度組的 "越……越……" 遲至4：6歲才出現。傅先生的被試限於5歲以內，他沒有提到中度和適度程度副詞的使用。[34]

兩種語料中，程度副詞各組的發展差別極大。主要線索：高程度組經歷了上古的迅速膨脹期，到明清已處於穩定期。低

34、傅滿義《兒童語言中的副詞》，安徽大學碩士論文2002，P33～36

程度組由萌芽期進入穩健膨脹期。遞度組由初步發展到穩健膨脹期。影響它們消長的主要因素是求實的邏輯性判斷對情緒性表達的逐步取代。

這些結論能否代表古代漢語程度副詞的發展狀況，還需要人們研究更多的語料來檢驗，比如明清白話文。

（三）程度副詞的語法化問題

程度副詞是意義半虛的詞。它們主要是由形容詞、其次由動詞演變成二者的修飾語的。它們的語法化過程，我們這裏擇要考察。假設頻度高的副詞是發展較充分的，我們選取四經典中的前9個高頻程度副詞（第10個是"己"，多用作時間副詞，沒有與"過分"相近的實詞義項，不列）；明清語料中前10個高頻程度副詞；又從它們的實詞用法中找到意義最近者，作一個對比。見下面兩個表（統計時排除使用頻率10次以上的複合詞和某些專名）。

四經典程度副詞的兼用情況

詞性	小	大	甚	太	至	幾	愈	滋	加
程度副詞用法	9	78	35	8	47	10	16	8	9
主要實詞用法	形129	形465	形43	形48	形43	動14	動11	動2	動27

註：太，含泰。滋，含茲。

明清語料程度副詞的兼用情況

詞性	稍	大	甚	太	深	至	最	愈	益	尤2
程度副詞用法	13	47	45	13	17	41	17	17	28	20
主要實詞用法	0	形360	形21	形52	形33	形24	形1	動5	形35	形4

註：尤2表示"更"。

　　四經典的"小"、"大"、"甚"主要用作形容詞，"加"、"幾"主要用作動詞，加由增加義引申爲更加，幾由接近義引申爲幾乎。它們修飾謂詞是"副業"。副詞欄的"幾"有幾例其實處於動詞副詞兩可狀態。"至"、"愈"雖較多作副詞，也不見得擺脫了與實詞用法交相勝的階段。"滋"看起來副詞性很強，畢竟只有8例，偶然性較大。它作爲副詞確實沒能經得起時間的考驗，後來衰落了。"太"比較特殊，它雖然也只有8例，實際上語法化卻很充分，因爲其形容詞義項基本上都是複合詞中的詞素，如太王、太初。表示傲慢自大的太，四經典已經分給"泰"去了。如果只保留"太（泰）"的4個"傲慢自大"用例，將四經典的9個高頻詞用於程度副詞和另一實詞義項的頻度相比較，就是220：738。把程度副詞的數量視爲1，則是1：3.35。

　　明清語料的10大程度副詞，"稍"繼承了其同源詞"少"、"小"的衣鉢；由於寫法趨於規範，"太"已不作"泰"，其形容詞義項沒有了單用的；二詞成爲全職程度副詞。"甚"、"至"、"最"、"愈"、"尤2"也主要用作程度副詞了。"大"、"益"和"深"的多數還用作形容詞。如果把"太"的形容詞用法去掉，表中程度副詞和實詞的比是258：483。把程度副詞的數量視為1，則是1：1.87。程度副詞用例提高到53.5%，大多數還是副詞形容詞兼類。

　　單個的程度副詞在2000年中也各有消長。例如，四經典"大"的人氣最高，比老二"甚"多出一倍多。到明清語料裏卻變得低調，與"甚"難分伯仲。極度組的"至"在四經典中使用最多，到明清稍有遜退。後起之秀"最"的頻率雖然不及它的一半，但是從四經典的2次發展到17次，勢頭凶猛。明清語料是文言，若是當時的白話小說，恐怕"最"的詞次還會增加。表遞度的，"益"相對高頻，後起的"更"8見，未能躋身前10名。這些頻度消長的一個重要原因是詞的功能的分化。"大"是典型的形容詞，在狀語發展的早期移用來修飾動詞，本是就近取像。於是諸多深烈的程度一古腦兒用"大"表示。後來"甚"等發展起來了，就把一些意義交給"甚"等去表達。"甚"越來越像典型的副詞，"大"的兼職也越來越少。晚近出現的"很"，更是有力地集中著高量級的程度表達。"至"的演變也是這樣。"至"的動詞用例最多，兼用於形容詞和副詞，用法複雜。當語法化充分的"最"興起後，"至"就慢慢減少了表示程度的功能。後起的"更"語法化也較好，它慢慢壓過了許多表示遞度的身兼數職的程度副詞。越是後起的程度副詞，語法化越充分，因為不斷提高的職能分化的要求促使它們較快發展。不過，由於性質、狀態和運動的程度本來就相通，表程度的形容詞和副詞確實難以截然分開，許多兼職詞將長期存在。英語用"ly"作副詞詞尾來區別於形容詞，而

獨立使用的比較級和最高級也是形容詞副詞不分：good/better/
best; many（well）/ more/most。

本節參考文獻

陳克炯《先秦程度副詞補論》，《古漢語研究》，長沙，
　　1998，第3期
張國豔《甲骨文副詞研究》，西南師範大學碩士論文，2002
何樂士等《古代漢語虛詞通釋》，北京出版社，1985
孫尊章《先秦時間副詞研究》，西南師範大學碩士論文，2005
傅滿義《兒童語言中的副詞》，安徽大學碩士論文，2002
　　　　　　　　本節內容首發於《西華大學學報》2007年第3期

第三節　謂語部分的多項考察

　　"謂語"有廣狹二義。狹義的"謂語"指作謂語的動詞、
形容詞、名詞等，或加賓語。廣義的指謂語部分，包括狀語、
謂詞、賓語和補語。這裏二義都使用，筆者力圖使其在語境中
意義清楚。

　　我們取四經典中言語最古樸的散文《論語》的前1087句，
斷句和解釋根據楊伯峻《論語譯注》。謂語部分以單句和複句
中的小句計，單純的否定詞"不"等不計，因爲它們無關於狀
語的發展；但是複合的否定式計入，例如"不幸"、"不可
不"（計1詞）。因爲是對話體，"子曰"和發話的"某曰"
不計。對照組取清黃宗羲《明夷待訪錄》的前1013句，標準跟

《論語》一致，小標題不計。兩種語料都不少於1000句。

一、《論語》前1087個謂語

（一）謂詞

謂詞包括作謂語的動詞和形容詞。作謂語的少數名詞、數詞不叫謂詞。《論語》前部1087個謂語中，動詞性謂語872個，形容詞性謂語189個，名詞性的25，數詞1。沒有代詞作謂語的。動詞形容詞謂語共1061個，下面分別敘述，這裏先將名詞性謂語和數詞謂語各舉一例：

人不知而不慍，不亦**君子**乎！《學而》

君子所貴乎道者**三**：《泰伯》

動詞性謂語自然最多，占謂詞的80.2%。它們大部分沒有修飾語，是光杆動詞，而帶賓語的很多。組合式動詞謂語（組合動謂）中，聯合式54個，連動式32個，兼語式18個，提語式（下面詳述）23個。其他對舉式、承接式（從《論語詞典》）、條件式、轉折式等共26個，它們多是緊縮複句的謂語。總共有153個組合動謂，約占動詞性謂語的17.5%（個別動詞形容詞的組合式謂語也歸入此類）。連動式、兼語式是具有特色的形式，在漢語和它的同樣罕有形態變化的親屬語言中常見，聯合式也比形態語言多得多。各舉1例：

聯合式：君子欲**訥**於言而**敏**於行。《里仁》

連動式：回也**聞**一以**知**十，賜也**聞**一以**知**二。《公冶長》

兼語式：有朋自遠方**來**，不亦**悅**乎？《學而》

提語式：子**謂**子貢**曰**。《公冶長》

對舉式：弟子**入**則**孝**，**出**則**悌**。《學而》

　　條件式：子與人歌而善，必使反之，而後和之。（而善，如果好。）

　　轉折式：君子周急不濟富。《雍也》

　　同後代漢語相比有特色的有兩點：

　　一是提語結構多。《論語》主要記錄對話，謂語中有23例是"問曰"、"對曰"、"告之曰"、"謂某某曰"（謂，告訴）等；四經典中其他還有"謂曰"、"語曰"、"語人曰"之類，它們的第二動詞都是"曰"，筆者把它叫做"提語結構"。這種結構現成的類都不好歸，筆者同4位同行專家商討過，3人不予歸類，1人說是連動式，但連動式的不同動詞指不同動作，其意義也不相包含。此結構中，兩個動詞其實指同一動作，前一個動詞字面義具體，後一個動詞字面義概括，後者的字面義包含前者。句中不要"曰"，語義已夠。"曰"的功能是提起注意，故暫叫提語結構。今天口語中，人們就喜歡作引語提示，如"昨天陳師傅對我說，他說……"。有意思的是，漢語的近親泰語也有同樣的結構，恐怕比現代漢語還要多，表示同樣的功能。能用泰語上課的涂敏老師說："泰語也把'哇'放在'問'、'告訴'之類詞的後面。……這是爲了提示下文。"（"哇"即"說"）。

　　這種結構後世有一定消長。直接用簡潔的"問"、"答"、"告訴"等詞，也起於先秦，如《管子》裏就有"告愬"（告訴）。而"問曰"之類較多。它們在先秦產生發展，在中古開始衰落，近代"曰"多被"道"取代，時興"問道"、"說道"、"答道"，少有"告訴道"。今天還有一些"說道"、"問道"、"回答說"，多是保留舊形式。後面的

"曰"、"道"和"說"都有提示意義，其實是冗余信息。《漢語大詞典》將"問道"的"道"解釋爲助詞，說明語感上它已有所虛化。今天正式文本不用"回答說"、"告訴他說"，越來越多的人認爲它們累贅。展望未來，可能它們會慢慢消失。

另一個特色是兼語句的兼語大多省略。18個兼語式中，10個都省略了兼語。如：

仲由可使（之）從政也與？《雍也》（括號表示省略的兼語）

省兼語的謂語中9個都是承前省，所以兼語的所指還是能弄清楚的。有一個特殊："儀封人請見。"（《八佾》）。楊伯峻譯："請求孔子接見他。"這句話是起頭話，不存在承前省"孔子"，後面也沒有提孔子，只是說君子來了他都要見。如果講成"請求拜見（孔子）"，不大符合先秦習慣，也講得通，不需要兼語。但展開看，仍然有"讓他拜見"的意義。"見"的主語、賓語和它用作主動被動不明，只有模糊理解。現代漢語即使有前面的主語，兼語也是不能省的了，只有少數口語用法例外，如"不讓（）進"。

形容詞作謂語，光杆的也占多數。但是組合式形容詞構成的謂語豐富，這是一個特色。189個形容詞謂語，占謂語總數的近17.4%。組合式形謂就有24個，占形容詞謂語的12.7%。如"狂簡"、"樂而不淫"、"威而不猛"、"貧且賤"、"奢則不孫（遜）"。它們中14個是並列式，其他有轉折、承接等，一般爲緊縮複句形謂。就其內容看，性質形容詞固然占絕大多數，狀態形容詞卻比想象的多，有16個（組合的一個謂語可以有兩三個形容詞）。如彬彬、夭夭如、巍巍乎。狀態形容詞的意義模糊且情感化，不大適合於哲學著作的表述，但中國早期哲學著作偏向感性表達和記敘。

（二）修飾語

筆者估計，修飾語在最早的語言裏是沒有的（除了單純否定），因爲它使表達精細化和生動化，這是認識有了一定發展之後的產物。原始的"骨架句"，其支點詞就是光杆謂詞或名物詞，功能大體是混沌的謂語。因爲謂語是一句話中要告訴給別人的新信息，而主語只是提供陳述對象、出發點的信息。支點詞表達被一點一滴地改善，至少需要幾十萬年的時間，如果音節分明的語言發生在幾十萬年前的話。在早期文字出現之後，支點詞表達現象仍不罕見，例如先秦漢語。

狀語是漢語謂語的基本修飾語。它交代動作變化的方式、條件、對象、情狀與時間地點等。爲了便於觀察，筆者把狀語分解成狀語元。所謂狀語元，就是能單獨充當狀語的單位。例如"善爲我辭焉"，"善"和"爲我"就是兩個狀語元，"爲我"若拆開成兩個詞，就不能單獨修飾謂詞了。"夫子溫良恭儉讓以得之"，"溫良恭儉讓"是一個狀語，5個狀語元。故狀語元大於等於詞。個別狀語是修飾名詞性謂語的：

（共事者）**必也**臨事而懼、好謀而成者也。《述而》

在《論語》前1087個謂語中，除開單純的否定詞，293個謂語有狀語，約占27%。這293個狀語含狀語元319個。1061個謂詞性謂語，再加組合式裏多出來的178個，共有謂詞1239個；狀語元除去2個修飾名詞性謂語的，計有25.6%的謂詞有狀語修飾。

有些謂語已不止一個狀語元修飾了。可見，狀語已經有了初步的發展，例如：

　　知和而和，不以禮節之，亦不可行也。《學而》

　　賜也，始可與言《詩》已矣。《學而》（"與"後省介詞賓語"汝"）

　　從意義上分，能願狀語元（如：可、欲）70個，時空狀語元（如：始、自牖）43個，方式狀語元（如：以其子、以能）16個，語氣狀語元（如：必、足以）22個，程度狀語元（如：盡、大）6個，其他類同、總括狀語元等不一一計數。這些狀語都是限制性的。描寫性的是情態狀語元（如：慎、斐然），40個。

　　補語也修飾說明謂詞。這1087個謂語有補語89個，分類和數字如下（括號中是舉例）：

　　對象補語（近於義）：51　　方式補語（爲政以德）15

　　時地補語（使民以時）：20　比況補語（比我於老彭）2

　　情態補語（守死善道）：1

　　對象補語最多，51個。其次是時地補語，再次是方式補語，比況補語和情態補語只有一兩個。補語都簡單，沒有分補語元。有補語的謂語約占全部謂語的8.2%。狀中結構和中補結構都是偏正式，我們把狀語和補語加起來，有修飾說明成分的謂語共382個，約占謂語的35.1%。二者有少量重合，有的謂語既有狀語又有補語，例如："博學於文。"（《雍也》）

　　我們可以把主語謂語修飾語的發展劃分爲4個階段：10%以內爲起步期，11-40%爲小發展時期，41%—70%爲中度發展時期，71%以上定爲發達期。賓語的修飾語發展應該滯後一些。

從這個數據看，《論語》語料的謂語27%有修飾語，已經獲得小的發展。人們不需要每個主謂語都有修飾語，但是以修飾語元計算，平均一個中心語有一個修飾語元，則不需要太久，當代漢語可能已經達到或差得不遠。

（三）表達粗疏問題

表情達意是隨著認識的發展而發展的。《論語》產生的時代，漢語用漢字逐詞記錄已經一千多年，句子大多數主謂賓齊全（需要賓語的話），謂詞修飾語也已脫離起步期獲得了初步發展，多複句。所以這個時候文化已相對發達。其表達，詞句的意思絕大多數比較清楚，模糊詞句和歧義不太多，依靠前人的注解並仔細琢磨，理解大多沒有問題。但是，這距離表達的完整精密還遠。就語料的謂語部分看，總的情況還比較粗疏。這裏我們將支點詞表達、意義寬泛不確和成分缺省的情況叫做粗疏。意義方面的粗疏難以量化，筆者只把今天看來明顯粗疏的表達提出來，例如成分缺省只提語感上認為不添加就不好的。這樣，在《論語》1087句中，筆者找出了74例明顯粗疏的謂語。舉例如下：

(1)溫故而**知新**，可以為師矣。《為政》

(2)不義而富且貴，於我**如浮雲**。《述而》

(3)射不**主皮**，為力不同科。《八佾》

(4)三十而立，四十而**不惑**，五十而知天命，六十而**耳順**。
　　《為政》

(5)**亡之**！命矣夫！《雍也》

(6)里仁為美。**擇不處仁**，焉得知〔智〕？《雍也》

第(1)例"知新"，有人理解爲有新的體會，有人理解爲獲得新知，弄不確。第(2)例，不義的富貴"於我如浮雲"，"如浮雲"比喻什麼？抓不住？不相干？沒根基？非我所求？朱熹集注說輕如浮雲，言輕視之，孔子確未貶之如糞土。楊伯峻不取，譯文照錄"浮雲"，保持其模糊性。第(3)例"不主皮"的意思是不用穿透皮靶。"主"並無穿透的意思，是立足，不立足於（穿透）皮（靶）。（孔子）30歲而立，什麼是"立"？楊伯峻根據《泰伯》篇的無主句"興於詩，立於禮，成於樂"，釋"立"爲（懂禮儀了）"說話做事都有把握"，"能在社會上站得住"。迂曲過度而邏輯不足。40歲就"不惑"了，對哪些問題不惑？沒有人對所有問題都不惑。"知天命"是什麼意思？懂得聽天由命？懂得上天有自己的意志？60歲"耳順"，什麼是耳順？10歲一個階梯，那麼劃然截斷，不是"大概"、"左右"的年紀嗎？第(5)例寫孔子去探望患病的學生冉伯牛，說"亡之！"是說（他）要死了，還是沒辦法只有等死了，還是怎麼就死了？楊譯是"不得活了"，就算符合原意也要加助動詞。第(6)例"擇不處仁"是"擇（居所）而不處仁（鄰之側）"，大體點出意思而已。

綜合1087個謂語的形式、意義和修飾語來看，《論語》謂語發展比主語好，謂詞發展比賓語好，都相對細致明確。

出於崇拜祖先的思維定勢，人們稱讚古經典表達"簡潔"，不知是簡陋。有的朋友說："現代漢語要說很多，絞。"好像這個民族越活越說不來話了。筆者在語言學碩士招生復試時，曾讓考生選出一系列判斷中的正確判斷，"現代漢語的表達比古代漢語嚴密”一題，七八名考生僅一人選爲正確。其他人連送分題都不要！我愕然，一個人只要有進步論的常識，沒有語言學專業知識也會選。

二、《論語》謂語和黃宗羲文謂語比較

（一）謂詞

《明夷待訪錄》是清代思想家黃宗羲的代表作。筆者仍然以單句和小句爲單位，取了前1013句的謂語部分。我們將修飾語與《論語》的謂語部分比較一下。

黃宗羲語料動詞性謂語當然也占多數。形容詞性謂語71個，占謂語總數的7%。比起《論語》語料的17.4%來，少了大半。其原因筆者主要考慮是內容的不同，《明夷待訪錄》討論君臣的性質任務和相互關係、封建、井田和置相、學校和科舉的改革等。方式主要是議論和說明，與《論語》主要是敘述和說明，且常常根據一人一事發話差別頗大。《明夷待訪錄》的形容詞謂語比例較能反映議論文形容詞謂語的發展狀況。

謂語的結構，這裏只說黃宗羲語料同《論語》語料差別很大的兼語式。黃宗羲語料兼語式達38個，是《論語》語料兼語式的兩倍多。而兼語被省的只有兩例，如《學校》章：“使知民之情僞，且使之稍習於勞苦。”前一小句承前省兼語“天子之子”，而後一句就不省了。黃的行文比較通俗，說明清初已一般不省兼語，謂語更講究完整了。

（二）修飾語

狀語和補語的功能都是幫助說明動作變化的有關情況的，我們都叫做修飾語。修飾語的發展是謂語部分趨向準確精細的重要項目。

《論語》和黃宗羲語料謂語修飾語數量比較

句數	狀語元	有狀語句	有補語句	實際有修飾語句
《論語》1087	319	293；27%	89；8.2%	356；32.8%
《明夷》1013	571	450；44.4%	78；7.7%	622；61.4%

說明：實際有修飾語句，比有狀語句和有補語句的加和少一點，因為有些句子既有狀語又有補語。這種句子《論語》語料有13句，黃宗羲語料有28句。

從表中可以看到，《明夷》有狀語的句子增加了大半，超過了44%。

狀語元，《論語》語料平均每個謂語享有0.29個狀語元，《明夷待訪錄》語料平均每個享有0.56個狀語元。增加量很大，接近一倍。狀語元的分類舉幾例主要的：

時空狀語元：107　能願狀語元：62

語氣狀語元：84　情態方式狀語元：115

情態和方式狀語元不像《論語》的那麼好分別，這裏依照楊榮祥的副詞分類將二者放到一起。這些類別中，時空狀語元是《論語》語料的2.48倍，語氣狀語元是前者的3.82倍，情態方式狀語元是前者的2.05倍，增長都很大。只是能願狀語元減少了，只有前者的88.6%。這些差異，主要考慮是較為複雜的狀語的發展，其次推測是不同內容和作者的因素。

黃宗羲語料的補語，一共78個。分類及數字：

對象補語：43　方式補語：15

時地補語：17　比況補語：2

程度補語：1

　　跟《論語》語料相比，對象補語還是最多，依次是時地補語、方式補語和比況補語，情態補語和程度補語分別偶然出現一次。這個順序兩種語料一致，可能表現了古代漢語的某些特性，如動賓關係不夠緊密，修飾語後置。

　　黃宗羲語料和《論語》語料相比，補語只及前者的87.6%，不但沒有增加，反而減少了。這是反常現象嗎？觀察其狀況，主要原因是《論語》的很多補語特別是對象補語後來不再作補語表達，取消了介詞而變成了賓語，少數是前後位置變換，結構也大變。例如：

　　(1)君子喻於義，小人喻於利。《里仁》今：君子懂得義，小人懂得利。

　　(2)二三子何患於喪乎？《八佾》今：幾位幹嗎憂慮沒有官職呢？

　　(3)君子欲訥於言而敏於行。《里仁》今：君子言語要木鈍，行動要敏捷。

　　(4)禦人以口給，屢憎於人。《公冶長》今：屢屢被人憎惡。

　　上面(1)、(2)共有3例，今天的表達都取消介詞，補語變成了賓語。(3)的補語移到前面作主語了。(4)的補語移到前面作狀語了。

　　黃宗羲語料是仿古文，其大量的對象補語，今天也換了表達方式。例如：

(1)無系於社稷之存亡。《原臣》今：與國家存亡無關

(2)（郡縣官政事缺失）大則伐鼓號於眾。《學校》今：伐鼓向眾人呼號

(3)司馬論進士之賢者，以告於王而定其論。《取士下》今：上告君王而定其論

第(1)條補語今變成了狀語，第(2)(3)條補語今都變成了賓語。

動詞所涉及的對象，在先秦也大多是作賓語的，如為政、聞之、擇居、誨人、觀其志、行仁義等，而有一部分卻用介詞隔開。這些介詞現代被取消，大概原因有二。其一是因為動詞和它所涉及的對象之間的關係很緊密，動賓結構仍被視為動詞性結構，不要介詞更直接；其二是對象本身的名詞性，作賓語也更合適。至於有些補語後來變成了狀語，是漢語發展過程中修飾語前移現象，其原因不清楚。

現代漢語基本沒有對象補語了。黃、廖主編的《現代漢語》（2008）介紹了7種補語，有結果補語、情態補語等，沒有對象補語。

（三）表達粗疏問題

《明夷待訪錄》晚於《論語》約兩千年，而且是思想家自己寫的，當然表達準確得多。舉一例：

使天下之人不敢自私，不敢自利，以我之大私為天下之大公。……視天下為莫大之產業，傳之子孫，受享無窮。《原君》

這話是揭露帝王的，認識和語言皆比一般作品精準。不過更多的語言還達不到這麼高的程度。謂語部分的表達精準程度

的比較，筆者仍然根據上面的標準，儘量保持寬嚴一致，將黃宗羲語料1013個謂語中明顯粗疏的挑出來（ "其人之勤勞必千萬於天下之人" 不計，算是誇張法），計有35例。例如：

(1)何三代而下之有**亂**無**治**也？《題辭》

(2)古今之**變**，至秦而一**盡**，至元而又一**盡**。《原法》

(3)東漢太學三萬人，危言深論，**不隱豪強**。《學校》

(4)**宰相既罷**，天子更無與爲禮者矣。《置相》

(5)屬下官員亦聽其自行辟召，然後**名聞**。《方鎮》

以上，例(1)夏商周之後有亂無治，則什麼是治？什麼是亂？雖然黃宗羲在下下章言 "蓋天下之治亂，不在一姓之興亡，而在萬民之憂樂" ，萬民憂樂的衡量問題不說，這開頭卻以混沌的面目出現，仍然是 "讀者責任制" 。(2)何爲 "變" ？何爲 "盡" ？他接著說 "經此二盡之後，古聖王之所惻隱愛人而經營者蕩然無具" ，是惻隱愛人經營的東西喪盡了，還是惻隱愛人之心喪盡了？既然秦已盡，何以還有元代一盡？中間還是有復甦嗎？不清楚。(3) "不隱豪強" 是不隱諱豪強的惡劣，省中心語。(4)宰相既罷，是宰相之職位不設了，不是宰相被罷官。(5)名聞，是將任命的官員名字（報上去）讓皇帝聽聞。

《論語》語料明顯粗疏的謂語是6.8%，《明夷待訪錄》語料是3.5%弱，基本只有前者的一半，而且粗疏程度輕一些。

這樣的對比，不可能是精確的，還是可以揭示大體的情況。

三、 "問A" 結構的狀況及其發展

這是一個點的剖析和縱向觀察。

"問A" 是一個常見的動賓結構。《論語》裏有許多，如

問仁，問知，問交，問君子；《孟子》裏也有問友、問井地、問有余等。所問的實際內容大體是：什麼是仁，什麼是智，怎樣交友，怎樣才叫君子，（飲食）有余沒有。"問"後的A囫圇地代表一個詞組或句子。我們要討論的 "A" 不包括今天要加引號的句子。

"問A" 的A很簡短，就像一個普通的名代詞賓語。爲了便於觀察它的特色和發展，我們將明清語料和現代語料引入，作一個 "三級跳遠" 式的對比。

我們把結構中賓語的發展分爲3個層次：1、混沌不清，基本上是一個支點詞，有歧解。如《論語》《孟子》都有的 "問友"，可以是問怎樣交友，也可以是問交什麼樣的朋友。2、較清楚，但今天看來不添成分還是不完整。如《焚書‧卓吾論略滇中作》："問葬事及其母安樂。" "問葬事" 比 "問葬" 詳明，"其母安樂" 比 "其母" 詳明，但現代漢語一定要說 "安樂與否" 才完整。3、清楚。這是相對而言，即使省略了什麼成分，也不覺得少了什麼。如池莉《你是一條河》 "沒有人問她一句冷熱"，此 "冷熱" 是 "冷還是熱" 的縮略語，它比正規的選擇問更符合漢語習慣。今天的問句當然不如將來的精準，限於認知能力和表達習慣，我們的標準只依據今天的語感。下面是先秦、明清和當代3個時代語料的抽樣統計。

《論語》"問A"的狀況及結構的精細化

語料結構數	混沌不清（多是支點詞）	較清楚（仍缺成分）	清楚（省成分也不覺缺）	語料取整總字數
《論語》63	49：77.8%	13：20.6%	1：1.6%	約21,990
明清語料33	3：9.1%	6：18.2%	24：72.7%	約310,270
當代語料82	0	1：1.2%	81：98.8%	約153,700

　　說明：1、明清語料，包括李贄、黃宗羲、王夫之和戴震的議論性作品。因其153340字中只有15例，又加了明清之際李漁的《閒情偶寄》。當代語料來自《漢語語料庫》，指王朔的《空中小姐》和池莉的《你是一條河》《太陽出世》。2、熟語不計，如"刨根問底"。

　　《論語》"問"的賓語都很簡單，沒有包含疑問詞的，也沒有正反問格式及其縮略式。所以它的第1層次"混沌不清"的結構特多，達77.8%。第2層次"較清楚"的，例如《顏淵》篇"子張問崇德辨惑"，是"問孔子如何崇德辨惑"，今不可省疑問代詞"如何"。第3層次"清楚"的采用寬式標準，《論語》裏筆者找到1例。馬廄失火了，孔子只問傷人沒有，"不問馬"。"問馬"是問馬怎樣，省略了疑問詞，今天也能接受。在四經典中，"問"的聽話人主要是用"問於某（曰）"的補語形式交代的，其次用"問某曰"交代。

　　近現代語料就大不相同了。明清語料第1層次的只有3例，如戴震《孟子字義疏證》的"公都子問性"，即問什麼是人的本性。第3層次的已達72.7%。例如《明夷待訪錄》的"止問大義"（只問重要經義）。當代語料的"問＋賓語"結構，第1層次已無用例，第2層次的僅有1例，池莉《太陽出世》寫李小蘭分娩後，"李小蘭的媽媽來電話問了母子平安。"此句應該是問母子是否平安且得到平安的消息。其余81例皆達到第3層次。

　　總的來說，從第1到第3層次的比例顯示，從古到今"問A"結構迅速精細化，"清楚"的賓語在《論語》才1.6%，當代語料就飆升到98.8%，其進展真如三級跳遠那麼快。畢竟賓語是謂語動詞最重要的連帶成分。在《論語》裏，帶賓語的謂語就比帶修飾語的謂語多得多。

　　這種"問A"結構的發展有兩條線。一是支點詞A的周詳化，這固然包括添加謂詞、主語等，而添加疑問詞是標志性的。《莊子》語言流暢，含疑問詞的已經有17例左右。如《大宗師》的"敢問臨屍而歌，禮乎"，加疑問語氣詞"乎"；《駢拇》的"問臧奚事"（問臧在幹什麼），加疑問代詞"奚"。二是指人賓語由需要評說的人，演變成聽話人（僅1個例外）。《論語》"問之"和"問子產"都是"問＋指人賓語"，可是"之"指聽話人孔子，"子產"則是子產這個人（怎麼樣）。這樣的表達易於混淆，根據語言向清晰化發展的規律，會選擇其中一個。這種情況在明清語料裏就翻了個個兒。"問＋指人賓語"一共15例，其中14例都問聽話人，只有李贄的"問二女"是問兩個女兒（怎麼樣）。現代漢語語料"問＋指人賓語"，再也不是問某人怎麼樣了，賓語都指聽話人，分化得很清楚。

　　"問A"是原始的結構，其賓語在《論語》語料裏大多數是支點詞，它不但表現了記錄孔子言論的弟子們言辭質樸簡陋，也透露了那個時代的基本情況。句子起源時代太久遠，我們看不見當時的狀態。而"問A"中的A的完整化複雜化過程，可以給我們瞭解句子的發展提供啟示。

第四節　"可能"和"必然"意義的表達

摘要：在《論》《孟》《老》《莊》裏，"可得"（可能）的用例都能換成"可以"，並僅出現於否定句和反問句。表不肯定語氣的副詞"蓋"、"其"等也有"可能"義。"必"修飾動詞，用於某些具體條件下，尚不表達"無條件"的必然。它有時被誇張使用。"可得"和"必"都有明顯的強調色彩。明清語料裏，"可得"的表達依舊。"必然"已經發展成能作主語、謂語、賓語和定語的詞。先秦和明清語料中表必然的都比表或然的多一倍以上。時代越早，語言越情緒化。真正的"可能"見於中古，但是長期不發展。現代爆炸式發展，與"必然"構成了一個對立統一的邏輯範疇，表達清楚的模態概念。現代語料的"可能"詞頻是"必然"的6倍多，反映人們對事物發生的可能性的認識增強了。

　　"可能"和"必然"是一對模態概念，英語爲necessity和possibility。而其意義的表達，有一個由像到是的漸進過程。漢語悠久的獨立發展的歷史和現代的大變化，給我們鋪設了良好的觀察道路。我們立足四經典，又選取明清和現代兩個時段的語料來探究這個問題。因爲從先秦到明清的變化不大，所以時間跨度我們就定得大。明清到現代的變化很大，時間跨度就定得小。

一、四經典 "可能" 的表達

先說 "可能" 的意義，它指或許能成爲事實的；或然的屬性。四經典有一些用詞需要辨析：

(1)孟莊子之孝也，其他**可能**也；其不改父之臣與父之政，是**難能**也。《論語・子張》

此 "可能" 和 "難能" 相對，指可以做到。（ "能" 是做得到。《論語・先進》： "非曰能之，願學焉。" 《論語詞典》（1993）未將 "可能" 收爲一個雙音詞，是。）[35]

(2)其於富貴也，苟**可得**已，則必不賴。" 《莊子・讓王》

若認爲此 "可得" 在肯定句表可能，句義就不大順適。應是可以得到（富貴），張耿光就是這樣翻譯的。故不算 "可能" 的表達。

大多數 "可得" 則能用今天的 "可能" 翻譯，接近於表示純粹或然的 "可能" 。有的後面還加 "而" 字，此 "而" 只表示修飾關係且不可譯出，故亦納入。能譯爲 "可能" 者四經典共有20例。例如：

(1)與讒諂面諛之人居，國欲治，**可得**乎？《孟子・告子下》

(2)（對和光同塵者）故不**可得**而親，不**可得**而疏；不**可得**而利，亦不**可得**而害；不**可得**而貴，亦不**可得**而賤。（《老子》第56章。任繼愈、沙少海都譯 "可得" 爲 "可能" 。）

(3)而今也以天下惑，予雖有祈向，其庸**可得**邪！知其不

35、《禮記・祭義》： "教曰孝，其行曰養。養可能也，敬爲難。敬可能也，安爲難。安可能也，卒爲難。" 這裏的 "可能" ，不是或許。《漢語大詞典》解釋爲 "表示可以實現" ，即可以做到，是對的。

可得也而強之，又一惑也！（《莊子‧天地》。張耿光譯：我即使尋求向導，怎麼可能到達呢！明知不可能到達卻要勉強去做，這又是一大迷惑。）

可是細繹起來，例(1)的"可得乎"，義指客觀條件不允許。楊伯峻《孟子譯注》後附詞典"可得"15例，全部解釋爲"可能"，例句僅是"可得聞乎"。筆者查有7例"可得聞"，只能譯"可以（讓我）聽"。例(2)的"可得"，解成"可以"更符合原意。即對他們你不可以親近，也不可以疏遠；不可以讓其得利，也不可以有害於他們；不可以擡舉他們，也不可以賤視他們。就是說他們完全隨波逐流，不在乎別人怎麼看自己。此排比句強調別人的反應對他們不起作用（客觀上無生效條件），而不是別人沒有對他們進行反應的可能性。例(3)的"可能"換成"可以"沒問題，一眼就能看出。

全部考察四經典用"可得"表達"可能"的情況，有兩點值得注意：

1、雖今大多可譯爲"可能"，但古人只表示主觀或者客觀條件允許，即都有"可以"之義，如果全部換成"可以"仍然行得通。

2、都用於否定句和反問句。其中否定句15例，反問句5例。如果要說"蛇可能出來"，不可以說成"蛇可得出"這樣的肯定句。

由此看來，四經典的"可得"表可能，還處在具體條件許可的意義上，連獨立分出或然的義項都困難，即還沒有抽象出或然的概念。它們的使用局限於否定句和反問句，而不用於最普通的肯定句，說明它們主要還是爲了加強語氣。

表示不肯定語氣的副詞也和“可能”有關係，它們是：蓋、其、或、或者、殆和宜（參考《論語詞典》和《孟子譯注・孟子詞典》），舉3個用例：

得其門者**或**寡矣。《論語・子張》

列禦寇，**蓋**有道之士也。《莊子・讓王》

天之蒼蒼，**其**正色邪？**其**遠而無所至極邪？《莊子・逍遙遊》

它們可統稱“蓋”類，意義比“可得”虛，不多說。

二、四經典“必然”的表達

“必然”的意義，四經典用“必”表達。“必”除去一定要、必須等義項，基本能換成“必然”的占多數。它們用於條件複句的後句（後件），或者其他給出條件的句子：

(1)如有復我者，則吾**必**在汶上矣。《論語・雍也》

(2)大軍之後，**必**有凶年。《老子》第30章

“必”在某些句子裏特別具有主觀色彩。它們其實達不到“一定如此”的程度，最多就是“可能”而已，或者根本看不出“必”前後兩項有什麼關係。例如：

(1)甚愛（吝惜）**必**大費，多藏**必**厚亡。《老子》第44章

(2)（諸侯）寶珠玉者，殃**必**及身。《孟子・盡心下》

(3)勞而無功，身**必**有殃。《莊子・天運》

其前句根本不是後句的充分條件。這種不顧一切地強調主觀感覺的做法，現代書面語除某些特定領域外已經不接受了。人們更關注前後兩項的邏輯關係。

四經典的這種“必”，有如下重要屬性：

1、它是一個語氣副詞（楊榮祥《近代漢語副詞研究》），表示對肯定的強調，作動詞的修飾語。

2、它僅僅用於具體條件下，不表示無條件的一定如此，後者如現代漢語的"真相必將大白於天下"、"春天必然會到來"，表達普遍規律。個別用例的條件比較隱晦。《莊子·庚桑楚》："有不能以有爲有，必出乎無有。""無有"就是"有"出現的條件。

3、它不能作定語修飾名詞。如今天的"必然結果"之類。

4、它沒有典型的名詞用法。《莊子》有一個"必"用作名詞性成分。《列禦寇》："聖人以必不必，故無兵；眾人以不必必之，故多兵。"今人張耿光譯第一個"必"爲"必然的事物"，可能正確。《漢語大字典》和《漢語大詞典》"必"都沒有名詞義項，它是偶然活用。名詞用法的經常出現，是形成自源科學術語的條件。

"必"用作謂詞表示拘守等，如《論語·子罕》："毋必。"晉何晏集解："用之則行，舍之則藏，故無專必。"今人楊伯峻譯"必"爲"必然肯定"，《漢語大詞典》此例釋爲"堅持"。《莊子·外物》："外物不可必，故龍逢誅，比干戮，箕子狂，惡來死，桀、紂亡。"清郭慶藩集釋："域心執固，謂必然也。"張耿光依此釋"必"爲"必然"，語義語法兩不通。故他翻譯此句爲"外物不可能有個定準"。按，根據後文，《莊子》此句意思當是"外人不可固守"（"物"本有人義）。龍逢、比干、箕子是賢臣，惡來是從紂而死的佞臣，桀紂是暴君，善惡雙方都死在"外人"的因素上。

四經典的這兩類詞的使用表明，當時人們對某事是否一定如此的勢態有了區別性認識，而且有了比較發達的副詞來表達它們。不過，那時對必然和可能的認識還處在的感性階段，表達的是模糊的情態。

四經典的“必”的詞頻比表或然的詞頻高得多，筆者好奇地統計了自己的一部書稿，“必然”不及“可能”的三分之一。估計本人的用例與同代人差別不會很大，於是與人討論古今差異的原因。有人說，因爲聖賢的思想博大精深，所以自信心足，而一般人難免猶豫不定，多用“可能”。這個放到總說部分去討論。

三、明清語料“可能、必然”的表達

我們再考察與四經典字數相同的明清語料。

明清語料裏仍舊沒有“可能”。“可得”兼表可能有9例，也都用在否定句和反問句，無肯定句用例。意義仍表示主客觀條件允許。它們和四經典的“可得”屬同一個性質。例如戴震《答彭進士允初書》：“雖未能即有諸己，然欲復求之外學以遂其初心，不可得矣。”這句話是引用朱熹的。前文言自己先習佛學，沒有心得，後來轉向儒學，期待窮究己意之後再求佛學。此句說現在雖然不算真有心得，但要再問佛學以遂初衷，亦不會了，即主觀不允許了。

“可能”表示純粹或然，我們找到的最早用例出於中古。唐韓屋《偶題》詩：“蕭艾轉肥蘭蕙瘦，可能天亦妒馨香！”李商隱《蝶》：“蘆花唯有白，柳絮可能溫。”詩裏極少，散文（如當時史書和韓柳文等）裏還沒有看見。這些“可能”不再能換成“可以”，且用於肯定句。這個重要的萌芽出現以後，上千年的時間裏處於"休眠"狀態，15萬多字的明清哲人論著中還是沒有。筆者又檢索了口語化的明清四大小說《水滸傳》《三國演義》《西遊記》和《紅樓夢》，得2例成詞"可能"，均表可以。如《三國演義》第八十七回："人每說諸葛亮善能用兵，今觀此陣……刀槍器械無一可能勝吾者。"

　　純或然的"可能"在鴉片戰爭以後被重新"發掘"出來。筆者從晚清曾國藩的作品裏面找到1例："瑞奉賊可能竄回江蘇"。[36]而其作定語、名詞等的用法，如現代漢語的"可能的前景"、"有這種可能"、"可能性"之類那時還未看見。

　　"必"作謂語表示"必然的"，在西漢已見於典籍。《史記·白起王翦列傳》："破秦軍必矣。"《漢語大詞典》說"必"是副詞，應是形容詞，意義更實在。而後起的雙音詞"必然"的發展很快就超過了"必"。可以用作定語的"必然"在先秦之末開始露頭。《韓非子·顯學》："故有術之君，不隨適然之善，而行必然之道。"（適然，偶然）。正式作抽象名詞的"必然"，至遲在晉朝已可見到。晉袁宏《後漢紀·光武帝紀三》："睹存亡之符效，見興廢之必然。"

　　"必"在明清語料裏有1例作謂語表"必然的"。王夫之《讀通鑑論·唐太宗》："其不忍不為服，必也。"（不忍不為長養自己的嫂子等服喪，是必然的）。"必然"則有34例作主語、賓語和定語，如戴震《孟子字義疏證》卷上："推而極於不可易之為必然。"但是無作狀語者，作狀語是現代漢語的主要用法。作謂語的2例，如王夫之《讀通鑑論·唐太宗》：

36、《曾國藩作品集·曾國藩文集》，《中華傳世藏書》電子版第68章，卓群數碼科技公司策劃製作，北京銀冠電子出版有限公司，2004

"而社稷傾於武氏，所必然矣。""必然"在明清已得到一定的發展，使用功能比較多樣化了。

因爲在上古，"可能"（可得）的表達尚原始，"蓋"類是語氣副詞，比較模糊感性。所以筆者權且把"可得"和"蓋"類合起來叫做"準可能概念"。近代語料這一組無變化，"必然"的變化因"可能"的不相配而有待飛躍，也使用這種分法，下面將兩組對應起來進行頻率統計。

四經典和明清語料表必然和準可能的詞

語料 各153340字	必然 （一定）	準可能1	準可能2	必然義的百分比
四經典用例 251+107=358	必251	可得20	其（陳述句）50，蓋13，或、或者6，殆13，宜5	70.1%
明清語料用例 332+166=498	必298 必然34	可得9	其（陳述句）26，蓋99，或16，殆8，當8	66.7%

注：古代的"必"和一定的意義分不開，故合起來統計。

上表告訴我們，四經典和明清語料表示"必然"、"一定"的詞次都超過2/3，明清稍少。戴震討論自然和必然的專論裏有26例"必然"，似使"必然"偶然加多，但也沒有分析意義。

四、現代語料的進展和結語

筆者再納入現代語料。現代漢語的"一定"和"必然"已經有了分化，關鍵是真正的"可能"概念組已經形成，兩組

對應詞所表示的觀念明顯清晰化系統化。下面這個表就光統計
"必然"和"可能"（含"必然性"和"可能性"），不再管
語氣副詞。

現代語料"必然"和"可能"的數量

語料	必然	可能	必然義百分比
毛選四卷[a]	42	108	
兩報語料[b]	14	27	
現代企業管理[c]	26	371	13.9%
合計 588	82	506	

說明：a、《毛澤東選集》1～4卷，全書660273字。錢建文E書製作，2009
春下載。b、隨機抽取的人民日報2005年11月01日，全16版；光明日報2005年11
月1日前部。湊齊153340字。c、中國財經大學內部教材，1995。2010.3下載。

將上表和此表一一對照，我們就可以看到，現代語料雖
然去掉了蓋類詞，表必然和可能的詞頻卻顛倒了個個兒，必
然劇減。"可能"在清末還很難看見，現在卻飛速達到86%。
語料的差異會有時代、寫作內容、作者個性等的原因，但兩組
古代語料差別很小，古今差別卻很大，應該有一個解釋得通的
說法。筆者認為，"必"的頻率很高是因為情緒化程度高的緣
故。語言反映思維。時代越早，人們的思維越感性；思維越感
性，語言表達越注重主觀情緒，越少關心表達是否合乎真實情
況。筆者研究過四經典的程度副詞，也發現表示高、大、強的
副詞數量大大超過表示低、小、弱的，這種"過熱"狀態後來
慢慢走向平衡（文革中的"最最最最"等又大步倒退）。又，
漢語的全稱主項如"凡"等表達也常過度。傳統被動句注重負
面情緒而不是邏輯關係。前面所說的"必"的誇張用法，"可

得"兼表"可能"的句式限制，也是情感的強調。筆者還觀察到，兒童易輕率地下判斷，不用"可能"。腦子裏塞滿庸見的人們說話很肯定，沒有商量余地，好像什麼都知道。他們回避客觀真實，無法思考自己錯了的可能性。這種人有的終身不會使用"可能"。這些行爲傾向貌似自信，實際上是無知和僵化。知識越多越謙遜，理性越高越尊重事實。從歷時角度看，從古到今漢語表達的情緒化慢慢下降，漸漸趨向切實準確。

現代語料的表達，毛選和兩報"可能"已達"必然"的2.4倍余，《現代企業管理》飆升到"必然"的14倍多。這個數字如此驚人，一大原因是該教材主要是從歐美翻譯過來的文字。毛選的"可能"有60個是"不可能"，否定的還超過一半。"不可能"大多能換成"不可以"。毛選是20世紀20——40年代的文字，屬於現代漢語早期。兩報和企業管理教材的"可能"已經多數用於肯定句了，使用平實化。現在日常書面語裏"可能"的比例應該與毛選和兩報接近。"可能"的使用在漢語裏會繼續增長，增長到什麼時候現在難以預計。

結語。事物一定會如彼，這是一個層面的認識；事物有沒有如彼的可能，可能性大還是小，這是下一個層面的認識。這需要更多的對事物變化條件和規律的理解。第一個層面產生"必然"，第二個層面產生"可能"。漢語"可能"從產生到鴉片戰爭時期沒有明顯發展，原因還有待探討，或許與"準可能概念"習用有關。現代它爆炸式地發展，應是受了翻譯西語的促進。"可能性"和"必然性"是日本人翻譯過來的（Yobin，2007）。漢語的"必然"在先秦就已成爲概念，"可能"約在唐朝。現代二者才被納入一個對立統一的邏輯範疇。

這個範疇裏的"可能世界"指現實或想象中的一切符合邏輯規律的世界，"必然"指命題P在任何一個可能世界裏都真。術語水平的"可能"和"必然"清晰多了，它們在此基礎上構成意義明確的模態判斷和模態推理。除了這些，現代漢語還出現了"很可能"、"不大可能"的模糊階量表達，模糊程度也細化了。

　　　本節內容首發於《重慶師範大學學報》，2011年第4期。

"可得"的統計筆者略調整標準重新進行，

數字比首發文略多。

第五節　"應該"意義在古漢語中的表達

　　摘要：表示道義的"應該"類詞及其所在命題，在先秦《論語》《孟子》等五經典中並不是對人的道義職責方面進行要求。15例規範句都是應該得到什麼樣的對待，其中13例采用弱式的"宜"表達。這是對待性命題階段。明清語料廣義的規範用例達到42例，多數命題采用標準詞項，其中5例可算典型的規範命題。漢語規範命題獲得了初步的發展。而模糊性和狹隘性還是存在，思想家的思維還是多陷在具體事物中，缺乏普遍性。柏拉圖《理想國》的道義命題形式和性質已到成熟階段，常表達普適性規範，常用包含式稱謂"我們"，以免流於說教。其規範要求很高，有正義、自由、節制、原則等詞。《理想國》的道義命題大體就是後進民族道義命題發展的方向。

　　表示道義的 "應該" 類詞，邏輯學上稱爲道義詞項或規範詞項，表示對人的社會行爲特別是責任義務的規定。《中國大百科全書》對 "道義邏輯" 的解釋是： "它研究 '應當'、'可以' 或 '許可'、'禁止' 這樣一些道義概念的邏輯性質，是一種與倫理學或道德哲學有密切關係的模態邏輯。" 透過語言考察道義規範的表達和它後面的思想意識發展頗有意義。 "應該" 是道義邏輯的一個核心詞，英語常用的是should。《美國傳統詞典》： "should, used to express obligation or duty." （通常用來表示義務或職責）。道義邏輯，英語是deontic logic，deontic是 "義務的"。這些涵義較明確的概念，是狹義的道義詞項，所以 "道義邏輯" 的中譯比 "規範邏輯" 更恰當。但是， "應該" 及其所處的命題，有一個發生發展的過程，我們考察中國古代的文獻，直接用狹義的標準不合適，我們得用廣義的，凡跟社會規範有關係的都納入。如荀子說孫卿 "宜爲帝王"，理由是他 "賢"，則是說社會應該讓賢能的人當帝王。所以本文多采用 "規範詞項（或命題）" 之名，必要時采用狹義的 "道義詞項（或命題）"。

一、先秦五經典中表規範的詞項和命題

（一）用例和說明

　　先秦儒家和道家經典揭示了規範詞項及其所在命題的早期狀況。

　　《論語》《孟子》《老子》和《莊子》四經典表示 "應該" 意義的詞是 "當" 和 "宜"。因爲頻次少，怕偶然性大，

筆者又加進了戰國儒家大部頭《荀子》，約8萬字，五書共23萬多字，比較能說明問題了。五經典共有20例今天翻譯爲"應該"的（四經典15，《荀子》5），它們可細分爲3個義位。一是根據社會規範適宜等，下面分解。二是根據其他事理適宜，如《莊子》："道不當名。"三是推測可能性。後兩個義位共5例，它們連廣義的道義詞項都不是，去除。

第一義位共15個用例，表示（根據社會規範）得、適宜；最好（是）。作助動詞。後面接動詞或形容詞，也有單用的。數量不多，爲了便於考察筆者窮盡舉出。

(1)自狀其過，以不**當**亡者衆；不狀其過，以不**當**存者寡。《莊子·德充符》（譯：檢述自己的罪過，認爲自己不該死的人多；不檢述自己的罪過，認爲自己不該活的人少。）（"規範對象"是自己，責任多被開脫。）

(2)我非愛其財而易之以羊也。**宜**乎百姓之謂我愛也。《孟子·梁惠王上》（譯：我不是吝惜財物而用羊換了牛，百姓（不知情）說我吝惜財物是該當的。）（"規範對象"是百姓，無責任）

(3)公，弟也；管叔，兄也。周公之過不亦**宜**乎？《孟子·公孫丑下》（譯：周公的過錯不也是應該的嗎？（周公讓管叔監管殷，不知道他會反叛））（"規範對象"是周公，無責任）

(4)是以唯仁者**宜**在高位。《孟子·離婁上》（譯：所以唯有仁者應該在高位。）（規範對象是仁者，無責任）

(5)大國不過欲兼畜人，小國不過欲入事人。夫兩者各得其所欲，大者**宜**爲下。《老子》第61章（局譯：大國應該居於下

位。）規範對象是大國，被要求）

(6)文王之囿方七十里，芻蕘者往焉，雉兔者往焉，與民同之。民以爲小，不亦**宜**乎？……（您）有囿方四十里，殺其麋鹿者如殺人之罪，則是方四十里爲阱於國中。民以爲大，不亦**宜**乎？《孟子・梁惠王下》（兩“規範對象”都是民，無責任。）

(7)昔者，則我出此言也，不亦**宜**乎？《孟子・離婁上》（樂正子頭昔來齊，次日來見孟子，孟子嫌遲。“規範對象”是我，無責任。）

(8)賢哉！（孫卿）**宜**爲帝王。《荀子・堯問》（“規範對象”是孫卿，應得好處。）

(9)雖廁子弟之中，刑及之而**宜**。《荀子・非二十子》（譯：（妖猾之人）即使雜處家人子弟之中，刑罰加於身也是應該的。規範對象是妖猾之人，應承擔責任）

(10)其霸也**宜**哉，非幸也，數也。《荀子・仲尼》（譯：齊桓公稱霸是該當的，不是僥幸，是他的術數。術數指齊桓公貴敬管仲，故國內貴賤大節皆定。“規範對象”是桓公，應得好處）

(11)臣舍不**宜**以衆威受賞。《荀子・強國》（舍，子發名。規範對象是我，不應得）

(12)（祭祀根據等級）**宜**大者巨，**宜**小者小。《荀子・禮論》（譯：該做大事的就做大事，該做小事的就做小事）（規範對象是祭祀的人，被要求）

上面第一條“當”2例，其餘“宜”13例，分布在11條引文裏。

說明。

為了更清楚地認識規範命題，我們可以把規範命題拆開來觀察。一個典型的規範命題由規範對象、規範詞、規範內容3項構成。如"人應該講道理"，規範對象是被要求者，這裏指所有的人，規範詞是"應該"，規範內容是"講道理"。從句法上看，主動句一般規範對象出現在主語裏；規範詞和規範內容（品性行為）是謂語。規範者有的包含在規範對象中，如所舉。

內容的所謂"社會規範"，未必是比較明確的、有利於社會的或多數人贊同的，特別是先秦的思維更傾向於模糊瑣碎，其規範比後世更隨意、主觀。例如第(3)條，孟子說周公不知道哥哥管叔會反叛，把殷交給他監管，其過錯也是應該的。意即兄弟之特權大於國家和人民利益。這個觀念，可能當時就有人嫌它狹隘，它成為社會規範是有害的。上列命題仔細觀察不難發現它們作為規範命題不正宗。儘管如此，先秦五經典可算已經出現了一小批廣義的規範命題。

（二）五經典規範命題的特點

我們根據上面3項來考察，五經典的規範命題有3個特點。

1、規範句的性質都是對待性命題

15例都是應否得到什麼樣的對待，我們稱之為對待性命題。這些命題表示的獎懲褒貶與一定的社會規範意識相聯繫，但不是直接表達的。它們是對對象言行的反應，不是要求人本身具有什麼職責和義務。不過第(5)條"大者宜為下"和第(12)條"宜大者巨，宜小者小"，兼有對人本身行為的要求。大國居於小國之下，是爲了減少入事小國的不快，是幻想中的藝術，但不是義務或責任。祭祀規格的大小要安分，是等級制下的職分。它們在形式上似狹義的道義命題。

　　"規範對象"一般不是被要求者。他們主要是被開脫、被認可。只有3例對象兼被要求者。用例基本傾向於肯定現實待遇，筆者不認爲這是偶然的。一來它們並非真正的規範命題，二來表現了對存在的順應傾向，而不是建設的傾向。連說妖猾之人應該受到懲罰，也是"刑及之而宜"，從順應角度表達。真正逆向的是第(11)條："臣舍不宜以眾威受賞。"表現了說話人的謙遜。

2、規範的內容多不明確，明確的也多偏向狹隘

　　明確表述了規範內容的，15例中只有6例，它們是(2)、(4)、(5)、(11)、(12)1、(12)2。它們表示：仁者應居高位；自己的成功借會戰之力，不應受賞；大國應居於小國之下；祭祀者應分別尊卑等級來確定規格；祭祀不應惜財。其中，前兩例表示人類普遍適宜的價值觀。表示大小國相處規範和祭祀規範的4例，則不是普適性的價值觀，在平等和節儉文化中它們不被認爲是合宜的。另外9例，因規範未說出而不明。例如《莊子》指出有罪過的人大多數認爲自己不該死，雖然在判斷自己該不該死的時候要考慮社會道德規範，但是這些規範是什麼卻不知道，而且莊子是不要道德規範的。

3、規範詞項基本是弱式

　　"應該"表示義不容辭，具有強制性。14世紀西方已有邏輯學家提出，"應該A"等值於"禁止不A"。五經典表示這個意義的是"當"，"當"在先秦罕見，《論語》和《孟子》

是集中討論道德人倫的，都沒有。五經典中僅見於《莊子》的兩例 "當"，都用在爲自己開脫的表達中。其他13例規範詞項都是 "宜"。"宜" 雖然也可翻譯爲應該，卻是弱式，它表示 "按理最好是"、"恰當"，比較委婉，不是真正的規範詞項。如果聽話人不按它的規範做，被認爲是不好，卻不一定是錯誤。

以上3個特點之間互有聯繫，它們表示了五經典規範命題還不能說已經形成，一個達到典型的狹義道義命題都沒有。具體地說，就是弱式或對待性命題階段。五經典的規範詞項和命題注重的是對人的態度，對人的道義要求很少有，有也模糊松緩。

這忤逆了中國人的優越感，人們會指斥：你是民族虛無主義！中國的道德義務觀念是最發達的。社會的獎懲和輿論，不就是規範一個人的道德行爲的最好武器嗎？離開了它，人就會無所適從。懲惡揚善，教會人們知道什麼事該做，什麼事不該做，這才能形成道德觀念，社會規範也會慢慢變得更好嘛。

不錯，社會規範會起很大的作用。但必須明白，人越依靠他律，也就越依靠社會規範，3歲小孩是不會有自覺的道德意識的。但是，從本質上看，推動社會規範包括法律走向公正、清晰和有效的，是人性，是個別先進者的人性，由他們帶動一小部分人先覺悟，再帶動多數人覺悟，帶動人的善的一面戰勝惡的一面。絕不是平庸的他律者所想象的，社會規範自己就會變好！難道瘸模子會自己長周正嗎？模糊思維想不到，"好" 必須有具體內容，那就是推進普世價值，不是喊著孝和假大空的口號推進少數人的特權。全然依賴他律的人，只會拖社會的後腿，當基本的社會規範被他們中的當權派破壞掉之後，他們就肆無忌憚地橫行，虎狼般地吃人。

二、明清語料中表規範的詞項和命題

（一）詞項和命題概況

明清語料中，可釋爲"應該"的詞有"當"、"應"和"宜"，其中表示廣義的規範用例共42例（"當"30，"應"3，"宜"9）。有些用例似乎也同社會規範遠遠地拉得上關係，但並非直接關係，不算。如："余謂當復墨義古法，使爲經義者全寫注疏大全。"（黃宗羲《明夷待訪錄・取士上》。墨義是每經問幾道題，答題全寫注疏。）經義是儒家道統之本，而這裏說的是具體的科考要求，故不取。

這些表示社會道德規範的用例中，像先秦五書那樣間接松散的對待性命題已變成少數，只有13例，如：

(1)至桀、紂之暴，猶謂湯、武不**當**誅之。（黃宗羲《明夷待訪錄・原君》。譯：乃至於桀紂之殘暴，還說商湯王和周武王不應當殺他們）

(2)如東漢牢修告捕黨人之事，即**應**處斬。（《明夷待訪錄・取士下》。言牢修誣告範滂等結黨，致皇帝大肆捕殺黨人，牢修應被處斬）

另一方面，對規範對象發出要求的大爲增加，看上去達29例（"當"24，"宜"5）。例如：

(1)子性太窄，常自見過，亦時時見他人過，苟聞道**當**自宏闊。（李贄《焚書・卓吾論略滇中作》孔敍）

(2)吾意爲人主者，自三宮以外，一切**當**罷。（黃宗羲《明夷待訪錄・奄宦下》。言皇帝除三宮以外，一切宮女都不蓄）此句的規範對象是人主，不是宮女。

(3)（後儒）必言治國**當**憂勤惕屬，豈**宜**縱耳目之觀？（黃宗羲《孟子師說・王立於沼上章》）

(4)以爲"國君用賢，**當**用尊者親者。"（黃宗羲《孟子師說・故國章》

(5)古今同謂之性，即後儒稱爲"氣質之性"者也，但不**當**遺理義而以爲惡耳。（戴震《孟子字義疏證・性》）

(6)（父母）自有許多痛癢相關處，隨在**宜**加細察。（《王夫之哲學著作選注・駁"先知完了方才去行"》）

(7)盡己之所可爲，盡己之所**宜**爲。（王夫之《讀通鑒論・唐太宗》二一）

上面所舉的7例都是重要的有代表性的，它們作出了作者認爲合宜的行爲規範。

但是，要求性命題並非都是真的道義規範。有6例不是：

(1)不但我坪上以及四境之無祀者所當敬聽，即我宗親並內外姻親，諸凡有人奉祀者，亦當聽信余言，必求早早度脫也。（李贄《焚書・祭無祀文》）

(2)陸子靜雲……當惻隱時，自然惻隱；當羞惡時，自然羞惡；當寬裕溫柔時，自然寬裕溫柔；當發強剛毅時，自然發強剛毅。"（戴震《孟子字義疏證・理》）

第(1)條是叫別人聽信自己的話，浪費錢財去祭享以圖度脫（李贄是在諷刺），爲聽話人自己而已。第(2)條的4例，陸子靜前文是"自作主宰，萬物皆備於人，有何欠缺"，意思是人天生備齊諸種情感德性，在適當時就自然表現出來。這其實不是對道義的要求，而是陳述人的自主性自然性。餘下23例可以說是道義規範。

42例中，規範內容被明確指出的達27例（"當"17，"應"2，"宜"8），約占64.3%。同樣不管它們是否真的規範，明確的也大大超過先秦五經典的比例。這符合表達由混沌走向明確的規律。

這些規範命題和先秦五書的比起來，進展很多。總數是前者的2.8倍（因明清語料字數與四經典相同，句數少，所以按句數算則增長更多），早期的3個特點都有不同程度的改進，其中改進最大的要數提出規範要求的比例，由20%的"兼職"到54.8%的"全職"（只算真的23例）。

一個典型的規範命題，內容要求應該是：真的規範對象+標準的規範詞項+道義職責。

真的規範對象，即對象不是被褒貶獎懲者，而是被要求者。標準的規範詞項表示義不容辭的意義，不能是弱式。對待性命題和弱式被排除後，我們可以從明清語料中找出5個典型的規範命題，即上"另一方面"所舉例子的前5例（第(5)條"不當遺理義而以為惡"的規範對象應該是人，不應說成性）。

（二）仍然存在的問題

先秦時的重要問題，明清雖然有改進，但仍然存在，我們從模糊性、狹隘性和弱式表達多3方面來說。

1、模糊性問題

要做到完全清晰表達道義規範不那麼容易。但是，模糊表達占的比例較大，分析起來又有明顯問題的話，就是規範命題發育不良了。

一切表示褒貶獎懲評議的對待性命題，都可視作是對規範的模糊表達。它們在明清語料中還占有約31%的比例。明確指出了規範內容也不等於規範是清晰的。如第(1)條是友人對李贄的批評，其規範內容"宏闊"是什麼意思？那人說李贄"性太窄"，證據卻是"常自見過，亦時時見他人過"，常發現自己的毛病說明李贄頗有自省能力，並非只看見他人的過錯，這是李贄的坦直，怎麼反而是性子太窄呢？癥結是李贄具有批判性思維，庸人不能接受而已。"性窄"的意義不客觀，"宏闊"也就不客觀，向是非不分靠攏（李贄概念不清，寬容其說，於是自號"宏父"）。

2、狹隘性問題

狹隘的心只關心自己和對自己很重要的個別人，難以擴展，例如忠孝之心。這類關心被狹隘的社群像雞毛一樣吹上了天，其實它不是什麼美德。先哲們的道德意識也往往囿於一隅，頭痛醫頭腳痛醫腳，沒有建立起普遍原則。

> 若夫**當行**之言，則雖今日言之，而明日有不**當行**之者，而況千百世之上下哉！不獨此也，舉一人而言，在仲由則爲**當行**，言者變矣。而在冉求則爲不當行矣，蓋時異勢殊，則言者變矣。守前言以效尾生耶？是又**當行**之言不可以執一也。（李贄《焚書‧雜述‧先行錄序》）

其"當行之言"所指不但模糊不清，而且過於瑣碎。就時間而言，今日說該行就有明日不該行的，就人而言，就有仲由該行而冉求不該行的（二人皆孔子學生。仲由膽大，冉求退縮）。還將先人胡編的尾生守約的故事拿來作證據，尾生不顧山洪暴漲，死守在橋下等姑娘，被淹死。"時異勢殊"故"當行之言不可以執一"。真的不可以有恆定的超越時空和個人的當行之言嗎？事理都是零散的互相之間沒有聯繫嗎？

戴震《孟子字義疏證·權》也借設問方之口說："眾理畢具於心，則一事之來，心出一理應之；易一事焉，又必易一理應之；至百千萬億，莫知紀極。"好像滿心都單個的石果子，通則不存在。

一個人做每件具體的事，可以有不同的做法，但是做人處世卻應遵守共同的原則，不可只見微觀不見宏觀。人的具體行為應該是在良知指導下的行為，誠實、以善待人、踏實肯幹等，是做任何事都應該遵守的通則。只管陷在具體事務中變來變去，就會給無原則的看風使舵大開綠燈。李贄並沒有機會主義的動機，可惜他心中也缺少清晰的、穩定的普遍原則。他冒著生命危險倡導童心（真心），反對飾假，已是獨樹一幟的中國人，卻也沒有形成真理的概念，沒有形成"每個人都應該追求真理"、"說假話是可恥的"、"求真的價值大於獲得強勢肯定的價值"等理性認識。缺乏理性思維，是中國人的通病。

3、弱勢表達問題

皇后回答唐文宗："諫臣章疏宜審覽……毋拒直言。"（黃宗羲《破邪論》）。她向皇夫建議，語氣溫婉。"宜"雖可以講作應該，但是多了審時度勢的意味。"宜"在明清語料中表示社會規範的有9例，不及 "當" 的三分之一，它已經讓位於後起之秀 "當"。這和它在先秦五經典中差點包打天下相比，進步顯著。

　　道義規範表示一種強制原則，和遜怯的語氣不相適應。真正表示道義規範的命題終於出現，它具有很大的發展前途，弱式詞項的短處就明顯了，委婉義改用別的方式表達，如 "最好"，這樣它就不屬於規範命題了。 "當" 字句數量的大增，是規範表達的進展。從清以後的發展看， "宜" 表示應該的用法加速衰落，現在邏輯學教材上談到的規範詞項，都沒有它。

三、同《理想國》規範詞項和規範命題比較

（一）《理想國》規範詞項和規範命題

　　《理想國》郭、張譯本20萬余字。 "應該"、 "應當" 二詞共出現300次（219+81），單音詞 "應" 和 "當" 不好數，沒有計數，已是四經典和明清語料加起來的約5.26倍。其中大多數是典型的道義命題。我們仍在譯本後標卷次和頁碼，如：

　　(1)（工作）是工人應該全心全意當作主要任務來抓的（郭二60）

　　(2)爲了培養美德，兒童們最初聽到的應該是最優美高尚的故事。（郭二73）

　　(3)這些兒童和成年人應該要自由，應該怕做奴隸，而不應該怕死。（郭三84）

　　(4)凡與自由人的標準不符合的事情，（培養對象）就不應該去參與或巧於模仿。（郭三98）

(5)我們不應該追求複雜的節奏與多種多樣的韻律。（蘇說城邦太奢侈了）（郭三105）

(6)他們除了首先**應當**是有護衛國家的智慧和能力的人而外，難道不還**應當**是一些真正關心國家利益的人嗎？（郭三124）

(7)權力**應該**賦予年長者，讓他們去管理和督教所有比較年輕的人。（郭五201）

(8)（好國家）有福**應該**同享，有難**應該**同當。（郭五198）

(9)我們的一切行動言論**應當**是爲了讓我們內部的人性能夠完全主宰整個的人，管好那個多頭的怪獸。（郭九381-382）

《理想國》的道義命題很豐富，發展充分。其內容，絕大多數都明確表示職責或義務。我們上面舉了9條11例，(2)表示應得的待遇。《理想國》的道義命題應該是當時世界上最發達的，推想其規範詞項不可能是弱式。

就其規範的內容看，《理想國》明確倡導人的自由、自律、職責、正義、勇敢等，這些都是人類普適的價值。它們是古希臘哲人在自己人格的基礎上提出的對人的義務的規定，也是西方主流意識從古到今的一貫追求。《理想國》中也有因道義欠缺而未被西方文明接受的說法，例如讓優秀的人多結婚多生孩子等。我們還可以看到《理想國》主張年長者當權（年多長未說），蘇格拉底也較認同順從父輩，說明上古西方文化略接近東方。但古希臘沒有中國式的忠君孝親思想，後來的西方人更沒有，他們變得越來越"野蠻"。

從規範對象看，一是多全稱，如每個人、護衛者、這些

（人），真正的全稱適合表達普遍性命題。《理想國》的主語或陳述對象明確。二是多"我們"，這種包含式指稱的規範命題具有西方特色，說話人認識到這也是對自己的要求，以免光是說教別人。蘇格拉底和柏拉圖在生活中十分理性陽剛（詳見《理想國》的"正義"及其與四經典的比較），本是這些美德的代表，方才寫得出這樣的文字。三是規範對象較多是抽象概念，如"技藝"（比如醫術）、"節制"、"為人"，它們的所指也是廣泛的。

（二）四經典和《理想國》規範詞項與命題的比較

從上文我們已發現漢語語料和《理想國》所表現出來的規範命題、規範詞項之間有巨大的差異。規範命題不光是語言形式的問題，真正規範命題來自人們對理所當然的責任和義務的普遍性認識。如果打破狹隘和自私意識的人常有，社會的規範意識就發展得快；如果沒有什麼，規範意識就難有發展。認識到了不一定做得到，沒有認識到就一定做不到。

瑞士心理學家皮亞傑根據其研究對象，把兒童道德發展分為四個階段：前道德階段、他律階段、自律或合作階段、公正階段。其後的科爾伯格提出道德發展的三個水平：前習俗水平（服從權威人物，順應獎懲），習俗水平（做好孩子；維護現存制度和秩序）和後習俗水平（追求普適價值，考慮法律和規則的公正）。每個水平內部又分兩個階段。他的追蹤研究達20年，直到被試36歲。[37]兩位學者的研究分期雖有不同，發展的

37、[美]勞拉·貝克著，吳穎等譯《兒童發展》，南京：江蘇教育出版社，2002，第680-683頁

順序卻是一致的。人們一生遵循這個順序發展，而最終能走到哪一步卻大不相同，能走到後習俗水平的人非常少。自律、公正、良心、原則、普適性這些詞，在一些社會裏還沒有，在一些社會裏雖已有，而人們口中也沒有，心中更沒有。如果你說起，他們的態度不是恍惚的就是牴觸的。

　　古希臘人對道義方面的認識，本書第二章其實已從別的方面論及，這裏進一步考察。在許多民族還把人的心靈看做混沌一團的時候，古希臘人已經有了比較清楚的認識。《理想國》把心靈分為兩個或三個部分。蘇格拉底："一個人做了壞事……逃避了懲罰不是只有變得更壞嗎？如果他被捉住受了懲罰，他的獸性部分不就平服了馴化了嗎？他的人性部分不就被釋放了自由了嗎？"他強調人性部分應該管住獸性部分。《理想國》把人學習、憤怒和滿足欲望的品質分開，已有了心理學知、情、意三分的萌芽。荷馬史詩裏出現了發怒後"捶胸叩心責備自己"的勇敢反思，這是人類文明史上最早的反思，蘇格拉底分析："在這行詩裏荷馬分明認為，判斷好壞的理智是一個東西，它在責備那個無理智的主管憤怒的器官，後者被當作另一個東西。"

　　我們仍然用實踐來驗證，古希臘人是否用人性管住獸性。不僅僅是蘇格拉底、柏拉圖的道德實踐支撐著這些先進意識，還有更大的背景。早期的梭倫改革注意平等兼顧窮人和富人，已有了民主制的苗頭。伯利克里確立了雅典民主制並使其達到高峰。雅典最高權力機關是公民大會，自由的成年男子都有權參加公民大會，商定城邦重大事務。幾乎一切官職向他們開放。政府鼓勵公民積極參政。梭倫、伯利克里等古希臘人已經跳出了家長獨裁的框框，把公民的自由、參政權和福祉放到自己的權威之上。這不是偶然的，它來自世界上最仁善、公正和大氣的道德意識。

我們再看看反映在古漢語中的認識。個人的義務，儒家有"仁"、"義"、"禮"等，筆者在第一章已論述它們體現著強勢中心和血族中心觀。孔子既是智慧道德達到最高境界的人——聖人，他做了哪些大仁大義的事？他慷慨幫助陌生人？他勇於替弱勢群體說話？他挺身而出主持公道？……看不到。《理想國》是冒死站起來的公民的作品，專務不在其位而謀其政，膽敢研究政治正義、治理者的培養及其必備的品性。他們的"僭越"在儒家看來罪不可赦。所以蘇格拉底師徒心中的大是大非，還在儒家的關注範圍之外。老莊更甚，竭力貶斥棄絕任何道德義務。人們至今拜倒在兩家腳下，一聽到批評聖賢就生氣堵嘴。做人的要求也就這個水平，規範當然懵懵懂懂，趨炎附勢。不要說公民意識，連臣民意識都未脫離氏族情結。

"倫理"一詞出現在漢代，今天用來翻譯英語的ethic，ethic的希臘語詞源是"品格、人格"的意思，這是對人性的認識，上古漢語沒有這兩個概念，"品格"唐代才有，而"人格"到現代才有。現在還有些民族語言沒有這類詞。漢語"倫理"的詞源是次第條理，是對等級順序的認識。所以中國的倫理主要講究不同尊卑地位的人之間的使和侍的關係。瞭解了這點可以解答我們的一個疑問：中國人並非沒有什麼道德要求，他們的理想人格是忠臣孝子，尊奉家長的孝順被視爲道德之本，儒家對人的要求還是比較緊的（明清語料中有5個要求忠孝的例子），怎麼道義詞項的頻率和道義命題卻這麼少這麼幼稚呢？像洪荒時代而比洪荒時代更壓抑。這就是道義的性質決定的。尊奉長上是大多數靈長類都有的行為，這是尊權文化，把它標榜為美德是可笑的。人類尊奉長上的程度，主要依經驗在生活中所占的比重和卑下方的力量決定。農業生產需要許多具體豐富的經驗，經驗的重要性高於游牧社會，而創新的重要性又低於工業社會。所以農業社會更尊奉經驗的擁有者——長上。另一方面，長上對權力和利益的要求，下屬和子女不敢據理挑戰的話，長上的自我就會無限膨脹，形成嚴重的權勢中心觀和任意生殺予奪權。這兩條中國都表現得很典型，所以中國發展了以忠君孝親為核心的道德體系。在這個體系中，道德行為的獲益者不是多數人更不是所有人，而是少數不同層次的家長。所以這種道德是私宜的，具有勢利性和奴性。它是要求弱勢的道德，說白了是欺壓人奴役人的道德。今天中國文化人面對社會道德的頹敗，只管說再加大力度提倡孝道。結果越提倡孝道，社會各方面就越多依照弱肉強食的叢林法則行事，越"拯救"越墮落。因為強勢吃人光榮，貪官分一杯民肉羹給父母，符合孟子"以天下養（父親）"的巨孝情懷。那位大紅大紫的于丹女士在央視講《論語》，不是還教導大家"不在其位不謀其政"嗎？本來，老有所養是美好的口號，但是許多老得成為弱勢的人們被呵罵被嫌棄一直是中國社會的弊端。這不正是實踐儒家的勢利眼和老莊的反承擔反情愛嗎？

（三）規範詞項和規範命題發生發展的路子

規範命題的前身可能是下面這種句子，舉一例：

（君子）主忠信。《論語・學而》

楊伯峻的翻譯："要以忠和信兩種道德爲上。"（按："主"當是駐、立足於的意思）譯文加了助動詞"要"，表示要求，含有應該義。這種句子不僅無規範詞，又非陳述句，它只是祈使句，尚不表達應然的判斷。

規範詞項和規範命題發生發展路子怎麼樣，筆者根據先秦五經典、明清語料和《理想國》的情況，推測：

先是弱式的規範詞項產生，從而有了對待性命題。然後標準詞項產生，再後對待性命題中開始出現直接的規範內容，出現了典型的規範命題。

一種形式產生後可以同別的形式共同發展。這個路子可能具有世界普適性，因爲對道義的認識由少到多，由弱到強，由外部調節到內部控制，再到獨立良心，推動更多的法律規則產生和達到公正，符合人類對自身認識發展的規律。即使有語言能跳過弱式，先有對待性命題后有典型的道義命題的順序估計跳不過，除了完全引進規範命題的語言以外。

第（一）部分給出了弱勢詞項的比例，數量多的表示古人優先發展的表達。"當"表示規範意義僅2例，我又查了《漢語大字典》第二版，首見例是西漢的《史記》，《漢語大詞典》首見例是《晏子春秋》。《晏子春秋》現一般認爲成書於戰國，即使是在戰國，"當"在先秦的使用還是極爲罕見。故從用例看，"當"的興起在後。先秦五經典的和《晏子春秋》

那兩例言當誅不當誅的規範命題，性質都是對待性命題，都沒有對規範對象提出道義上應當怎麼做。即使以後有人再找到個把典型的例子，也不能改變整個先秦階段的性質。

從形式和性質看，中國的道義命題，先秦處於孕育期，明清時處在發展初期。現代漢語吸收了西方文明，陡然出現很多成熟的規範命題。《理想國》的則已經達到成熟期，以現在的水平看是成熟期。而內容的發展更慢更難。例如不求回報地助人、權力越高越注重平等自律，是人類永遠的追求。這些必須靠心胸的打開和抽象思維的發展，不可能一勞永逸，幾千年幾萬年就完成。不管是幼稚蹣跚的腳步，還是健壯有力的腳步，對道義的認知都會一步一個腳印地反映到規範語言中。

本節內容2016.11在全國第十七屆近代漢語
暨閩南語國際學術討論會上交流。

第六節　句子形式的簡省與完善化

摘要：漢語的句子成分和虛詞在使用中常可缺省。先秦、明清和現代三個時期的語料顯示，主語、賓語、定語、狀語、中心語、被動標志、系詞、介詞和大部分複句關聯詞的缺省都逐步減少，如主語缺省在相近的語料量中，先秦223個，明清159，現代68。系詞缺省分別是84.9%；79%；0，有缺省的句讀是37%；23.7%；8.5%。主語的量項和結構助詞、動態助詞等成長起來。漢語句子形式漸趨周詳。"意合"現象在許多語言裏不少，它不是漢語的特點或優點。現代漢語是發展中的語言。人的思維由混沌粗略走向精細嚴密，帶動句子形式朝同樣的方向發展，西方語言和理性給了漢語很大的推動。

漢語的句子形式由句子成分和一些表示句法關係的虛詞構成。漢語向來缺少表達特定意義的形式，句子比較簡略，經常"缺胳膊少腿"，沒有說出的意思靠語境會意或者純粹猜測。中國語言學界常稱漢語爲"意合"語言。漢語是否不需要形式上的精確和完備？古今句子都差不多忽視"零件"嗎？

這裏考察了有缺省的形式因子：主語、量項、系詞、賓語、定語、狀語、中心語、被動標誌、複句連接詞、介詞、動詞等，梳理它們古今的具體變化和變化的總趨勢，力圖找出規律性的東西。所謂缺省，是我們今天的看法，語言越古越簡單，這些成分和標誌古人並不覺得必要。

先秦四經典以近，第二時段的語料我們取明清的，因爲中國人的思想和古文體直到十九世紀末都沒有多少變化。現代語料取2005.11.1的《人民日報》全部和《光明日報》前部。字數比照四大經典，都約153340字。完全或抽樣統計。

一、主語

漢語主語包括一般主語和話題主語，從古到今都有缺省。四部經典的主語缺失的情況，筆者作了一個700句的統計，見下表。

《論》《孟》《老》《莊》主語缺省抽查

語料	總句數	無主句	無主句比例
論語前面部分	105	28	26.7%
老子前面部分	105	41	39%
逍遙遊	168	38	22.8%
梁惠王上	322	115	35.7%
合計	700	222	31.7%

說明：句數以單句和複句的分句計（一個複句需要幾個主語，就計爲幾句。所謂"需要主語"指新起一話頭，主語既無承前省，又無蒙後省語境的情況。祈使句和簡短回答允許無主句。詩句不計。）對於"某某曰"句式，將"某某曰"單獨計爲一句，後面的賓語是一個或多個句子的，按句子處理。材料，因《論語》《老子》的篇章很短，各取前面105句，《孟子》和《莊子》，各取其第一篇。合起來整700句。

　　四經典材料的無主句平均爲31.7%。

　　先秦的主語即使有也不一定是完整的。有少數主語省去了中心詞（下面括號中的詞是被省去了的，下同）。如《論語‧述而》："自行束修以上（者），吾未嘗無誨焉。"少數主語省去了修飾語。如《莊子‧逍遙遊》："藐姑射之山，有神人居焉。（其）肌膚若冰雪。"《孟子‧梁惠王上》："今（王之）恩足以及禽獸，而功不至於百姓者，獨何與？"

　　明清語料的主語缺省筆者未作專項統計，但是在缺省綜合統計表中可以看到，在句讀數少於現代材料的情況下，明清主語缺省159處，而現代僅68處。參見下面第六部分。

　　現代漢語的主語缺省情況，王凌有過考察。她統計了文學和議論文體共637句，無主句44句，僅占6.9%[38]（她認爲介詞結構可以做話題主語，所以其標準略寬）。我們考察範圍中的無主句從先秦的31.7％減少到現代的6.9%，主語的出現率大大提高，達93.1%。現代漢語句子一般不能缺省主語。

主語爲什麼要缺省？一個句子要表達的新信息是謂語承擔的，主語提供已知的對象或出發點，故處於相對不重要的地位。主要缺省的是什麼性質的主語？下面是三個時代的統計（語料見第六部分說明）：

先秦缺省的代詞主語近52%，加上“這樣的人”、“什麼樣的人”和任指的“一個人”，共140例，占62.8%。

明清缺省的代詞主語比例增大，加上“一個人”共111例，占69.8%。

現代缺省的代詞主語63例，占92.6%。

句子要陳述的具體人和事物不交代的話，就會強烈依賴對話情景，即雙方的“共同知識”，新提起的對象沒法靠上下文會意。而代詞代替它們的名稱，不管此名以什麼身分出現在上下文裏，聽話人都比較容易聯繫上，所以代詞主語缺省就不太影響交際。“這樣的人”、“什麼樣的人”有類似的性質。而任指的“一個人”有所不同。

（一個人）貧而無諂，富而無驕，何如？《論語·學而》

代詞缺省比例的增大，是其他缺省減少了。主語也許能靠情景會意，可是如果上下文沒有“暗補”的詞語，總嫌缺了一塊。三組語料句讀數相近，可以粗比。“一個人”主語的缺省

38、王凌《關於漢語“主語”問題的調查與思考》，《漢字文化》，北京，2002年第3期

從先秦的21個，減少到明清的5個，現代爲零，應該就是這個原因。

二、主語的量項

量項是全稱、特稱還是單稱，決定主語的量的性質。全稱、特稱量項用表示全部和部分的詞來充當（單稱用指示詞或描述性詞語充當，不討論）。定語量項的使用頻率，筆者作了三個時段的統計，內容是統指、逐指、任指和特稱（全稱的僅指沒有定語量項）。取詞和計數標準跟第一節的統計相同。

四經典、明清語料和現代語料定語量項的數量比較

語料	統指	逐指	任指	特稱
四經典 54用例	凡22，一11，舉4	每4，諸13	0	0
	合計：37	合計：17	合計：0	合計：0
明清語料 136用例	凡81，一切5，一7，盡4，舉1	每16，諸19	0	許多2，多1
	合計：98	合計：35	合計：0	合計：3
人民日報 光明日報 235用例	所有10，全部4，全體3，*全30，凡、凡是5，一切1，滿2	每（每個）50，各48	任何7，什麼1	有的13，有些8，一些27，很多3，許多10，少數1，大多數、絕大多數5，一般2，不少2，大部分3
	合計：55	合計：98	合計：8	合計：74

　　先秦四經典定語量項總共54次，明清語料上升到136次，是前者的2.5倍。兩報語料多達235次，將近四經典的4.4倍。這是在語料字數相同的情況下的比較。因爲詞的複音化和表達的細化，漢語句子不斷加長。我們語料的句數（根據句號、感歎號和問號統計）由四經典的8495個，減少到明清的5326個，再少到兩報的3070個。即四經典每157.3句有一個定語量項，明清語料每39.2句有一個定語量項，而現代語料每13.1句就有一個定語量項了。

　　至於用狀語“皆”、“各”、“很少”等表達量限，四經典286次，到明清多達747次，兩報僅174次。狀語量限在現代的衰落，是它讓位了定語量項的迅猛崛起。狀語量限其實是準量限，主語的量的性質用自己的定語來承擔更明確。

　　量限表達，漢語由零發展到狀語優勢階段，再到今天的定語優勢階段，現代漢語專事發展定語量項。其形式經歷了這樣一個陸續添加的過程：主謂雙管的全稱狀語量限——主語的全稱和單稱定語量項——特稱定語量項。這是一個對量的性質認識的精確化和句子表達完整化的過程。

　　謂語的重要性勝過主語，也是狀語量限率先發展的原因。人類早期的獨詞句應是原始謂語。表達細致化首先發生於謂語，形成有情態、時空、稱量或方式等修飾限制的謂語部分。待謂語部分有了最初的發展之後，才有主語。主語從出現開始，應在若幹萬年中可有可無，其修飾語的發展就更滯後了。主謂雙管的全稱量限，當起於強調的需要。而強調也首先發生在謂語上，然後才隨著對主語認識的深化慢慢移到主語上。

三、判斷句的系動詞

系動詞聯繫判斷的對象和它的屬性，決定句子的性質。早期語言很可能沒有系詞，因為系詞不表示具體的動作行為，僅表示比較抽象的關係，不易概括出來。古今漢語都有一些判斷句沒有系詞。系詞使用的情況，3個時間段的統計如下。

先秦、明清和現代語料判斷句系詞使用比較

語料	判斷句數量	有判斷詞的	有系詞的判斷句數量及其比例	
《論》《孟》前部ª	185	為27；是1	28	15.1%
明清文選ᵇ	125	為8；是18	26	21%
《人民日報》選ᶜ	121	是121	121	100%

語料：a、《論語》前九章和《孟子》前三卷（《梁上》《梁下》《公孫丑上》）。b、黃宗羲的《破邪論》，戴震的《原善》卷上和卷中。c、《人民日報》2005.11.1前5版。

說明：這個統計的"判斷句"指以今天典型完整句的標準來衡量，需要用"是"的判斷句。因為漢語的形容詞可以直接作謂語，不用"是"，所以像"箱子太小"這類句子不算缺省了系詞，不納入本統計。

先秦絕大多數判斷句沒有系詞。字數比較接近的《論語》前九章和《孟子》前三卷共有185個判斷句，我們采取寬式標準計算系詞，把"為"也算進去，有系詞的句子才占15.1%。[39]

39、"是"在先秦是否作系詞，學術界有爭論。有些人認為先秦"是"無系詞用法，如郭錫良等編的高校教材《古代漢語》。有些人認為個別的"是"是系詞，楊伯峻《孟子譯注》則說《孟子》中的"是"作系詞84次，包括"王之不王是折枝之類也"。筆者審慎看待這個問題。因為這樣的句子在謂語部分用代詞"是"複指主語還是說得通，多數人不認為它是系詞，筆者只把《孟子·公孫丑上》一"是"算作系詞："今夫蹶者趨者，是氣也。"此例前面有"夫"指代"蹶者趨者"這兩種動作，下文"是"不能再複指。

先秦缺省系詞的判斷句舉兩例。

聖人，（是）與我同類者。《孟子‧告子上》

故未終其天年而中道之夭於斧斤，此（是）材之患也。
《莊子‧人間世》

明清語料，有系詞的約占判斷句的21%。黃宗羲的《破邪論》雖然比戴文早百年，但是不像戴文那麼古奧，比較口語化，它的44個判斷句有系詞的比例達33.9%。推測在當時的通俗文體中，系詞比例會高於我們的語料。黃、戴的文章中"是"是否爲系詞，一般易於辨別。但在"者，……是也（已）"句型裏難確定。如：

爲天主之教者，抑佛而崇天是已。（黃宗羲《破邪論》）

"形而上"者，陰陽鬼神胥（均）是也。（戴震《原善》）

上古的這種句子，"是"一般被視爲代詞，而楊伯峻視爲系詞，它確有一定系詞性。大約到了魏晉南北朝時期，用"是"作爲系詞的判斷句在口語裏已占統治地位（林序達），"是"進一步系詞化。這種句子好似說："X 麼，Y 就是。"筆者拿上面兩句征求了5位語言專業人士的意見，4人認爲是系詞，與本人一致，故將之歸於系詞。

《人民日報》2005年11月1日前5版共有121個判斷句，均有系詞"是"。未見"他湖南人"這類表達。現代漢語書面語缺省"是"的已經很少，系詞使用有了強大的普遍性。

"爲"經歷了行爲動詞──抽象動詞"算作"──聯繫動詞的發展，在先秦義項極多。光兩萬多字的《論語》一書，"爲"的動詞義項就有18個（《論語詞典》）。它作爲系詞被

"是"代替，可能和它的行爲動詞義項太多有關，不便於專門化。"是"由指示代詞發展成系詞雖然後起，推廣卻一路順風。後起的意義專精的詞，都會在不多長的時間內戰勝歷史悠久的模糊寬泛的詞，這是一條規律。因爲發展了的思維會選擇更爲明晰的詞語。單個系詞的發展，從3種語料看，由意義寬泛、不大明確的"爲"占絕對優勢，到明清的專業系詞"是"達到69.2%，到今天的全部用"是"，專門化程度大幅度提高。

四、被動標志

漢語被動句的形式不由語序或動詞變化決定，而由關涉被動的詞（直接修飾動詞的是助詞，引進主動者的是介詞）決定，這些詞可叫被動標志。漢語被動句經常不使用被動標志，3個時期被動標志的缺省情況統計如下。

先秦、明清和現代語料被動句與被動標志統計[1]

語料	總句數[2]	邏輯被動句		有標誌的及其比例		具體標誌
《論》《孟》	3700	126	3.4%	24	19%	見4，爲1；于19
明清a	2475	206	8.3%	31	14.6%	見3；爲9；以1；於17；被1
現代b	1070	100	9.3%	43	43%	被43

語料：a.明清的是李贄《焚書》卷三、黃宗羲《明夷待訪錄》《破邪論》、《王夫之哲學著作選注》和戴震《原善》卷上，共約66390字。b.現代的隨機抽取《人民日報》2000.6.15前四版，《光明日報》2005.11.1前四版。

注釋：①邏輯被動句的標準：主語用於被動意義。這使多數遭受句被包括在內，還使少許按漢語習慣不能轉換成被字句的句子被判定爲被動句。如《孟子·梁惠王下》："罪人不孥。"今可以轉換成"對于罪人（的懲治），不牽連他的妻子兒女。"也可轉換成"罪人不被牽連妻子兒女。"根據原話結構和力避增字爲訓的原則，"罪人"是主語，"孥"（妻子兒女）在這裏是用於被動意義的動詞，故算作被動句。又如李贄《焚書》："鬼苟乏祀，能不望祭乎？""望祭"可以是"望人來祭"，也可以是"期望被祭"，但"望"後不宜增字作解，斷作被動句。②總句數以句號、感歎號和問號的數目計。

　　在春秋戰國時的《論語》和《孟子》裏，有標志的被動句占到19%，說明被動形式已經過了萌芽期，有了初步的發展。明清語料的被動句有標志的僅14.6％，比《論》《孟》還少，似乎難以理解。這有兩個原因。一是明清有10來個以"受"爲動詞的遭受句歸入被動句，不計算被動標志；《論語》《孟子》尚沒有遭受句；二是黃宗羲和王夫之的語料占主體，二人很喜歡使用"可A"句，如"可廢"、"害可除"、"身可辱，生可捐，國可亡，而志不可奪"等，這些無標志的被動句可能有個人特色。不過，近代語料被動標志如此回落還是反映了被動形式發展的緩慢曲折。

　　現代"兩報"語料，有標志的被動句一下子躍升到43%，比《論》《孟》和明清的比例加起來還要多很多，而且在無標志的被動句中，還有13句是"受"、"遭到"等遭受句。

　　表示被動的詞，先秦語料用"爲"、"見"、"於"。如：

　　不爲酒困，何有於我哉！《論語・子罕》

　　盆成括見殺。《孟子・盡心下》

　　"於"和"爲"引進主動者。"見"則不能引進主動者，直接標明動詞的被動意義。但"見"發展很不充分，《論》《孟》二書只有4例。"於"則是一個使用廣泛的介詞，它介進主動者只是兼職，少用，在《論語》《孟子》裏它出現730次，僅19次用於被動句。所以"於"會有混淆現象。比如《孟子》的"見於王"是被王接見，"諫於王"卻是對王進諫。絕大多數被動意義用主動句表示，更易混淆。如《莊子》的"忠未必信"，"孝未必愛"，前一個動詞都表示主動意義，而後一個都表示被動意義，難解。使用主動形式表達被動，動詞還處在動作和關係"雙肩挑"狀態，有待於必要的分化。

被動標志到了明清語料裏還是"於"最多，其次是"爲"，包括"爲……所"。例：

論成，遂爲同學所稱。（李贄《焚書·卓吾論略滇中作》）

限於所分曰命。（戴震《原善》）

引進主動者的介詞"於"雖然還占優勢，但從《論》《孟》的79.2%降到54.8％。介詞"爲"特別是"爲……所"大量增加。大概因"於"的多數用法不關係被動，功能不顯豁，於是人們漸漸冷落了它。而"爲"表被動相對專業化，"爲……所"更是專用形式，因而得到青睞。但是許多被動句不需要引進主動者，只能引進主動者的被動標志就受到很大限制。同樣，不能引進主動者的被動詞也受到限制，"見"到後代衰落了與此有關。現代最常用的被動標志"被"在明清語料裏僅出現了一次，黃宗羲《破邪論》"觀兩君被弒大節目"。

"被"作爲遭受動詞，早期典型的用例如《史記·屈原列傳》："忠而被謗。"南北朝時候已經作介詞介進了主動者，《世說新語·方正》："亮子被蘇峻害。"它在近兩千年的歷史發展中越來越專門化。它不受是否引進主動者的限制，適用性廣，單詞形式，是最好的被動標志。但它取代其他表示法的速度，在我們的語料裏一度很緩慢，這和明清語料是仿古文有關係。到了現代，被字句獲得了迅速發展，在我們考察的語料中，被動標志只有“被”字。現代方言的被動標志雖然有叫、給、著（zháo）等，但不常進入書面語。

　　漢語被動形式在兩千多年中發展緩慢的主要原因，可能是它的情態。漢語傳統的被動形式，是表達主體處於消極不利狀態下的被動。如果沒有負面的意思，就用主動句。王力早就指出漢語被動形式其實是“被害動式”。它有相當強的主觀色彩。這種情況在現代方言裏還是一樣，但是普通話受西洋語法的影響，已經發生了改變，人們也用被動形式來表達積極意義，如：“裕興電腦被中國計算機學會指定為‘全國青少年普及電腦推薦產品。’”這種用法越來越多。

　　中國人一步步從邏輯角度來認識和表述被動關係，被動形式的概括力無論從標志上還是從意義上都提高了，有標志的被動句大步增長。展望未來，它在漢語裏還將迎來一個長期有力的發展。

五、複句關聯詞

　　複句的關聯詞是分句間關係的形式標誌。漢語複句的關聯詞主要是連詞，也有帶連接作用的副詞。有的單獨使用，有的上下句成對使用。而更多的情況是關聯詞並不出現，分句間的關係靠意會。先秦、明清和現代語料關聯詞的使用情況見下面三個表（《老子》是韻文，不取。一個關聯詞算1，一對也算1。目的關係歸入順承。解說複句不典型，緊縮複句結構特殊，未計）。

《論》《孟》《莊》複句關聯詞抽查

複句類型		句數	有關聯詞的		關聯詞舉例
聯合	並列	586	23	3.9%	亦、又、而、一則…一則
	遞進	7	6	85.7%	而況、猶、而
	選擇	24	16	66.7%	與其、寧、抑、其…其
	順承	88	20	22.7%	以、然後、而後、而
偏正	轉折	94	36	38.3%	雖、雖…猶、則、而
	條件	195	44	22.6%	則、斯、如、苟、使
	讓步	7	7	100%	雖、縱
	因果	49	23	46.9%	為、是以、是故、所以、既
合計		1050	175	16.7%	

語料：《論語》前10篇，《孟子》第一篇（《梁上》）和《莊子》前兩篇。

明清複句關聯詞抽查

複句類型		句數	有關聯詞的		關聯詞舉例
聯合	並列	614	85	13.8%	亦、又、而、猶、復
	遞進	10	10	100%	況、而況、且、並
	選擇	4	3	75%	寧、非…則、或
	順承	163	52	31.9%	遂、以、從而、然後
偏正	轉折	61	34	55.7%	雖、而、但、雖…而
	條件	98	79	80.6%	倘、使、如、則、便
	讓步	7	6	85.7%	縱、雖、即
	因果	81	45	55.6%	故、是以、是故、則
總計		1038	314	30.3%	

語料：《焚書》首篇《卓吾論略滇中作》，黃宗羲《明夷待訪錄》，《王夫之哲學著作選注》（1977）前面從《論氣》到《破無立有》七篇，戴震《原善》卷上。

現代語料複句關聯詞抽查

複句類型		句數	有關聯詞的		關聯詞舉例
聯合	並列	935	76	8.1%	也、同時、而、還、又
	遞進	70	70	100%	並、不僅…而且、甚至、更
	選擇	0	0	0	0
	順承	189	23	12.2%	以、而、從而、於是、最後
偏正	轉折	44	41	93.2%	但、雖然…但是、而
	條件	73	44	60.3%	如果…就、只有…才、一旦
	讓步	2	2	100%	即使…也。
	因果	46	20	43.5%	既然…就，所以，因此
總計		1359	276	20.3%	

語料：《光明日報》2005.11.1前4版多，5.4萬余字；中國共產黨新聞網・人民日報理論・今日理論版2009年的6篇文章，約1萬字（09.8.25下載）。

　　3個時代的語料顯示，複句有關聯詞的都占少數，最多的明清也只有30.3%。令人吃驚的是現代漢語的關聯詞比例比明清少了三分之一！僅比先秦多五分之一強。即使考慮到作者個人風格的差異和每種語料1000多複句的量不夠大等因素，還是不能有效地解釋這個問題。這組統計數字甚至可以讓人提出疑問：漢語複句關聯詞的發展是否已經越過了峰巔，將會停滯或者萎縮？

　　但分開來看，各類複句關聯詞的消長是不同的。漢語的並列句特別發達，它在3種語料中都超過複句的一半，現代達68.8%。而並列句是不大使用關聯詞的。近現代的第二大類是順承複句，占10%以上，使用關聯詞也不多。這兩類很少用關聯詞的複句占現代語料複句的82.7%。對比3個時代的語料，這兩大類合起來使用關聯詞的比例是：

先秦6.4%，近代17.6%，現代8.8%

這個比例有力地拉下了現代語料關聯詞的比例。現代漢語並列句發展較快（這是漢語句子容量迅速加大的重要方式）。現代並列句尤其是大報的並列句常不止兩個分句，而是多個分句排比使用，而同一層次的並列句即使要用關聯詞，也是一個或一對，否則累贅。如下面這個長並列句（F表示複句，b表示並列，豎杠表示層次）：

我們贏得了新民主主義革命的勝利，F.b ‖ 建立了新中國，F.b ‖ 取得了社會主義革命和建設的偉大成就；F.b | 成功地進行改革開放，F.b ‖ 開闢了中國特色社會主義道路，F.b ‖ 形成了中國特色社會主義理論體系。（《人民日報》2009.1.5《指導思想一元化是客觀規律》）

這個複句的分號後劃第一層次，兩分句下各有3個小分句，大小分句都是並列關係。如果要用連接詞，最多就在分號後加一個"又"，第二層的小分句只有"取得"前面可加一個"並"（按一般看法歸入遞進連接詞），其他地方加關聯詞都拗口。

順承複句是另一種快速增加的複句。它也有可連續成串而又不添加關聯詞的性質（少數"首先……然後……最後"類除外），這同其他"原生態"複句加上關聯詞很順當是不一樣的；同時它和並列複句的關係都易於理解，知道它們是把要說的意思簡單地挨個排出來。這二者恐怕是它們的關聯詞不大發展的主要原因。

其他複句的關聯詞有明顯的發展，因為有些關係如選擇、讓步不說明就難以會意，有些關係如條件、因果雖然不難會意，卻不如並列和順承那麼顯豁，有時也會造成理解障礙。我們來對比3個時代語料的遞進、轉折、條件、讓步和因果複句使用關聯詞的比例（兩報語料中選擇複句只有緊縮式，用"是……還是"2次，不計。所以先秦和明清也不計選擇句），結果如下：

先秦352句，有關聯詞的116，占33％。

明清257句，有關聯詞的174，占67.7％。

現代235句，有關聯詞的177，占75.3％。

從上面可以看到這類關聯詞的數量在穩步增長，現代關聯詞是先秦的2.28倍。

再看甲骨文、金文和《尚書》，複句比我們的先秦語料更少使用關聯詞。至於選擇複句，現代不能離開選擇連詞（偶有非正規的簡略問話例外）。所以我們在此基礎上推測，漢語大多數種類的複句越來越多地使用關聯詞了。

關聯詞還有質量的差別。明確揭示複句的關係、不生混淆的關聯詞質量高，這主要表現在條件複句中。先秦的"則"是一個多功能連詞，在第二分句之首表示結果等，主要用於條件複句，也用於因果、轉折甚至並列句（如"俄然覺，則蘧蘧然周也。"）先秦語料的條件句使用關聯詞的雖然有22.6％，但是其中81.8％（36句）是用的"則"，不表示條件。明清70.9％（56句）用"則"，而現代語料的關聯詞主要是表示條件的連詞"如果"、"無論"等，相當於"則"的"就"單用陡降到22.7％（10句），表義明確多了。

六、形式簡省及其消長的綜合考察

爲了對句子形式的發展歷程作一個總攬式的觀察，我們需要綜合考察各種成分和虛詞的簡省比例及其消長。

什麼叫"簡省"？設一個完整的句子有主語、謂語和必要的賓語及虛詞。新起的一句不考慮承前省或蒙後省。被動句有被動標志（遭受句除外）。一句中主語轉變要有新主語。如"君授吾以人民而後（吾）牧之"，"吾"不能少。一般複句要用關聯詞。現代認爲必要的判斷詞"是"和介詞不能缺省，

先秦、明清和現代句子形式缺省抽查

語料	句讀數	有缺省的	缺省句讀百分比	主要缺省成分和虛詞
《論》《孟》五篇[a]	1039	384	37%	⑴主語223 ⑵連詞63 ⑶賓語19
明清七篇[b]	1098	262	23.7%	⑴主語159 ⑵系詞33 ⑶被動詞27
兩報抽樣[c]	1163	99	8.5%	⑴主語68 ⑵被動詞19 ⑶連詞9

語料：a.《論語》前4篇和《孟子》首篇《梁惠王上》。b. 明清的：李贄《焚書·卓吾論略滇中作》、《童心說》、《忠義水滸傳序》；黃宗羲《明夷待訪錄·原君原臣》；王夫之《讀通鑑論·秦始皇》；戴震《讀易系辭論性》。c.《人民日報》2005.11.1第一版；《光明日報》同日第一版中3篇較大的文章《鼓勵探索 寬容失敗》《論開放》《用愛心呵護新疆班的孩子們》（因爲有些報道內容和《人民日報》相同，未全取第一版）和理論版的《構建社會主義和諧社會的價值訴求及其實現途徑》。

說明：句讀數按逗號、句號、問號、感歎號、分號和冒號"六號"計算。引用前代的文字不計。

可要可不要的服從通則，如"今天星期天"算缺省系詞。當代不能少的定語爲必須，如"子分父身而爲（己）身"。放寬掌握的：存現句可以無主語。成套關聯詞可以只用一個，並列、順承和解說複句可以不用關聯詞；並列成分最後兩項之間的"和"可以不要。允許"乃"和"非"代理判斷句標志。這個標準的制定根據現代漢語並參照英語，考慮到漢語習慣及語言發展趨向，比現代漢語嚴，比英語寬。

從《先秦、明清和現代句子形式缺省抽查》表中可見，3個時代的"主要缺省成分和虛詞"有5種：主語、賓語、連詞、系詞和被動詞（明清有兩例"於"用於被動句，因其功能僅限於介進主動者，不算被動詞）。

主語的缺省在三組語料裏都占大多數。它和被動詞的缺省，前面第一和第四部分已有分析。

連詞在先秦和現代語料中都居於缺省前三項，明清語料居第四項。缺省的具體情況是：

先秦63：假設條件47，轉折12，因果4

明清19：假設條件14，轉折4，讓步1

現代9：假設條件8，轉折1

3個時代，條件連詞的缺省都是其他連詞缺省的總和的兩倍以上（單用"則"的不算缺省）。在複句中，條件關係的"意會"適應性似乎僅次於並列和順承。預設在某種條件下出現某種結果，從時間上和邏輯上都是先後承接的。再次是轉折和因果連詞，也表承接性結果，只不過轉折是反接。其他關係的複句，不用關聯詞就不容易領會了，所以很少缺省。

判斷句的系詞今天我們視爲謂語動詞。它在先秦語料裏缺18次，居缺省第四，在明清語料裏屬第二，在兩報語料裏不缺。明清語料缺省系詞特別多的原因當歸於偶然，因爲語料較少。前面第三部分有較大語料的統計，明清有判斷詞的判斷句比先秦的多三分之一強。

動詞本是句子的骨幹，但還是有缺省的。先秦8例，明清5例。如：

及（晉國）（傳到）寡人之身，東敗於齊，長子死焉。《孟子·梁惠王上》

我入（言之）（她）不聽，請子繼之！《焚書·卓吾論略滇中作》

查這些缺省的動詞或者不是句中的主要動詞，或者處於不重要的分句中，所以被不嚴密的表達忽悠了。

賓語的簡省，先秦語料居第三位，19次。明清7次，現代無。在句讀數差別不大的情況下粗比即可看出它的快步補出。筆者參照嬰孩學語並從邏輯上推測，最早的動詞是沒有賓語的（獨詞謂語）。把動作和其關涉到的對象分離開才會出現賓語，一個動詞的意義有較大概括性才能自如地和多個賓語組合。

春秋之前早已產生了賓語，但是用得不那麼多。《論語》缺省賓語多，《孟子》少，舉兩個例子：

孟懿子問孝。子曰："無違（父母）。"《論語·爲政》

王見之，曰："牛何之？"對曰："將以（之）釁鍾。"《孟子·梁惠王上》

缺的是什麼賓語，主要依靠語境提示，但當時還有少數動詞在不同程度上混含賓語。"無違"在《論》《孟》中出現3次，2次無賓語。"免"則是典型的動賓一體，先秦渾指免災免罪，不需要賓語。孔子說"民免而無恥"，指（嚴刑峻法下）人民只設法免罪而不知羞恥。

賓語的上陣發展較快，畢竟這是謂語清晰化的一個重要手段。

定語是主語和賓語的修飾限制成分，它使中心詞的內含變得豐富。在我們的語料裏，先秦缺定語4，明清缺6，現代缺2。如：

（此）曳木者唯娛笑於（彼）曳木者之前……而曳木之職荒矣。《明夷待訪錄》

遠在千裏之外的外公外婆都病重住院了，我急於知道（他們的）檢查結果……《光明日報》2005.11.1《用愛心呵護新疆班的孩子們》

定語要不要有一定隨意性，特別是古漢語。統計時筆者只計語感上認爲不可少的，可能有古寬今嚴的傾向。

狀語表示程度、範圍、時間、情態和語氣等，使謂語的表達準確生動。它的發展遲於謂詞本身。先秦很多句子還是光杆動詞，這一般可接受，但是某些不可少的信息沒提供，筆者以爲缺省。狀語的缺省，《論》《孟》語料有6例。如：

子夏問（如何行）孝。《論語·爲政》

（一日）王坐於堂上，有牽牛而過堂下者。《孟子·梁惠王上》

上一例沒有"如何行"，"孝"的意義就很模糊。其下文孔子回答的是具體做法，應有"如何"才明確。下一例必須交代時間，否則就是"一般現在時"，不合邏輯。近現代語料未見狀語缺省，推測中古後很少缺省。這些狀語表示的信息缺了的話，語境幾乎不能提供什麼補充，所以人們傾向於比較快地備齊必要的狀語。

介詞把動作行爲的時間地點方式條件等介紹給動詞，使動作行爲的表達變得精細。但是介詞比它介紹的名詞性成分起得晚，先有無標志的名詞性附加成分。

介詞的缺省，先秦語料11例，明清5例，現代2例。

（當）河內凶，則移其民於河東，移其粟於河內。《孟子‧梁惠王上》

昔人願世世無生（在）帝王家。《明夷待訪錄‧原君》

介詞把附加成分標誌出來，現代的正例必須使用這些介詞。偶爾缺省的如：

做好（對）引進技術的消化吸收和創新提高。《光明日報‧論開放》2005.11.1

這種缺省現代人多不認爲是語病。現代漢語大量使用介詞結構作謂詞修飾語或者全句修飾語，結構中的名詞性成分也越來越長。官場語言更甚，“在……下”、“在……下”、“在……中”說了一大串才出現主謂結構成爲常規。

助動詞先秦語料缺省5例，中心詞缺省9例，比喻詞缺省1例。各舉1例：

（土地廟神主用木）周人以栗。曰：“（欲）使民戰栗。”《論語‧爲政》

（此災）非我（之罪）也，歲也。《孟子‧梁惠王上》

（人無信用）（好像）大車無輗……其何以行之哉！《論語‧爲政》

明清語料中心詞缺省1例，其余未見缺省。現代語料所有這些都未見缺省。

七、總論

我們估計，原始句子像幼兒的句子，即兒童心理學所說的"骨架句"。它們不但沒有修飾成分，連必要的主語謂語或賓語都可能闕如。這樣1──3個詞的句子，內部結構沒有分化或分化不良，依賴支點詞表達。所謂支點詞，它的意義是混沌的多功能的，像個沒有分化出肢體和器官的雞蛋。一個"車車"，可能是"那是車車"、"車車來了"、"給我（玩具）車車"或"我要車車"（不能倒過來說1──3個詞的句子都是支點詞表達）。骨架句有了一定發展，其支點詞就變成局部的了，比如成分加多後僅一兩個成分是支點詞；少數句子用支點詞表達。

先秦漢語較多以支點詞傳達籠統的意義，其原因可能同書寫刻鏤不易有一定關係，但不能誇大，人們還是更看重文字的達意。這種情況漢代已經改善不少，但是不難找到支點詞，方位詞的混沌就是典型。《史記·項羽本紀》："如約即止，不敢東。""東"指向東前進，包括了朝向、方位和行為3個意義，它們分屬不同的意義類別，今天要分成介詞、方位詞和動詞來表達。先秦有時用"之"、"矣"標示定語和動態，現代則有成套的形式詞的、地、得來標誌定語、狀語和補語，著、了、過表示動作的進行、完成和經歷態。雖然它們用得還不周遍，句子的"軟組織"卻漸趨豐滿。

那麼是否漢語變得囉嗦了？簡略不等於簡明，滿足於幾個支點的句子適應粗疏的思維。以下這個句子不加注解和文字，我們能讀懂嗎？

　　不憤不啟，不非不發。《論語・述而》

　　用括號加上"軟組織"，形成確切表達就是：（學生）（如果）不到求通不得（的時候），（我）就不去開導（他）；不到表達不出（的時候），（我）就不去啟發（他）。

　　有些成分和虛詞固然可以"意補"，有些卻不可以，因爲當時還沒有認識那些對象和關係，或者有模糊的感覺而沒有達到說出的程度。後人理解古書的困難許多是由缺省和模糊表達造成的。人們翻譯古文時加上一些成分和虛詞，根據自己的想法去"悟"，難免各言其是。古人若能見到，可能得重新"學習"自己的原意，甚至可能將翻譯斥爲冗繁、胡說。人的思維是慢慢趨於精密的，把混沌的整體分成多個部分來表達，一個重要因素是分類的進展，人們區別出了更多的對象和關係並作出了更合理的概括。

　　筆者的統計難免粗疏，材料的涵蓋面有限。儘管如此，多種因素的考察結果也告訴我們，總的來說漢語句子形式朝著周詳的方向發展，這是明顯的。

　　明清的缺省量是先秦的64.1％，現代的缺省只有明清的35.9％，比率大降。從《論》《孟》到明清語料的寫作時間將近兩千年，而後者到現在約300年。關鍵的改變還是約百年歷史的現代白話。西方語言和理性思維的滲入，對漢語發展產生了劃時代的作用。

　　漢語句子形式的發展經歷了如下過程：

　　從骨架到豐滿

　　從混沌到分化

從粗疏到嚴密

豐滿分化嚴密是相對而言，認知的進展引起了表達能力的提高。簡言之，表達從顧頭不顧腚走向準確周密，對"差不多"的喜愛程度不知不覺地在降低。古代的句子今天翻譯時常要添磚加瓦，能說今天的句子三五百年後不被當時的人同樣對待嗎？那時我們顯得多麼粗陋！準確周密應當是人類語言演化的共同趨向。現代漢語還是發展中的語言，她將永不停息地朝這個方向邁進。

今天，好些漢語親屬語言的句子形式像漢語一樣缺省。據筆者的抽點調查，泰語、納西語可無主語和複句關聯詞，苗語、瑤語可無系詞和被動詞（用主動形式表被動）。系屬不明或非漢藏語系的日語、越南語、馬來語、俄語等的句子也有缺省主語的情況，口語的代詞主語特別是"我"習慣不說，其判斷詞和動詞有時也不用，稱"名詞結句法"，如八點吃早飯在日記裏寫成"八點早飯"。越南語的複句也可以缺省關聯詞，單句可以缺省判斷動詞、實義動詞或賓語，古漢語的"無違"（父母）翻譯成越南語同樣不要賓語。維吾爾語的判斷句多不用系詞，如"我（是）女人。"[40]"意合"在語言中普遍存在，有的語言比漢語更多，它不是一些人所說的"漢語的特點"。推測其他語言的意合也存在漢語那樣的演變趨勢。

---

[40]、本段資料部分來自中國少數民族語言文字叢書中的苗語簡誌（1984），瑤語簡誌（1982），納西語簡誌（1985）和京語簡誌（1984），均民族出版社；部分來自個人：李密（日語），吳南江（越南語，即京語），張紅雨（維吾爾語），楊亦花（納西語），黃華迎（馬來語），康博盛、夏月芳（泰語）。謹向提供信息者致謝。

　　中國學術界對漢語缺乏形式和模糊簡短的看法有待理性化，未必這些就是"魅力"。如把漢語稱爲"語義型語言"（徐通鏘1992），讚賞"領悟"而輕視"表層結構"。好像缺乏形式就是突出語義，好像形式的完善不是爲了更好地表達語義。又《文化語言學導論》："（漢語）'今天星期四'，不必用判斷詞，只要兩個詞合到一起就能產生句意，表示判斷。'這個人大腦袋'，不必加'長著'就可表示對主語的描述。'他有病沒來'，不用表示原因的'因爲'就能看出原因。'他正在排公共汽車'，沒有表示目的的介詞就能看出'爲了上公共汽車排隊'之意。"此意合性是"西方語言不可能有的，它造成漢語的簡練性。漢語的簡練程度，使漢語的信息量非常之大，是任何其他語言所不能具備的。"[41]還有的直說漢語的模糊性就是優點（季羨林，1997）。把自己的習慣神聖化是大衆的共性，就像戴著墨鏡看人。其實習慣也會悄悄地發生變化，變化積久也驚人。語言的發展有著自己的規律，它的深層動力是認識的發展。

　　　　　　　　本節內容首發於《重慶社會科學》2010年第12期

第七節　句子長度及其發展

　　句子最初由一兩個詞模糊表達，逐步分化出主語謂語及其他成分並各自深入發展，到主謂賓定狀補完整系統的建立，修

41、戴昭銘《文化語言學導論》，語文出版社，北京，1996.P133—134

飾語的增加，介詞連詞增加，並全面複雜化，是一項偉大的工程。這些經歷了至少幾十上百萬年，至今還在發展，並將永遠發展下去。

一、漢語句子詞數的增長

　　句子長度是語言發展的一個重要項目。我們從四經典的《論語》和《孟子》中抽出部分語料進行統計，並將之與明清語料比較。因爲字數的增加不能較清楚地看出句子容量的增大，詞的複音化掩蓋了這個問題。我們以詞計算。劃詞的標準難掌握，人們經常說的"意義不是兩個語素的簡單相加"；"不能插入其他成分"；"不能拆開解釋"等，其實只能解決很小一部分問題。不考慮常用和語感也不合適，考慮常用和語感又可能寬得沒有邊際。筆者承認現實：先秦漢語是單音節語言，單音節詞凝固成複音詞有個漫長的過程；漢語的複音詞基本是複合的，所以分不清語素、詞和詞組的界限很正常，不必去糾纏它。筆者劃詞一般與《漢語大詞典》一致，例如"賢人"有，"賢者"無，就劃"賢人"爲一詞。少數的筆者沒收，如"存亡"、"父子"，少數的增收，如"娛笑"、"剿說"。明清語料一個成語算兩個詞。句數將電子語料的句號、問號和感歎號合起來計。

《論語》《孟子》句子長度抽查

語料	詞數	句數	平均每句
《論語》前七章	4293	433	9.9詞
《孟子》前三章	7236	564	12.8詞
合計	11529	997	11.6詞

二者平均每句11.6詞。《論語》的句子簡短，因爲它是孔門弟子後學記載的先生之言，孔子本身也比較訥言。句子多判斷和簡單敘事，沒有什麼論辯。有時必要的背景、主語、詳細行爲等沒有交代，句子成分缺省多，支點詞較多，難讀。《孟子》則由思想家孟軻自己寫成，雖然有些口語化的對答很短，但平均句子還是較長。

明清語料句子長度抽查

語料	詞數	句數	平均每句
黃宗羲文	4689	232	20.2詞
王夫之文	5560	328	16.95詞
合計	10249	560	18.3詞

二者平均每句18.3詞，比《論》《孟》語料加長了57.8%，近7個詞。句子長度已獲得長足的發展。

黃宗羲和王夫之都生於明末，三十四五歲值逢清朝，是清初思想家。王夫之句子較短，用語偏古奧，以至於一些表達明顯不明確，晦澀難懂。而小他1歲的黃宗羲句子較長，用語偏通俗，表達明白易懂。

目前國內只看到幼兒句子長度發展的研究。根據朱曼殊等人的測查（1990），5歲兒童平均句長約7.9個詞，6歲兒童爲8.4個詞。推算下去，《論語》語料平均約9.9個詞，應相當於今天10歲左右孩子的句子長度。10歲孩子的認知能力相當於孔子時代的成人嗎？當然不可能。當時的人不但有了國家，還有了原始的法律、成熟的文字，能夠製造鐵器和車船等。人類的思維能力進步很慢，不可能在兩千多年裏提高許多。兒童的進展如此之快，因爲他們站在前人的肩上。這證明語言能力可以在一定程度上超前於人的思維能力，語言的掌握對於兒童認知力的發展很有促進作用。今天的孩子生下來看到的世界比《論語》時的世界豐富千百倍，新詞新概念增加無數，成人的語言表達也複雜精細多了。《論語·述而》："互鄉難與言，童子見，門人惑。"今天要說成：互鄉（人）難於交談，（鄉裏的）（一個）小孩卻得到（孔子）的接見，（孔門）弟子不理解。今天一個孩子說句平常話，如："我在電視裏看到了非洲草原，還有獅子爸爸向全家問好。"其中"電視"、"非洲"、"草原"、"獅子"、"全家"、"問好"這些概念先秦都沒有，先秦"家"的意義很寬泛，卻似沒有指全家人的。人們常說："現在的孩子比以前的聰明多了。"大抵就是這些因素。

　　漢語的句子長度，清初哲學文本已達18.3詞。現代漢語的句長，張紹麒和李明統計過250句（（1986），平均約爲29.7個詞。筆者的明清語料只取了560句，已嫌少，而張、李的統計句數還不及筆者的一半。現代英語綜合文體的平均句長筆者未查到，查得其通俗雜誌平均句長僅17個詞。筆者自己統計了耶魯大學教授公開課《古希臘歷史介紹》講義（2012），除去每章首尾無關句子的交代文字，前10章共90866個詞，共3895句，平均每句23.3個詞。這是一個半學術半口語的文本，包括"Okay"這樣的簡單句。張、李的語料儘管很少，因差別大，還是可以得出，漢語句子比英語那個半學術半口語的文本句子明顯地長。

二、句子長度的討論

句子越長，表達內容和結構就越複雜嗎？長句增加了修飾語和小句，在同一種語言之內，句子越長，一般表達內容和結構就越複雜。

漢語句子的表達內容和結構比英語複雜嗎？

漢語的句子可以有多個謂語動詞，多個並列或順承的小句。這些，導致一句話易於加長。就小句的數量而言，筆者統計，《人民日報》2000.6.15有句子1600個，小句3492個，平均每個句子含2.18個小句（小句根據逗號和分號數量計）。耶魯大學《古希臘歷史介紹》公開課講義平均每句含1.75小句，耶魯講義的小句數是《人民日報》的80.3%，漢語句子裏含的小句約多五分之一。可是，漢語讀起來並不困難，因為小句容易，小句之間的關係多數是聯合式，偏正式少得多。聯合式的謂語和小句結構簡單，互相間雖有時間或邏輯聯繫，但其聯繫平面而松散。偏正式則表示因果、條件、假設、轉折等比較複雜嚴密的邏輯關係，較為困難。從小孩學語也可以看出，幼兒兩歲半左右出現聯合複句，大一點才出現偏正複句。6歲及其以下的兒童語言，聯合複句占複句總數的76.9%，[42] 也比偏正複句多得多。筆者曾隨便問兩位約6歲的知識分子的孩子："假如一個橘子有9瓣，吃了兩瓣，還剩幾瓣？"兩位女孩大喊："假的！假的！"不予回答。先喊那位6歲半，3年前就會閱讀了，應當會做這個減法，可是沒聽懂這個假設句。

42、周兢主編《漢語兒童語言發展研究》，教育科學出版社，北京，2009，P17

　　我們把組合式謂語（謂詞詞組構成的謂語）分成平列類和複雜類，平列類是廣義的，聯合式、連謂式、同位式、承接式和對舉式都歸入平列類，根據上文筆者抽查的《論語》《孟子》語料，動詞和形容詞的組合謂語共有177個（153+24），其中平列類的不低於126個，達到組合式謂語的70%，約占謂語總數的11.6%。其中有1例已達到3項並列，即《論語・八佾》孔子談奏樂："從之，純如也，皦如也，繹如也，以成。"

　　複句，根據前面第六節《句子形式的簡省與完善・複句關聯詞》的3個表，我們算出漢語聯合複句和偏正複句的總的比例，見下表。

三經典、明清和現代語料複句比例抽查

語料	複句總數	聯合複句	偏正複句
三經典	1050	705：67.1%	345：32.9%
明清	1038	791：76.2%	247：23.8%
現代	1359	1194：87.9%	165：12.1%
合計	3447	2690：78%	757：22%

語料說明同本章第六節。

　　表中顯示，3個時段的漢語語料聯合複句都在67%以上，合計出來，聯合複句占複句總數的78%，比例很大。有趣的是，我們發現聯合複句的比例從古到今還呈上升趨勢，從三經典的67.1%上升到現代兩報的87.9%。如果不是出於偶然的原因，則複句的發展，聯合複句擁有優勢，至少在我們考察的歷史時期內擁有優勢。

　　英語句子很少有聯合式的謂語和小句，雖然有定語從句狀語從句等各種從句，一般一個單句或小句只有一個謂語動詞，從句都圍繞這個動詞展開。這樣"一個中心"的句子是不會太長的。學術英語法律英語的句子比較長，有時從句裏還套從句。英語表達多有知識性與研究性，多科學術語，詞彙量很大，內容複雜精細，讀起來比較費力。中國有些人反對漢語用"歐式長句"，指的就是長定語等結構複雜的句子，從語感上人們覺得英語句子更長。英語文本的難度較大，可以舉一個例子。筆者手邊有一本書叫《六大觀念》（1998），作者是美國的艾德勒教授，他從120個西方哲學觀念中選出6個最大的觀念——人的判斷依據真善美和行為依據自由、平等、正義。該書討論柏拉圖，討論追求真理和自由平等權利等，中譯本前言說它是"有較高學術水平的通俗哲學讀物"。這樣難度的東西竟在美國電視台連續播講，而在大多數國家是沒法播講的，電視觀眾不要聽。柏拉圖的《理想國》是美國中學生的必讀書，可是中國的文科教授也很少有人去讀它的中譯本，往往覺得"打腦袋"。

漢語的句子，在其長度的順暢發展中，其內部關係的清楚嚴密也在發展，上文已說明了主語和關聯詞的增加等。語言自然會沿著邏輯的道路前進。可能漢語的聯合複句的比例，會在增加到某一個程度之後停下來，讓位於偏正複句的增長。

本節參考文獻

周國光、王葆華《兒童句式發展研究和語言習得理論》，北京語言文化大學出版社，2001.

左思民《漢語句長的制約因素》，《漢語學習》1992年第3期

第八節　語言表達特色與《理想國》比較

一、主觀與客觀

語言都要陳述客觀存在，道德語言都會提出應然的規定，這是四經典和《理想國》一致的。但是，《理想國》儘量致力於客觀分析論證，以獲得真理。四經典則看重主觀態度。《論語》《孟子》連篇累牘的仁義道德的華麗說教和老莊超脫生死超脫利害的玄調，與他們的實踐能力差得太遠。老莊尤其情緒化，玩語言決定論怕是天下無雙。

柔弱勝剛強。《老子》36章

不敢爲天下先，故能成器長（君長）。《老子》第67章

塞瞽曠之耳，而天下始人含其聰矣；滅文章，散五彩，膠離朱之目，而天下始人含其明矣。《莊子・胠篋》（盲人師曠是大樂師，離朱是視力超常的人）

這些瑟縮的功利主義"理想"或反文明反邏輯喧囂充斥兩書，不需要什麼解釋和論證。其表述的是實然、應然、必然還是可能？如果是實然，有哪些事實？它的發生是普遍規律還是偶然？如果是應然、必然，根據是什麼？老莊經常把欲望當作應然，把偶然當作必然，以態度代替真實存在。老莊特別喜歡玩弄"A是非A"之類細術，讓人感到跟他們認真是對自己的侮辱。假如蘇格拉底傻乎乎地站出來對他們說"言行大相徑庭，人品大有問題"，聖賢們會如何反應？想必儒家嚴辭道："妖言惑眾，當誅！"老莊要流氓："喪德即德，萬品皆鼠。無真無假，胡辨當誅！"誅殺你連辯辭都不讓你留下。

　　《莊子‧大宗師》宣稱：“有真人而後有真知。”這是什麼意思？《漢語大詞典》說真知是“正確而深刻的認識”，第一書證即此例。莊子的這種“正確深刻的認識”，與人的健康本性和邏輯無關，是躺在床上根據自己的本性幻想出來的。它向人聲明，認識對不對不決定於客觀存在和邏輯，而決定於人的身分。當我們判定一個人是真人時，他說的話就是真知。判定一個人是普通人時，他的不同意見就是謬誤。確定一個人是不是真人憑什麼呢？當然不可能憑真知了，只能憑自己的好惡感覺。根據身分和感覺決定一句話是否正確，不僅是中國悠久的傳統，也是世界上敬愛權威的所有國族的傳統，只是輕重有區別。所以它不但精深，而且博大。中國人一說到傳統文化就自豪不已，炫耀繼承。不是嗎？今日民謠道：“說是就是，說不是就不是，第一把手說了準是。”真是忠臣孝子。

　　筆者在第一章“邏輯認知詞場‧真偽觀”討論了四經典觀念的缺真，在“四經典詞義的特徵”和“代表性人格詞場‧典型的社會性格”裏列舉了事實的缺真。不過客觀地說這些不能全怪人品，邏輯認知力的欠缺是根基，它恐怕占一半以上的因素，沒有普遍性思維就不會有普世道德。不要以爲適應性就是認知力。

　　神幻的內容，《莊子》和《理想國》都有，或多或少具有藝術想象的性質。但莊子特意用大量神祕主義的帷幕來掩護卑污的“理論”，賦予理想人格以各種神通，這種愚蠢的迷信使人想到清末義和團的“刀槍不入”。集體無意識註定要崇拜玄虛。《理想國》末章提出靈魂不朽，說死者的靈魂由法官們判決正義還是不正義，正義的升天，不正義的入地，他們各自在那裏受到應有的報償。有意思的是"判決"是專業法官作出的，而不是行政長官，這體現了法大於官的意識。其故事的內容清明而沒有神祕感，用神話故事來傳達懲惡揚善的意義。

美國學者Chad Hansen（漢譯陳漢生），著《中國古代的語言和邏輯》一書，[43] 從西方人的角度來看有關問題，頗有啟示。摘引幾段（括號中是該書頁碼）。

以語言爲中心的觀點特別適合於用來解釋中國哲學理論。（17）

蘇格拉底柏拉圖把他們對定義的嘗試當做獲得真實知識的重要方法。無論孔子、老子還是孟子，都沒有以此種方式來看待哲學的任務，或者用定義來發現更深的真理。"（73）

中國哲學較少關心語義上的真假，而較多地關心語用上的可接受性。（74）

中國哲學還沒有面臨爲'真假'或'意義'進行解釋的問題。（105）

似乎有理由認爲中國思想家把語言的這一特徵看成是有魔力的，凌駕於自然之上的。（75。特徵指規範特徵）

莊子"從來沒有考慮過這樣的問題"，即"辯論的正確性或有效性"、"證明或從前提到結論的關係"。（108）

道家認爲，"我們應當欣賞我們現在稱之爲惡的東西，並且欽佩我們現在認爲不善的行爲。"（87）

陳漢生明說他不是用中國人的思想來研究中國，而是根據普遍的邏輯。但他具有典型的西方學人的性格，避免直接批評

43、［美］Chad Hansen《中國古代的語言和邏輯》，周雲之等譯，社會科學文獻出版社，1998

他國人，只是擺出事實。但其見解具有邏輯深度。因此他說道家的懷疑論完全不討論信仰、命題、概念等問題，與西方的懷疑論相對立。的確，對客觀真實的態度和認識能力，是邏輯和各門科學的基本因子。對道家的利己主義，陳漢生的描述很委婉。其實利己主義者並不能認識到惡和不善，老莊只覺得是德和智。先秦漢語表示真假的詞已經出現，真假概念已有了一點譜。但是"真"的意義脆弱狹窄，地位低下，還遠不能引導人們去追究事物本質規律的真，達到科學的認識。主觀主義的語言多爲自己的利益服務，它藐視客觀事實和公義。因此，道家以勞神、招禍以及論辯的勝負同是非的關係未必一致來證理性探求的無用，大言不慚地把"不仁"、"忘義"當作與人相處的宗旨。支配著他們語言的主要是私欲，不是邏輯思維。

英譯《理想國》則儘量使用客觀的言語。

如英語在肯定別人的話時幾乎不說"對"，而喜歡用"true"，客觀地表示真不真。這是《理想國》"真"的詞頻非常高的一個原因。

蘇格拉底柏拉圖注意對自己的言語負責，不貿然下斷語。阿德曼托斯要蘇格拉底講什麼是善，蘇格拉底說他不懂："一個人對自己不懂的東西，有權利誇誇其談嗎？"阿氏說就當作意見談談吧。蘇只承認談"善的兒子"，"不過還得請你們小心，別讓我無意間陷入偽說，誤了你們的視聽。"（do you think it right to speak with an air of information on subjects on which one is not well-informed? ……only take care that I involuntarily impose upon you by handing in a forged account of this offspring.紙六263）。

當說到護衛者之間婦女兒童公有這個敏感設想時，蘇格拉底感到自己要"腹背受敵"了，企圖閃避。可是格勞孔道："你休想滑過去，給我發覺了！你得對兩個建議都說出道理來。"蘇道："……請你原諒讓我休息一下。有那麼一種懶漢，他們獨自徘徊，想入非非，不急於找到實現他們願望的方法，他們暫時擱起，不願自尋煩惱去考慮行得通與行不通的問題；姑且當作已經如願以償了，然後在想象中把那些大事安排起來，高高興興地描寫如何推行如何實現；這樣做他們原來懶散的心靈更加懶散了。我也犯這個毛病，很想把是否行得通的問題推遲一下，回頭再來研究它。"（格：you are found out in your attempt to escape; so please to render an account on both heads. 紙五158）（蘇：as day dreamers are in the habit of feasting themselves when they are walking alone; for before they have discovered any means of effecting their wishes ……they would rather not tire themselves by thinking about possibilities;……Now I myself am beginning to lose heart,and I should like, with your permission, to pass over the question of possibility at present.電五）。

　　當蘇不顧淹死在"譏笑和藐視的浪濤中"提出哲學家做國王、能人治國的時候，格勞孔追逼道："蘇格拉底，你信口開河，在我們面前亂講了這一大套道理，我怕大人先生們將要……順手操起一件武器向你猛攻了。假使你找不到論證來森嚴你的堡壘，只是棄甲曳兵而逃的話，那時你將嘗到爲人恥笑的滋味了。"（末句英文本：if you fail to repel them with the weapons of argument,and make your escape,you will certainly suffer the penalty of being well jeered.紙178）。這位後生銳氣逼人，而蘇格拉底的武器只能是論證，不能是情緒和暴力。

　　《理想國》自認它對正義、勇敢、節制和智慧的研究，是用"很不精密的方法"進行的，還有很長的路要走。

　　哲學家承認自己論說的尷尬，內心的乏力，力戒不懂以爲懂。爲了求真，後生也敢於對老師不講情面，這跟今天歐美師生間尖銳直言不徇私情的學術討論一樣。這些令中國人驚惑恐懼的對話風格讓我們看到對客觀真實的尊重，看到坦率謙虛的性格和平等自然的人際關係，看不到裝腔作勢的面子和架子。

　　是非優劣的確定，在古希臘靠事實和邏輯的詳密論證（求真），審案則靠公民或陪審團投票（求公正）。論理和民主的辦法限於人的認識能力，並非萬無一失，但比家長獨裁和否定道德好千萬倍。

二、模糊與清晰

　　要把事物看清楚，看到它的普遍本質、特徵、規律等，思維須達到必要的清晰。不然就會青紅不分皂白不辨，把謊言當至理，把混說當聰明。思維清晰與否直接表現在語言上，語言本來都有程度不等的模糊性，但是總趨勢是越來越清晰。思維和語言的清晰化是成正比的。

　　四經典不需要定義，回避真假和探索辯論，所以概念的所指和邊界不明，判斷和議論常不清晰。詞義的模糊，第一章在"四經典詞義的特點"裏已說過。這裏舉幾個判斷和說理的例子。

　　《老子》第55章："含德之厚，比於赤子。蜂蠆虺蛇不螫，猛獸不據，攫鳥不搏。"

　　意思是厚德之人就像無知無能的嬰兒一樣，毒蟲猛獸鷙鳥都不來傷害他。老子不但像3歲小孩般隨口規定自然法則，還用閃光的“厚德”表示了反道德主義的內涵，模糊勝清晰。

　　《莊子‧在宥》：“有大物者，不可以物。物而不物，故能物物。明乎物物者之非物也。”

　　9個“物”具體指什麼？張耿光譯：“擁有眾多的物品而不可以受外物的役使，使用外物而不爲外物所役使，所以能夠主宰天下萬物。明白了擁有外物而又能主宰萬物的人本身就不是物。”後3句李申譯得大不相同：“它是物，但是不把它當作物來隨意支配，才能使物成其爲物。明白那些使物成其爲物，就是不把它看作物來隨意支配。”[44]把“物物”翻譯爲主宰萬物和老莊“長而不宰”不合，譯成“使物成其爲物”也未必合原意。皆因其義太糊。

　　子曰：“君子上達，小人下達。”《論語‧憲問》

　　這孤零零的語句，沒有必要的語境和解釋，上不著天下不著地。上達和下達，朱熹《集注》解釋爲“進乎高明”和“就乎污下”。楊伯峻譯“通達於仁義”和“通達於財利”，說“古今學人各有解釋，譯文采取了黃侃義疏的說法。”這些解釋都比原文清楚，難說是孔子的意思。

　　道不可有，有不可無。……言而足，則終日言而盡道；言而不足，則終日言而盡物。道，物之極，言默不足以載。非言非默，議有所極。《莊子‧則陽》

　　莊子這段，李申《白話莊子》翻譯：“道不可能使物成爲有，有的也不可能再成爲無。……說話有根底，談論終日

44、李申等《白話老子白話莊子白話列子》，嶽麓書社，1990，P99

會全都是道。說話沒有根底，談論終日也全都是物。道與物的界限，說與不說都無法表達。"張耿光卻譯："道不可以用'有'來表達，'有'也不可以用無來表述。……言語圓滿周全，那麼整天說話也能符合於道；言語不能圓滿周全，那麼整天說話也都滯礙於物。道是闡釋萬物的最高原理，言語和緘默都不足以稱述。"差別很大，誰能真的理解？可以理解值得去理解嗎？

告子曰："性，猶杞柳也，義，猶杯棬也；以人性爲仁義，猶以杞柳爲杯棬。"

孟子曰："子能順杞柳之性而以爲杯棬乎？將戕賊杞柳而後以爲杯棬也？如將戕賊杞柳而以爲杯棬，則亦將戕賊人以爲仁義與？率天下之人而禍仁義者，必子之言夫！"（《孟子·告子上》。（局譯：憑人性來施行仁義，就像用櫃柳樹來做成杯盤。……您是順著杞柳樹的本性來制造杯盤呢，還是傷害它的本性來制造杯盤？如果要傷害杞柳樹的本性來制造杯盤，那也要傷害人的本性來行仁義嗎？率領天下人來禍害仁義的，一定是您這個說法了！）楊伯峻譯"以人性爲仁義"爲"把人的本性納於仁義"，意義和語法有走樣，不取。

杞柳可能指一種柳樹的細長柔枝，可以編盛器；也可能指其樹幹之一截被鑿空，做成杯盤。孟子沒有交代此杯盤是怎麼做的，更沒有解釋什麼叫順著杞柳的本性什麼叫傷害杞柳的本性。在此基礎上比喻的傷害人的本性，當然不知所云。今國學大師徐復觀贊同孟子的詰責，說"靠外在強制之力以爲仁義，則只有以人類的自由意志作犧牲。"不然就像道家那樣"爲了保持自由而不談仁義"。強制爲仁義"致使天下之人諱言仁義，反對仁義”，結果“天下之人，都變成了得到高級享受，得到高級殺人方法的一群可怕動物”。（徐的表達有問題。應該是“想得到高級享受，弄出了高級殺人方法”吧。）他所說的包括二戰在內的“世界危機”，原因居然是傷害人的本性行仁義造成的，而不是行惡。“誰能想到孟子與告子在兩千年以前的辯論，竟反映出了兩千多年以後的人類命運呢？”[45]孟夫子太有先見之明。可惜徐大師所說不知所指。“天下之人諱言仁義”是主觀臆斷，當代歐美特別提倡同情心和對人類的關懷，大師不可能想到此。以外國人不用漢語說“仁義”就否定人道主義，大師懂仁義嗎？“人類”、“天下之人”的“自由意志”竟通通成了仁義的反面，爲什麼今許多儒者看人性只有惡俗？以己度人吧。如果沒有頑強追求人道和正義的自由意志，民主制度怎麼會誕生而在今天磅礡於全世界？民主國家之間怎麼會從來不發生戰爭（阿瑪蒂亞·森）？孟子籠統說人性本善不符合事實，徐大師認定全人類的“自由意志”都不仁不義更荒謬，是老莊的德性。他對孟子論人性既尊崇又反對，不覺自相矛盾。徐文中的“人性”、“戕賊人以爲仁義”、“自由”等意義不明，就給出了一頁多評析。好比一個對象是人是鬼我們都不知道，就對之大加評頭品足，這是何人性？

　　弄不清詞句的確切含義，後人就各依其想象理解。不但古聖賢未必清楚自己說的是什麼，後代的注疏翻譯評析者也時有不顧邏輯和事實之言。

　　《理想國》則很另類。它注重對客觀對象的深入了解辨

45、皆《國學大師說孔孟》，章太炎等，雲南人民出版社，2009，P207

析，力圖弄清概念的定義和命題的確切含義，互相論難也有效地促進了表達的清晰性。雖然研討未必都達到成功，但其接近真理的努力是十分高貴的。

例如當色拉敘馬霍斯拋出"正義就是強者的利益"的光杆命題後，蘇格拉底拒絕表態，要他把意思"交代清楚些"，色氏不得不作一些闡述，蘇格拉底再根據他的闡述追析下去。蘇格拉底如果發現一個模棱兩可的說法，就不會讓它溜過去。

> 蘇：如果觸覺告訴靈魂，同一物體是硬的也是軟的，心
>   靈在這種情況下一定要問，觸覺所說的硬是什麼意
>   思，不是嗎？或者，如果有關的感覺說，重的東西
>   是輕的，或輕的東西是重的，它所說的輕或重是什
>   麼意思？……在這種情況下，靈魂首先召集計算能
>   力和理性，努力研究，傳來信息的東西是一個還
>   是兩個（must not the soul be perplexed at this intimation
>   which the sense gives of a hard which is also soft? What, again,
>   is the meaning of light and heavy, if that which is light is also
>   heavy, and that which is heavy, light? …… the soul naturally
>   summons to her aid calculation and intelligence, that she may
>   see whether the several objects announced to her are one or
>   two電七）。
>
> 格：當然（True）。
>
> 蘇：如果答案說是兩個，那麼其中的每一個都是不同
>   的一個嗎？（And if they turn out to be two, is not each of
>   them one and different?）
>
> 格：對的（Certainly）。

蘇：因此，如果各是一個，共是兩個，那麼，在理性
看來它們是分開的兩個；因爲，如果它們不是分
離的，它就不會把它們想作兩個，而想作一個了

（And if each is one, and both are two, she will conceive the
two as in a state of division, for if there were undivided they
could only be conceived of as one?）

格：是的（True. 均電七）。

求真的思想必追求清晰。如此高的對不清晰不和諧的敏感
性，是真正的科研素質，是創造力的重要成分。

三、敘事與論證

雖然四經典也是哲學著作，但是它們常常沒有論證，有也
薄弱。《孟子》相對論證多，《論語》、《老子》《莊子》奇
缺論證，算上詭辯也少；以《老子》爲最。它們基本是在具體
事情的敘述中夾雜一點議論，或是直接拋出判斷，可能依據一
個比喻。故事是一個一個的，互不連貫的，思想跟著故事走。
它的好處是具體形象，通俗易懂。有的故事生動有趣，堪稱優
良的文學作品。但問題是缺乏直接說理，觀念模糊且支離破
碎，不能深入系統地探討一個問題。舉《莊子·秋水》的一個
故事：

莊子釣於濮水。楚王使大夫二人往先焉，曰："願以境
內累矣！"莊子持竿不顧，曰："吾聞楚有神龜，死已三千歲
矣。王巾笥而藏之廟堂之上。此龜者，寧其死爲留骨而貴乎？
寧其生而曳尾於塗中乎？"二大夫曰："寧生而曳尾塗中。"
莊子曰："往矣！吾將曳尾於塗中。"

　　這個故事的內容是，楚王打發臣子來請莊子去治理國家。莊子說自己寧願像神龜那樣，活著而曳尾於泥中，不願被包裹珍藏而死，尊貴地留骨於廟堂之上；並叫使者走開。這個故事有長生、死亡、勞苦、受賞識、隱逸、做官等因子，迷戀長生的人認為正合己意，好逸惡勞的人也認為道出了自己的心聲，而不肯與當道同流合污的人也會發生共鳴。人人都"懂"，但正如"一百個人心中有一百個林妹妹"，人們各依所感把故事納入自己的軌道。

　　光下判斷也有同樣的問題，下面舉一例。

　　《論語‧里仁》孔子對學生曾參說："吾道一以貫之。"孔子走後曾參回答門人的詢問："夫子之道，忠恕而已矣！"我們假設曾子的理解正確。"一以貫之"的應是最重要的觀念，卻沒有任何分析論證。如果孔子和弟子們仔細探討什麼是"忠"和"恕"，它們的所指範圍何在，現實的做法哪些是合於忠恕的，哪些是不合的，忠恕對人格的意義是什麼，忠恕同孔子更多強調的仁義和"克己復禮"之間有何關係，以及同其他美德或惡德有何關係等，那麼對"忠恕"的理解就會比較清楚和深入，換句話說就接近真實。

　　以故事帶議論，或規定性判斷性的只言片語堆放在一起，使得四經典的整部著作及其內部篇章的內容都不連貫，各說各的，思想零散。只有段落的內部是連貫的，一段一兩句話到若干自然段。《老子》的一章僅有一段，所以內部相對連貫。但因基本沒有語境交代，用詞又太簡略糊混，是最難讀的。

　　當今還有許多中國學者推崇不要論證的直覺體悟。有的說中國人"通過體驗、直覺和自我調控……即內省來達到對外部世界的認識"，還說"中國固有的科學傳統和認識方法，對於解決人類當今面臨的重大問題有重要意義"，因而號召建立直覺體驗的"自然國學"，超越西方對"科學"的理解（《自然國學宣言》2001）。簽署這份《宣言》的11位學術界人士，打頭的劉長林竟是哲學研究員。此《宣言》儼然給人類找到了一條不費吹灰之力的"科研"捷徑，艱苦的事實獲取和嚴密的邏輯思辨都不能來爲難我們了。但致命的是，他們不能論證自己的觀點。憑內省怎麼能"達到對外部世界的認識"？你看著菠菜就知道白菜里有沒有青蟲？我因此內省到賣假藥的人都變成了市上跳得最高的跳蚤。不能論證就不存在說理，那麼"真理"這種"理論形態的正確認識"是什麼？靠什麼成立？靠權勢身分成立？靠慾望成立？這等高招說明了理性落後的人們內心對科學的本能排拒，務使大眾更遠地離開真理。"我的直覺就是正確看法，不同的都是劣惡的。"打從有人類以來，所有自我中心的人都在前仆後繼地證明著這個命題的劣惡性。不要論證就給出"正確認識"，拖鼻涕的小孩比成人做得更自信。11位先生利用民族自戀來嘩眾取寵，光榮地給後人留下了笑柄。

用講故事、打比方和光杆命題代替論證，思維就是感性的，缺少邏輯，疏簡而單線條。因而四經典中許多詞項意義狹窄，命題不反映普遍性，甚至不反映具體存在，代表個別事物的專名非常豐富。

古希臘的《理想國》，采取直接說理的方式，輔以很少的比譬。內容基本上是探索分析、假設、發現問題、批判和建設，它們的方法是明確概念、邏輯論證和推理，這就是思辨。要想給出某詞項的普遍定義而不是碎片，給出經得起檢驗的論述，就得靠思辨。真正的思辨必須是普遍性的，容不得小家子氣。具體專名也很少派上用場（《理想國》大約僅有30多個）。《理想國》的十卷雖然也不是柏拉圖分的，是後人根據羊皮卷分的，但是一卷之內內容聯繫緊密。例如第四卷先說幸福的國家是怎樣的，它的護衛者應有的素質和教育。接著提出智慧、勇敢、節制和正義四要素，並依次討論它們作爲個人品性的含義，完成後又把這些個人品性放進國家裏，討論它們作爲國家的品性是怎樣的，在智慧項中還把人的心智分爲理性的和不理性的兩部分深入探討。第六卷討論什麼是真正的哲學家，它除了論述真正哲學家的才智人品個性以外，還要分析他們不受城邦歡迎的問題，分辨自稱的哲學家和哲學家的變壞，並由哲學家追求真和正義談到更概括的善的理念。環環相扣。全書涉及範圍很廣，不但政治學，還有倫理學、心理學、教育學、藝術學甚至神學等，但是，圍繞理想國特別是統治階層的人選、教育與人應有的品質，形成一個較爲嚴密的體系。其思維複雜精細而抽象，在許多人看來《理想國》枯燥乏味令人頭痛，但理性的頭腦覺得興味無窮。

上述主觀、模糊和敘事寓理的3個特點，用現代交際傳播學的觀點來看，就是“讀者責任型”，文章的實際含義讓讀者自己去解悟，而不是把它說個清楚明白，不能有他解。後者叫“作者責任型”。美國學者卡普蘭說：“閱讀古漢語不禁爲之愕然：作者幾乎沒有責任把自己的意思說明白，而當代漢語似乎正朝著作者責任型快速發展。”[46]

46、轉引自林大津《跨文化交際研究》，福建人民出版社，2008，P215

四、倚重權威與自重

　　四經典很喜歡引言引事來表示自己的意思，主要是用它們來救自己之窮，加強自己的力量，也顯擺其博學。如《論語·雍也》："吾聞之也：君子周急不繼富。"這是孔子表示不願周濟不窮困者。《論語·子張》："異乎吾所聞：君子尊賢而容眾，嘉善而矜不能。"這是子張不同意拒斥不能交往的人。《顏淵》："商聞之矣，'死生有命，富貴在天'。"這是孔門弟子卜商安慰同學司馬牛沒有兄弟。《孟子·梁惠王上》："《詩》云：'他人有心，予忖度之。'夫子之謂也。"又《梁惠王下》："聞誅一夫紂矣，未聞弒君也。"又《公孫丑上》："詩云：'迨天之未陰雨……綢繆牖戶。'"這是孟子勸國君在平安時不要過於遊樂。《莊子·天地》："吾聞之吾師，有機械者必有機事，有機事者必有機心。"引《詩經》來代替自己的表達是個風氣，似乎那樣特別智慧高雅。今天報告、文章的引用癖弘揚光大了傳統文化，只是引用的對象有變化，不愧是龍的傳人。

　　儒家學者具有典型的權威人格，即把服從權威和施加權威看作人的頭等大事。在他們的心目中，先王、聖人和祖宗言論就是自己行動的指南，人們以他們爲榜樣就能、才能建立理想的社會。崇拜權威者必有崇古崇舊的思維定勢。《論語》《孟子》稱頌的"偶像王"主要有堯、舜、禹、商湯王、周文王和周武王，其中堯舜的名稱就有187次。所以《孟子》自道："言必稱堯舜"。《孟子》中"孔子"（仲尼）還出現了87次，此聖人不輸於堯舜，也開了"言必稱孔子"的先河。孟子說，自己得志的話，不會侍妾數百、後車千乘、遊樂飲酒田獵。"在彼者，皆我所不爲也；在我者，皆古之制也。吾何畏彼哉？"（《盡心下》）孟子對自己有節制的要求。但是，他沒有講出節制的確切含義和理由、性質來，也沒有指出彼方錯在哪裏。他認爲自己正確的根據，不是擁有理性，而是依從"古之制"，古之制不是還有桀紂之制嗎？奢侈糜爛的人也是有依從的啊。

不厭其煩的忠君孝親說教都是叫人"成長"爲綿羊。《論語·學而》孔子說天下有道，則禮樂征伐自天子出，無道則自諸侯出。天子控制一切就是對的。"天下有道，則庶人不議。"這是說如果社會是講道義的，那麼天子諸侯大夫享有的等級規格不亂，平民也不議政。有道無道與生民苦樂無關。孔子認爲天子和大人物的權威是不可挑戰的，"小人才會"狎大人，侮聖人之言"（《季氏》）。孟子認爲治國要"守先王之道"（《滕下》），"遵先王之法而過者，未之有也。"（《離婁上》）。"孝"是孔孟之道的基石，孝順父母的人走上社會就忠君事君，都是奉行奴隸道德，故古今加冕不加冕的皇帝都大力提倡這個美德。

有研究生對筆者解釋，中國人"言必稱孔子"是因爲孔子太偉大了，無法超越；西方民族沒有這麼偉大的人物，故沒有可稱的，並能不斷超越前人。這真是崇拜自己祖先如泥灘地。言外之意是西方一旦出現了孔子這麼偉大的人物，就開始崇拜聖人，不再能超越前人了。類推出去，越崇拜先祖的民族，其先祖越偉大，現在還停留在弓箭時代的野蠻民族，先祖最偉大。人們以爲群體性的抑人揚己就是愛國愛族，這正是蘇格拉底柏拉圖所忌諱的小心眼。我們把尊奉先人放在尊奉權威的系統裏看，就發現他們不過是原始的種群自戀權勢依附。新儒家顧隨稱：“孔子的政治、哲學真是嶄新嶄新的。”[47]孔子有什麼建樹？《中庸》稱他：“祖述堯舜，憲章文武。”（憲章，效法）實事求是。中庸，大舜已實踐；行仁，周文王有名。凡後進民族都相信自己的祖先無比偉大。崇拜權威是人類大多數成員的共同嗜好，這與那偶像是否真的偉大無關，嚴格說是負相關。崇拜權威說到底，是缺乏創造力的表現。如果偶像的人格非常獨立，專注於真理而不是利益，那麼他們的後人也不會有多少奴性，很少崇拜他們。西方也曾有學人“言必稱亞里士多德”，不敢越雷池一步。亞里士多德創造性理論極多，可不是祖述先王的角色，可是這些學人不但不能嘩眾取寵，反而不斷受到學界的激烈批評，直到收聲匿跡。

　　老莊提倡超脫和放達，避免接觸社會，看起來不那麼依賴權威，甚至對主流權威有所藐視。但是，他們也有自己崇拜的偶像。《莊子》裏，“垂拱而治”的神農被提到9次，黃帝（帝）38次。《盜跖》篇：“神農之世……民知其母，不知其父，與麋鹿共處，耕而食，織而衣，無有相害之心。此至德之隆也。”又《山木》：“物物而不物於物，則胡可得而累邪！此神農、黃帝之法則也。”（即不以外物爲事，就沒有拖累）道家祖師爺老子也是莊子尊崇的對象。“老子（老聃）在《莊子》中出現69次。如：“老聃曰：‘明王之治：功蓋天下而似不自己，化貸萬物而民弗恃。’”（言功蓋天下似不出於自己

47、《國學大師說儒學・論語六講》，章太炎等，雲南人民出版社，2009，P191

的努力，教化施及萬物而百姓並沒有依靠他）。筆者數了《莊子》從《逍遙遊》到《人間世》的前四章的引文引事，約9580字中連引中之引共28處，其中有1處引書，3處根據張耿光注解可能是假托的古賢人，如王倪、南郭子綦。總之是借重人言，甚至編造人言。其引堯舜、孔子之類，不摻假是不可能的，既然假的跟真的同一。

老莊反對職責意識和愛人，全力縮進龜殼裏，這不存在自重，腦殘了不可能不尊奉權威。

《理想國》當然也有引文引事，不僅數量少，關鍵是沒有製造任何崇拜對象，連叫人學習的"先王"和"聖賢"也沒有抬出來一個。偶爾提到了四五個賢人，都不是贊頌或引用他們的政治主張。漢譯本唯一出現聖人影子的是"聖賢"這個詞，1次。前文是蘇格拉底反對把"正義"定義為傷害敵人，幫助朋友。

蘇：如果有人認為這種說法是西蒙尼得，或畢阿斯，或皮塔科斯，或其他聖賢定下來的主張，那咱們倆就要合起來擊鼓而攻之了。

玻：我準備參加戰鬥。（郭一15）

這裏悍然聲明如果聖賢言語錯誤，就準備攻擊。又如提到雅典著名政治家色彌斯托克勒，只是寫他機智地嘲諷一個嫉妒他的人。

《理想國》徑直辨析概念、討論自己的理想社會和人性，尊奉的是事實和邏輯。作者極少引文引事來說理，沒有"臣聞"、"詩云"，沒有高舉大人之言的行為。

所以語言表達特色跟其他特色一樣，四經典所表現出來的古老和感性，與《理想國》相去甚遠。

　　各种差異揭示了一個共時平面上人們多方面的歷時發展狀況、人類智慧道德發展的路子以及今天不同價值觀的來由。或許，它能促使我們摒棄動物性的爭強好勝和盲目自大，清醒認識自己和他人，走上人類才有的求真求善的道路。

　　本書的分析對比因爲采用《理想國》英譯本和漢譯本，語言上會有一些出入；加上筆者對古希臘政治倫理了解不夠，理論水平差，肯定粗糙，可能有錯。但這個嘗試絕非濫調俗談，或能供參考。

參考文獻（不含節末的）

〔希〕Plato《Republic》，John Liewelyn Davies等譯，外語教學與研究出版社，北京，1998

〔希〕柏拉圖《理想國》，郭斌和、張竹明譯，商務印書館，北京，2003

〔希〕柏拉圖《遊敘弗倫・蘇格拉底的申辯》，嚴群譯，商務印書館，北京，2003

〔英〕亞當・弗格森《道德哲學原理》，孫飛宇、田耕譯，上海人民出版社，2005

〔美〕Chad Hansen《中國古代的語言和邏輯》，周雲之等譯，社會科學文獻出版社，北京，1998

〔美〕本傑明・李・沃爾夫《論語言、思維和現實》，高一虹等譯，商務印書館，北京，2012

〔英〕羅素《西方的智慧》，亞北譯，中央編譯出版社，北京，2007

〔美〕馬斯洛《馬斯洛人本哲學》，成明編譯，九州出版社，北京，2003

〔奧〕阿德勒《阿德勒人格哲學》，羅玉林等譯，九州出版社，北京，2004

〔德〕康德《康德文集》，鄭保華主編，改革出版社，北京，1997

〔美〕勞拉・貝克《兒童發展》，吳穎等譯，江蘇教育出版

社,南京,2002

〔美〕蘭迪・拉森等《人格障礙與調適》,郭永玉等譯,人民郵電出版社,北京,2013

〔希〕第歐根尼・拉爾修編《名哲言行錄》,馬永翔等譯,吉林人民出版社,長春,2003

〔戰國〕荀況《荀子》,王先謙集解,《諸子集成》,上海書店,1990

〔漢〕司馬遷《史記》(含集解、索隱、正義),中華書局,北京,1982

任繼愈《老子新譯》,上海古籍出版社,1986

《國學大師說老莊及道家》,梁啟超等,雲南人民出版社,昆明,2009

《國學大師說孔孟》,章太炎等,雲南人民出版社,昆明,2009

《國學大師說儒學》,章太炎等,雲南人民出版社,昆明,2009

錢穆《莊老通辨》〔新校本〕,九州出版社,北京,2011

錢穆《莊子纂箋》,生活・讀書・新知三聯書店,北京,2014

李運益主編《論語詞典》,西南師範大學出版社,重慶,1993

傅佩榮《解讀莊子》,線裝書局,北京,2006

楊伯峻《論語譯注》,中華書局,北京,1980

楊伯峻《孟子譯注》,中華書局,北京,1984

張耿光《莊子全譯》,貴州人民出版社,貴陽,1992

陳鼓應《老子注譯及評介》,中華書局,北京,2003

曹智頻《莊子自由思想研究》,安徽大學出版社,合肥,2010

國家圖書館出版品預行編目

從論孟老莊的語言看其思維文化 / 李海霞著. -- 臺北市：
獵海人, 2017.04
　　面；　公分
　　ISBN 978-986-93978-9-6(平裝)

1. 論語　2. 孟子　3. 研究考訂　4. 老莊哲學

121　　　　　　　　　　　　　　　　106005350

從論孟老莊的語言看其思維文化

作　　者／李海霞
出版策劃／獵海人
製作銷售／秀威資訊科技股份有限公司
　　　　　114 台北市內湖區瑞光路76巷69號2樓
　　　　　電話：+886-2-2796-3638
　　　　　傳真：+886-2-2796-1377
網路訂購／秀威書店：https://store.showwe.tw
　　　　　博客來網路書店：http://www.books.com.tw
　　　　　三民網路書店：http://www.m.sanmin.com.tw
　　　　　金石堂網路書店：http://www.kingstone.com.tw
　　　　　讀冊生活：http://www.taaze.tw

出版日期／2017年4月　2018年12月修訂
定　　價／360元